KB148926

죽음
이후

우리는 결코 혼자가 아니다.
삶에서나 '죽음'에서나.

죽음
이후

사후 세계에서 신호를 보낼 때

스테판 알릭스 지음 | 이현웅 옮김

울력

Après... Quand l'au-delà nous fait signe by Stéphane Allix
Copyright ⓒ Éditions Albin Michel, 2018
Korean Translation Copyright ⓒ Ulyuck Publishing House, 2021
All rights reserved.

This Korean edition was published by arrangement with Albin Michel(Paris)
through Bestun Korea Agency Co., Seoul.

이 책의 한국어판 저작권은 베스툰 코리아 에이전시를 통해 저작권자와 독점 계약한 도
서출판 울력에 있습니다. 저작권법에 의해 한국 내에서 보호를 받는 저작물이므로 무단
전재와 무단 복제를 금합니다.

차례

일러두기

1. 이 책은 Stéphane Allix가 지은 *Après... Quand l'au-delà nous fait signet* (Éditions Albin Michel, 2018)을 번역하였다.
2. 이 책에서는 원서의 이탤릭체로 표시된 것을 중고딕체로 표시하였다.
3. 본문 중에 작은따옴표로 표시된 것은 원서의 큰따옴표로 표시된 강조 부분이다.
4. 본문에서 책과 잡지는 『 』로 표시하였고, 방송 프로그램과 영화, 미술 작품 등은 〈 〉로 표시하였다.
5. 원서의 주석은 각주로 표시하였다. 그리고 옮긴이의 주석은 본문 중에 [ ]으로 표시하였다.
6. 이 책은 띄어쓰기를 원칙으로 하였지만, 국립국어원 표준국어대사전에 수록된 어휘들은 붙여 썼다. 그리고 외래어 표기법은 국립국어원 외래어표기 용례를 바탕으로 하였으며, 그 외의 인명 표기는 옮긴이의 뜻에 따랐다.

어머니를 위해

당신 주위나 친척 중에서
가까운 이를 잃은 친구나 사람들이 있으면 물어보세요.
그들에게 고인이 된 그이와 관련해
일상적이지 않은 일을 겪지 않았는지
존중과 열린 태도로 질문해 보세요.
당신의 질문이 선의를 지닌 것이고
당신이 성실하게 귀를 기울이고 있다는 것을
그들에게 확신시켜 주세요.
그리고 그들의 말을 들으세요.
당신은 놀라게 될 겁니다.
심지어 당신이 매우 잘 알고 있다고 생각하는
사람들에게도 놀라게 될 겁니다…

그 이후의 삶

삶은 죽음 이후에도 지속된다.

이 단언은 믿음이 아니라 이성적인 추론에서 나온 것이다.

나는 기자다. 이 직업은 사실을 가차 없이 조사한다. 이러한 태도 덕분에, 나는 인간이 영적 차원을 소유하고 있고, 죽음 이후의 삶이 실재한다는 사실을 인정해야만 하는 상황에 이르게 됐다.

수년간의 조사와 독서, 그리고 전 세계 탐구자들과의 인터뷰가 끝날 무렵에, 나는 그 사실을 받아들이지 않을 수 없었다. 수많은 증인들과의 만남도 있었다. 나는 그들의 이야기를 듣고 수집하며 커다란 동요를 경험했다. 나는 데카르트적인 방법을 사용한다. 이 말이 의미하는 바는 나와 유사한 연구를 수행하는 사람은 누구든 동일한 결론에 이를 거라는 점이다. 곧 죽음은 삶의 끝이 아니라, 서로 다른 두 현실 사이를 이행하는 과정이다.

일종의 변신, 통과 과정이다.

죽음은 하나의 문(門)이다.

내 이성이 이 사실을 확인했고, 이제부터는 나의 가슴이 그것을 느낀다.

역설적으로, 이런 확신을 갖고 있다고 해서 가까운 이의 죽음에서 압도되는 듯한 경험을 하지 않는 건 아니다. 우리가 사랑하는 사람이 이 세상에서 사라진 이후에도 계속 존재하고 있다는 걸 안다 하더라도 (이따금 슬픔은 조금 덜겠지만) 고통이 사라지는 건 아니다. 왜냐하면 우리의 결핍감이 계속 남아 있기 때문이다. 그 거대한 공허. 우리가 더 이상 접촉할 수 없는 살결, 차츰 지워지다 완전히 사라지는 매우 친근한 냄새, 희미해지는 기억 속의 얼굴, 벨이 울리지 않는 전화기. 이행 과정이긴 하지만, 그래도 죽음은 이별이다. 삶이 지속되는 걸 안다는 것이 애도의 과정에 대해 마술적인 해결책이 되는 건 아니다. 모든 문제를 해결해 주고, 눈물을 마르게 하고, 때로는 부재에서 생겨나는 극복하기 힘든 고통을 만족할 만큼 완화시켜 줄 약은 아니다.

그러면 삶 이후의 또 다른 삶의 실재를 어떻게 지속적인 위안의 요소로 삼을 수 있을까? 어떻게 우울을 극복하고, 우리의 세계·삶·죽음이 어떤 의미가 있다는 희망이나 직관을 내면에서 키울 수 있을까? 비록 대부분의 시간에 걸쳐 우리는 육체라는 성소 안에 숨어 꼼짝 않고 있는 우리의 진정한 본성에 대해 알려고 하지 않는다. 이런 상황에서 우리가 영적인 존재라는 사실을 어떻게 완전하게 평가할 수 있을까?

이러한 질문들에 대답을 하는 것이 이 책이 지닌 목적 중 하나다.

이런 주제에서 제기되는 매우 놀라운 다른 질문이 있다. 만일 삶이 죽음 이후에도 지속된다면, 그 죽음 이후의 삶은 어떤 형태일까? 우리 자신의 죽음 이후에 어떤 형식의 실존이 우리를 기다리고 있을까? 우리의 죽은 친지들은 어디에 있을까? 그들은 무엇을 하고 있을까? 그들도 시간·요일·해의 흐름과 관련을 맺고 있다면, 지나가는 시간을 어떻게 보내고 있을까? 그들은 우주 공간의 한 장소에서 살고 있을까, 아니면 도처에서 살고 있을까?

그들은 어떤 지식을 접하고 있을까? 그들은 모든 것에 대한 해답을 알고 있을까?

천국이 존재할까? 그들이 있는 곳은 평온과 지복의 세계일까? 모든 것을 용서하는 장소일까? 그들은 심판을 받거나 스스로를 심판할까? 그들은 사랑했던 사람을 다시 만나고 있을까?

그리고 우리는 죽음의 순간에 일어나는 일에 관해 무엇을 알고 있을까? 예를 들어, 도로에서 사고로 갑자기 죽는 것과 병원에서 천천히 죽는 것은 다른 걸까? 우리는 죽음의 순간을 준비할 수 있을까? 우리가 삶을 살아온 방식이 베일의 다른 편에서 우리에게 일어날 일에 영향을 미칠까?

질문이 쇄도해 오고, 이러한 질문에 대해선 아마도 사람의 수만큼 많은 의견이 있을 것이다. 그렇다면 우리가 듣거나 읽는 것 중에서 이성적으로 검증된 사실의 지위를 요구할 수 있는 것을 어떻게 구분해 낼 수 있을까? 탐구심이 강한 사람은 죽음 이후의 삶에 관심을 느끼는 순간부터, 여러 종교적 전통에서 영감을 받은 가르침부터 시작해 다양한 길을 걸어간 온갖 부류의 사람들이 전달한 지식에 이르기까지, 온갖 장르로 구성된 글과 증언에 둘러싸이게 된다. 그런데 지식을 전달한 사람들 중에는 신뢰할 수 있는 사람도 있지만 전혀 신뢰할 수 없는 사람도 있다. 우리는 이 사실을 분명 인정해야 한다. 영적인 지도자가 있는가 하면, 무의식적으로 몽상가 기질을 지녔고 자신에 대해 매우 확신하는 사람이 있다. 깨달음을 얻은 사람이 있는가 하면, 어느 정도 선한 의도를 지녔지만 '진리'를 안다고 확신하는 약간은 미친 사람이 있다. 현인이 있는가 하면, 거짓말쟁이가 있다. 엄격한 과학자가 있는가 하면, 아마추어가 있다. 성인(聖人)이 있는가 하면, 모리배가 있다.

이런 정보의 소용돌이에서 선별하는 일이 가능할까? 나는 수년 전부터 그 일을 내 의무로 삼았다.

실제로 나는 30년간 기자로 일했으며, 내 작업의 방법론은 변하지 않았다. 그 방법론은 이야기를 듣고, 사실들을 비교하고, 변함이 없는 것을 확인한 다음 그것을 비판의 시험대에 올려놓는 데 있다. 만일 이 방법론이 진지하고 분명하게 적용된다면, 금기시해야 할 질문이란 존재하지 않는다. 죽음 이후의 삶에 대한 질문도 다른 질문과 다르지 않다.

내세의 본성에 대한 그 수많은 질문에 해답이 될 요소는, 예를 들자면 가까운 이의 죽음 이후에 여러 형태의 자연 발생적인 교감을 경험하는 성인과 아이들의 증언에 있다. 이들의 경험은 그들이 의도하거나 찾지 않았는데도 발생하고, 우리가 상상하는 것 이상으로 매우 빈번한 것으로 드러난다.

이런 증언이 핵심적이다. 우리는 이것을 객관적으로 듣고 분석해야 한다.

이런 이야기는 끊임없이 나를 놀라게 하고, 나를 감동시키고, 또한 나를 얼어붙게 만든다. 그것은 존재감, 온갖 성질과 강도를 지닌 신호, 비전, 텔레파시적인 메시지, 꿈, 환영 등을 연상시킨다. 이런 경험은 다양하고 매우 널리 퍼져 있어서, 현실을 아주 좁게 정의하며 영적인 것을 지워 없앤 세계에서 항구적으로 사후 세계를 환기시켜 주는 그 무엇이고, 내가 언급하는 차원이 정말로 존재한다고 알려 준다. 사후의 교감에 대한 이런 보고의 내용은 드물게 일어나고 의심스런 일화가 아니라, 수백만의 사람들이 경험한 일상적이고 논쟁의 여지가 없는 현실이다.

나 자신이 수차례에 걸쳐 이런 경험을 했다.

이 무수한 이야기들은 우리가 사랑했으나 죽음이 앗아 간 친지가 실제로는 다른 곳에서 여전히 살고 있다는 증거다. 그 이야기들은 우리와의 관계를 유지하고 싶어 하는 그들의 욕망도 증언한다. 사람들은 끊임없이 증거를 요구한다. 그런데 그 증거는 우리 눈앞에 있지만, 우리는 그것을 보지 못한다.

또한 나는 이어지는 페이지에서, 이 기이한 이야기들 중 몇 가지를 검토하는 과정을 읽으며 여러분도 베일을 젖히고자 시도해 보라고 제안한다. 사후에 우리가 사랑하는 사람들에게 일어나는 일을 감추고 있는 그 베일은 그렇게 뚫고 지나가기 어려운 것은 아닐 것이다.

떠났다고 믿는 이가 우리에게 하고 싶어 하는 말을 들어 보자. 그들이 우리의 귀에 대고 속삭이는 말을 들어 보자. 조바심이 느껴지고, 눈에 보이지 않지만, 우리의 관심을 끌려고 시도하는 그들의 말을 말이다.

우리의 가슴으로 들어 보자. 그리고 이후에 그들에게 일어나는 일을 알아보자.

1
주관적인 경험

죽음을 둘러싸고 일어나는 이상한 경험에 관한 수많은 이야기들 중에서, 나는 사별을 겪은 그 많은 사람들이 보고하는 명백한 사건의 다양성을 보여 주기 위해, 여러분에게 서두로 삼을 만한 것으로 놀라우면서도 진실한 세 가지 짧은 이야기를 선택했다.

8년 전, 아델르는 암에 걸린 남편 올리비에를 잃었다. 올리비에는 화가였고, 당시 막 50세가 되었다. 연출가이자 52세이던 아델르는 이후에 일어난 다음의 일을 한 번도 예상한 적이 없었다.

"그 일이 일어난 건 아마도 그가 죽은 지 보름이 지나서였을 거예요. 저는 소파 위에 누워 있었는데, 그때 그의 소리가 들렸어요."

"무슨 말씀을 하시는 거죠?"

"제 머릿속에서 그가 말을 하는 거였어요… 저는 자리에서 벌떡 일어났어요, 왜냐하면 그것은 제 생각도 아니고, 제가 잘 아는 저의 내면의 목소리도 아니고, 정말로 그의 목소리였기

19

때문이에요!"

"그의 목소리라고요?"

"예, 그의 목소리였어요. 그는 제게 '난 여기에 있어…' 라
고 말했어요. 저는 제가 이상해졌다고 생각했죠! 제가 미쳤다
고….'

"당신은 무엇 때문에 그 일이 당신의 상상이 아니라고 말씀
을 하시는 겁니까?"

"바로 그 점이에요, 기이한 속임수 같죠. 그러나 저는 정말
로 그의 목소리를 들었어요. 이 점에 관해선 한 치의 의혹도
없어요."

"당신은 그 순간에 무슨 일을 하고 있었나요?"

"뭐라고 딱 잘라 말씀 드릴 수 없어요, 저는 어떤 특정한 일
을 생각하지 않고 소파에 누워 있었어요. 정신은 다른 데….'

"당신은 잠들어 있지 않았나요?"

"아니요, 저는 잠자고 있지 않았다는 걸 알아요."

"정말인가요?"

"예! 저는 제가 인지한 것에 대해 확신을 해요. 심지어 저는
상중에 저를 담당한 정신과 의사에게 얘기를 했어요… 결국,
몇 주가 지나서지요, 그런 사건을 감히 입 밖에 꺼내기 위해선
대화 상대자에게 충분한 신뢰를 품어야 하죠. 특히 정신과 의
사에게….'

"어떤 충동 때문에 얘기를 하셨나요?"

"저는 누군가가 제가 미치지도 않았고 뭔가에 홀리지도 않
았다고 말해 줄 필요가 있다고 느꼈어요. 의사는 여러 차례

그런 일이 일어났는지 물었는데, 아니에요, 결코 아니에요, 제가 목소리를 들은 건 단 한 차례뿐이에요. 그때, 예, 저는 문제를 합리적으로 다루려고 했어요. 피곤이나 스트레스 때문이 아닐까 하고 스스로 묻기도 했죠. 하지만 그 일에 관한 기억은 아직도 제 뇌리에 생생하게 남아 있어요…."

"이 경험은 당신의 슬픔에 영향을 미쳤나요?"

"이 경험 때문에, 죽음 이후에도 뭔가가 지속되고 있고 접촉이 가능하다는 제 생각이 더욱 확고해졌어요. 이 일이 제게 도움을 주었을까요? 예, 하지만 동시에 결핍감, 다른 사람이 내 곁에 있어 줘야 한다는 감정을 사라지게 하지는 않았어요…."

*

제니퍼의 어머니는 뇌종양 때문에 병원에 입원해 있다. 그녀에게는 살날이 며칠밖에 남아 있지 않다. 제니퍼는 맏딸이고, 그녀와 그녀의 어머니 사이에는 항상 두터운 신뢰 관계가 형성되어 있었다. 그래서 그녀는 자신의 생활을 당분간 한쪽으로 제쳐 놓기로 결정한다. 그만큼 그녀에게는 단 하루도 어머니에게서 멀리 떨어져 지낸다는 건 있을 수 없는 일이다.

그녀의 어머니는 완화 치료를 받다가, 휠체어에 의지하며 자택에서 요양하게 된다… 그런데 여러 제약에도 불구하고, 아무것도 그녀들을 멈추게 하지 못한다. 외출, 수영장, 요릿집, (심지어 비 오는 날의) 바닷가 산책, 영화관. 제니퍼는 어머니에게 자신이 곁에 있고 끝까지 그녀와 동반할 거라는 걸 보여 주고 싶어 한다. 그녀는 어머니의 친구, 어머니의 내밀한 이야기를 들어 주는 사람, 어머니의 간병인이 된다.

그리고 어느 날, 그녀의 어머니가 일련의 완화 치료를 받으며 병원 치료실에 머물러 있을 때, 제니퍼는 평소처럼 9시에 병원에 도착한다. 치료실의 문에는 작은 창이 있다. 제니퍼는 자신이 들어가도 되는지 확인하기 위해 어머니가 있는 치료실 안으로 시선을 던진다. 그 순간에 그녀는 어머니의 침대 바로 맞은편 테이블에 몸을 기대고 있는 한 남자를 본다. 그녀는 깊은 생각 없이 물리치료사라고 생각하고 안으로 들어간다.

"그런데 제가 일단 문을 열고 들어가자, 실제로는 아무도 없다는 것을 알게 되었어요. 단지 어머니만이 치료실에서 혼자…."

"당신은 그 실루엣을 분명히 보았다고 확신하나요?"

"예. 그 점에 관해서는 의심할 여지가 없어요. 저는 문의 창을 통해 한 남자의 실루엣을 보았지만, 기묘하게도 내가 치료실에 들어서서 아무도 없다는 것을 발견한 순간부터, 저는 놀란 동시에 즉시 할아버지를 생각하기 시작했어요."

"왜죠?"

"저도 모르겠어요. 제게는 순간적으로 할아버지, 그러니까 어머니의 아버지가 떠올랐어요. 그분은 12년 전에 돌아가셨죠. 설명할 수 없는 일이지만 저는 곧 안도감을 느꼈어요. 그분이 어머니가 떠나실 때 어머니를 위해 여기에 계실 거라는 확신이 들었기 때문이에요."

*

　세실은 8살 때부터 그녀의 친인척 중 죽은 사람들이 이따금 자기 주위에 있다는 인상을 받았다. 그녀는 그 이유를 모른 채 지냈다. 사춘기가 되자, 그 느낌은 더욱더 강해졌다. 부모는 그녀의 많은 이야기에 호기심과 흥미를 느꼈다. 그래서 그들은 외면적으로는 환상 같은 딸의 이야기를 어느 정도 열린 태도를 지니고서 받아들였다. 이 집에서 아이들은 판단의 대상이 된다는 두려움 없이 모든 것에 관해 말할 수 있었다. 이런 집안 분위기가 분명히 세실의 삶을 구했을 것이다.

　"한 걸음 물러서서 생각하니, 저는 살아가는 데 있어 그 느낌을 복잡한 것으로 만든 것은 바로 공포였다는 것을 깨닫게 돼요."

　"상상의 친구들에 대한 공포를 말하시나요?"

　"오, 아니에요, 그것은 상상이 아니었어요."

　"어떻게 해서 그렇게 확신을 하시죠?"

　"왜냐하면 제가 몸으로 그 경험을 확실히 느꼈기 때문이에요. 전율이 일거나, 심장박동이 매우 빨라지거나, 이런 현상 같은 것으로 그 경험이 표현됐어요… 정신에 앞서 몸이 먼저 반응을 보인 거죠. 접촉이 매우 많아졌을 때 특히 이런 사실을 이해했어요. 정신이 무슨 일이 일어났는지 지적으로 분석하기 전에 몸이 응답을 했어요. 저는 몸으로 무언가를 느꼈고, 이어서 정보가 제 머리로 전달됐어요. 그것은 직관적이고, 자명한 사실이었습니다."

"목소리를 들으셨나요?"

"처음에는, 육체적인 감각을 더 많이 느꼈어요. 다시 말하면, 나와 접촉하려고 시도하는 사람들의 감정이었죠. 저는 기쁨을 느낄 수도 있었지만, 갑자기 아무런 이유 없이 어떤 형태의 슬픔이 저를 덮쳤어요. 이런 종류의 현상이 다소 '양극적'이라는 건 진실이고, 이 때문에 저는 심리학 공부에 몰두했다고 생각해요. 인간의 심리적 메커니즘을 이해하기 위해서이고, 제가 병리학적으로 고통 받지 않고, 제 감정과 제가 인지한 감정을 구별할 수 있을 거라고 스스로를 안심시키기 위해서였죠."

"심리학 공부가 경험한 것을 이해하는 데 도움을 주었나요?"

"저는 병리학, 조현병 등을 공부했어요. 덕분에 저는 정신의학에서 다루는 어떤 사람들은 병리적인 체질을 갖고 있지 않는 대신에 현실을 강하게 느낀다는 사실을 이해하게 됐어요. 그런데 심리학적으로는 이들이 반드시 매우 안정적인 것은 아닐 수 있기 때문에, 그들이 인지한 것이 그들을 완전히 덮치며 고통스러운 것으로 변모하게 될 수도 있어요. 무엇보다도 그들이 자신의 감정과 다른 사람들에게서 인지한 감정을 구별하는 데 이르지 못하기 때문이에요."

"자세하게 말씀해 주실 수 있겠어요?"

"제가 시작한 심리-육체적인 공부로 인해, 저는 심리적으로나 육체적으로 제 자신의 경계를 느끼고, 제게 속한 것과 제게 속하지 않는 것을 구분할 수 있게 됐어요. 상상적인 것과 그렇지 않은 것을 이해하게 된 것도 마찬가지에요. 제가 다른 사람들에 대해 이야기를 하는 건 바로 이런 이유 때문이에요…."

이 증언들을 어떻게 이해해야 할까? 여기서 주관적인 경험이 문제가 되는 걸까? 그런데 "주관적"이라는 것이 사건이 일어나지 않았다는 의미는 결코 아니다. 주관성은 환상·망상·혼동의 동의어가 아니다.

아델르, 제니퍼, 세실은 전 세계에 걸쳐 이런 유형의 경험을 겪는 수백만의 성인이나 아이들과 비슷하다. 우리는 'VSCD'(죽은 사람과 접촉하는 주관적인 체험, vecus subjectifs de contact avec un défunt)라는 표현을 쓴다. 이런 현상이 환각 때문인지를 알기 위해 정신의학 쪽으로 눈을 돌려 보면, 임종의 순간이 다가오거나 상(喪)중인 사람을 상대로 연구한 사람들의 대답은 명백하다. 곧, 분명 우리의 이해력을 넘어서고 매우 호기심을 불러일으키는 경험이긴 하지만 환각과는 아무런 관련이 없다는 것이다. 우리는 나중에 정신과 의사 크리스토프 포레와 함께 이 문제를 자세히 다룰 것이다.

또한 우리는 프랑스에서 전체 사별 건수 중 4분의 1에 해당하는 부분에서 이런 경험이 발생한다는 사실을 발견하게 된다.

4분의 1에 해당하는 사별.

다름 아니라, 프랑스의 경우에 이 수치는 매년 15만 명의 사람들이 유사한 경험을 한다는 걸 의미한다!

여러분, 여러분의 이웃, 여러분의 남편, 여러분의 아내, 여러분의 친구, 여러분의 아이….

보편성이 결여된 우연적인 사건일 뿐이라고?

그런데 만일 그렇게 많은 사람들 사이에서 일어나는 일을 명백하게 말할 때가 왔다고 한다면?

2
레오

스위스 베른 주(州)의 작은 마을 라우터브루넨 위로 솟아난 절벽은 시간이 흐르면서 베이스 점프 아마추어들에게는 유명한 장소가 됐다. 이 익스트림 스포츠는 낙하산을 메고 다리나 절벽, 마천루의 꼭대기에서 뛰어내린다. 몇 초간 순수한 아드레날린이 분비되는 걸 경험할 수 있다.

40세의 레오는 대가다운 스포츠 선수다. 그런데 프로 등반가이자 낙하가 익숙한 그도 오래 전부터 꿈꾸었던 스포츠인 베이스 점프를 하는 건 이번이 두 번째밖에 되지 않는다.

2016년 4월 16일, 해가 새벽녘의 습하고 신선한 대기에 막 나타났다. 아직 이른 시간이지만, 레오는 벌써 절벽의 능선에, 꼭대기에 도착해 있다. 그는 10여 명의 열정적인 사람들 무리 속에 있는데, 이 중 한 명은 그의 친구다. 첫 번째 낙하자가 막 몸을 던진다. 두 번째 사람은 제자리에 서 있다가 잠시 풍경을 둘러본 다음 도약을 한다. 레오는 그 다음 차례다. 그는 절벽 가장자리까지 나아간다. 아직도 부분적으로 어둠에 묻혀 있는 좁은 계곡을 보니 숨이 멎는다.

그리고 나서 레오는 허공으로 몸을 던진다.

그의 연인 스테파니는 절벽 아래쪽에 있다. 그녀는 레오가 맡긴 쌍안경으로 위를 보지만, 그 거리에서는 낙하지점을 배경으로 나타나는 실루엣들 사이에서 그를 구별해 낼 수 없다. 그러나 그녀는 레오가 낙하산을 펼치면 그 색깔로 알아볼 수 있을 거라는 걸 안다. 그녀는 방금 낙하한 사람을 눈으로 쫓는다. 그녀에게는 그가 너무 절벽 가까이로 뛰어내린 것처럼 보인다. 더구나 그는 수평을 잡지 못한 채 미친 듯한 속도로 바위들이 있는 절벽 면을 따라간다. 모든 것이 매우 빨리 진행된다. 적절한 순간에 그는 낙하산을 펼치고, 스테파니는 이 장면에서 알아본다. 레오다.

그런데 낙하산이 펼쳐지는 순간, 경로를 이탈한다. 그는 절벽에 부딪힌다.

시간이 멈춘다.

"저는 절벽 아래에서 100미터 정도 떨어진 계곡에 있었어요. 저는 혼란스러운 상태에서 낙하가 진행되는 걸 보았고, 이어서 낙하산이 펼쳐진 걸 본 다음 그것이 레오라는 걸 이해했어요… 그는 부딪힌 충격에 의해 죽었어요…"

"당신은 그 모든 걸 현장에서 목격했나요?"

"모든 걸 보았어요… 그가 제게 사 준 쌍안경으로…."

스테파니는 사고를 떠올리자 더 이상 감정을 가눌 수 없다.

"저는 이 끔찍한 사건에 관해 말할 때마다 항상 극도의 공포를 느껴요… 죄송해요, 그런데 이 사건은 다소 복잡한 면이 있어요…."

나는 잠시 침묵이 흘러도 가만히 있었다. 같은 친구들을 둔 스테파니와 레오는 그 몇 해 전부터 가까이 지냈고, 두 해 전부터는 연인 관계가 되었다.

"저는 그 장면을 현장에서 목격한 것 때문에 아직까지도 극도의 공포에 시달리고 있어요. 제 머릿속에서 그 모습들이…"

충격 때문에 공포 상태에 빠진 스테파니는 절벽 아래까지 이어지는 길 한가운데서 우두커니 선 채 움직이지 않는다.

그녀 위에서는 막 사고를 목격한 사람들 — 레오 다음에 순서대로 뛰어내려야 할 이들이다 — 이 절벽 아래로 내려가기 위해 차례로 가능한 한 빨리 허공으로 뛰어내린다. 스테파니는 온몸을 으깨는 듯한 공포에도 불구하고 낙하하는 사람들이 내려가는 방향으로 뛰어간다. 그들은 시신 옆에 도착하는 중이다.

프랑스에서 레오와 스테파니와 함께 온 친구는 낙하 장비를 푼 다음, 그녀에게 다가와서는 안 된다고 말하기 위해 그녀 쪽으로 온다. 스테파니는 레오 곁으로 가고 싶다. 그녀의 온몸에서 불같은 에너지가 방출된다. 그녀는 그의 곁으로 가야만 한다. 그녀의 친구는 강제로라도 멈추게 해야 한다고 느껴 그녀를 땅바닥에 넘어뜨린다. 그는 그녀를 설득한다. "그만둬, 가지 마, 끝난 일이야, 그는 죽었어, 아무것도 할 수 있는 일이 없어." 스테파니는 저항한다. 그녀는 그쪽으로 가고 싶다. 그녀의 주의력은 몇 배로 배가된다. 그녀의 몸, 그녀의 눈, 그녀의 전 존재가 연인이 있음직 한 쪽으로 쏠린다.

"그가 보여, 분명히 그의 몸이 보여, 몸을 웅크리고 있어."

친구가 그녀를 움직이지 못하게 붙들고 있는 동안, 스테파니는 당시에는 결코 이해할 수 없었던 현상의 목격자가 된다.

"땅바닥에 있는 육체가 보였어요, 그러고는 갑자기… 그가 일어나는 거예요! 그가 앉은 채 웃으면서 팔로 제게 신호를 보내는 게 보였어요. 마치 제게 '이봐, 불안해하지 마, 모든 것이 잘될 거야'라고 말하는 것 같았어요."

"이해가 안 되는군요, 레오가 몸을 일으키는 걸 보았다고요?"

"저는 그가 죽었다는 걸 알고 있었어요, 그의 몸은 부자연스런 자세로 땅바닥에 뻗어 있었어요. 하지만 저는 레오가 몸을 일으키는 걸 보았어요. 이것을 달리 어떻게 말해야 할지 모르겠네요. 저는 왜 제가 그런 장면을 보게 됐는지 몰랐어요. 어쩌면 다른 무엇보다도 충격을 받은 일과 관련이 있는 것 같았어요. 하지만 제게 너무나 생생하게 보여… 예, 너무나 현실적이어서 저는 친구에게 '봐, 죽지 않았잖아, 보라고, 방금 몸을 일으켜 앉았잖아, 내게 어떤 몸짓을 하는 걸'이라고 말하기까지 했어요. 친구는 내 얼굴을 뚫어지게 쳐다보더니 '아니야, 스테파니, 아니야, 그는 죽었어, 너는 더 이상 올라갈 수 없어. 사람들이 함께 내려오고 있어'라고 대답했어요."

"당신은 그렇게 보았다는 거군요?"

"예… 저는 무슨 일이 일어났는지 모르겠어요, 하지만 몸을 일으켜 '불안해하지 마, 모든 것이 잘될 거야…'라고 신호를 보내던 레오의 뚜렷한 모습을 아직도 기억하고 있어요."

구조용 헬리콥터가 도착할 때, 스테파니와 몇몇 낙하자들은 절벽에서 아래쪽으로 수십 미터 떨어진 벌판에 있다. 레오의 육체는 시신용 천에 싸인 다음 헬리콥터에 부착된 들것 위로 옮겨진다. 이어서 헬리콥터는 높이 뜨더니, 바람을 타고 거대한 푸른 하늘로 레오의 시신을 실어 간다.

레오의 부모에게 소식 전하기. 스테파니는 레오의 부모에게 소식을 전해야 한다. 경찰이나 장례 절차를 진행하는 사람들이 그 일을 할 수 있었지만, 그녀는 자신이 직접 알리고 싶다. 연인의 아버지에게 소식을 전한 다음, 그녀는 가까운 몇몇 친구, 부모, 여동생을 부른다.

사고라는 데에는 의심의 여지가 없지만, 스위스 경찰은 사건 현장에 있던 모든 사람에 대해 심문을 진행한다. 규정상의 조사 과정과 운반 절차 때문에, 시신이 프랑스 본국에 도착하려면 며칠을 기다려야 한다. 스테파니는 이런 모든 일에 앞장을 선다. 하지만 그녀의 정신이 해야 할 일에 쏠려 있는 순간 이외에는, 그녀는 그 스위스의 작은 마을과 자연 속을 방황하며 몇 시간을 혼자서 보낸다. 그녀는 일종의 멍한 상태에 있고 큰 문제는 생각하지 않지만, 계곡을 이리저리 헤매다가 그 가운데를 흐르는 작은 강가에서 레오가 죽은 절벽을 응시할 때면, 사고 순간의 세부적인 장면이 기억에 떠오른다. 이때 그녀는 몸을 일으키던 레오의 모습을 떠올리지만, 이것을 어떻게 생각해야 할지 알지 못한다. 스테파니는 결코 죽음에 대해 특별히 관심을 가져본 적이 없고 특정 종교의 신자도 아니다. 그래서 현실적이고 '진실하지만' 동시에 이상한 그 모습은 이해되지 않는다.

그런데 이것은 시작에 불과하다.

스위스를 떠나기 전날, 장례 절차를 주관하던 사람들이 스테파니와 그녀의 친구들에게 마지막으로 시신 앞에서 묵념을 하는 것이 어떻겠느냐고 제안한다. 국경을 건너기 위해 레오의 관을 덮고 봉인해야 한다. 스테파니는 친구들에게 먼저 관이 놓인 방 안으로 들어가라고 말한다. 그녀는 마지막에 혼자서 들어가고 싶다.

얼마 후 작은 방 안으로 들어간 스테파니는 슬픔에 가득 차 시간 개념을 잃는다. 그녀는 눈물에 흠뻑 젖는다. 지금이 레오와 함께 있는 마지막 순간이라고 생각하기 때문이다. 그녀는 명복을 빌어야 한다. 지금 이 순간은 신성하다. 하지만 그녀는 절망감이 너무 깊어, 이성을 잃고 있는 건 아닌지 스스로에게 물어본다. 그녀는 이 방에서 다시는 나가지 않기를 바랐을 것이다. 이 방에서 한평생을 보내기를. 시간이 멈추고, 막 지나간 며칠이 존재하지 않았기를. 시간이 거꾸로 흘러, 그 사건을 없애기를. 관계가 끊기지 않기를. 레오와 함께 머물기를. 오, 그렇다, 그를 떠나지 않기를. 그녀는 고통으로 가슴이 무너지는 것 같고, 그녀의 붉어진 두 눈은 그 비현실적인 얼굴 쪽을 향하고 있다.

"그러고는 한 번에, 제 의지와는 거의 상관없이, 눈물을 멈추었어요."

"일어난 일을 제게 자세히 말씀해 주세요."

"눈물을 멈추었어요… 왜냐하면 제 안에서 어떤 물결 같은 것이 올라오는 걸 느끼기 시작했기 때문이에요. 행복감, 이완,

사랑이 일종의 진동을 하는 것 같았죠… 감동적인 어떤 것이 제 몸 전체로 퍼져 나갔어요. 그러고는 어떤 말이 들렸어요. '당신은 나갈 수 있어, 여기선 더 이상 아무 일도 일어나지 않을 거야, 지금은 다른 곳….'"

"방에서 말이죠?"

"그건 분명히 레오의 목소리는 아니었지만, 저는 확실히 들었어요! 아니에요, 방에서 들리는 소리가 아니었어요… 저는 누군가가 제 귀에다 대고 속삭이거나, 혹은 제 머릿속에서 누군가가 말한다는 인상을 받았어요… 그건 제 목소리도 그이의 목소리도 아니었지만, 그 내용의 말이었어요, 저는 잊지 않기 위해 바로 그날 저녁에 내용을 적어 두었죠."

"'당신은 나갈 수 있어, 여기선 더 이상 아무 일도 일어나지 않을 거야, 지금은 다른 곳….'"

"예. 그런데 가장 이상한 일은 제가 거의 순간적으로 이 방 안에서는 더 이상 할 일이 없다는 걸 깨달은 점이에요, 방 안에서 할 일은 끝났으니까요. 만일 제가 그 말을 듣지 않았거나 행복의 물결을 느끼지 않았다면, 제가 어떻게 행동했을지 모르겠어요."

"무엇을 위한 행동이었죠?"

"제가 빠져 있는 슬픔의 소용돌이에서 벗어나기 위한 행동이었어요. 마치 무언가가, 혹은 누군가가 저를 마비된 상태로부터 빼내기 위해 와 준 것만 같았어요. 그래서 저는 제가 해야 한다고 생각한 일을 할 수 있었어요, 저는 빈소에서 나왔어요."

"당신은 그 경험을 어떻게 해석하고 있나요?"

"저를 돕고, 안내하고, 위로해 준 건 바로 그이에요… 저는 그런 식으로 그를 경험했어요…."

"자, 그것은 지금에 이르러 사건을 이해하는 방식이죠, 당시에는 어땠나요?"

"비록 고백은 안 했지만, 빈소에서 일어난 일은 그가 항상 제 곁에 있고 나를 도와줄 거라는 일종의 확신과 증거를 마음에 심어 주었어요… 그의 말 '나가 봐, 지금은 다른 곳에 있어야 돼'는 제게 한 줄기 희망을 갖게 해 주었어요. 그 경험이 나를 버티도록 도왔고 또한 우울감에, 심지어 광기에 빠지지 않도록 도와주었어요, 제가 생각할 때는 그래요…."

"레오는 영적인 주제에 관심이 있었나요?"

"예. 저는 덜했죠. 하지만 우리는 그것에 관해 많은 이야기를 나누지는 않았어요. 그런데 이상하게도 스위스로 떠나기 전에 우리는 죽음을 두고 적잖은 이야기를 했어요. 우리에게는 어울리지 않는 일이었죠."

내가 스테파니와 대화하는 중에 이 단계에서 발견한 이상한 점은 다른 사람에게도 적용된다. 이를테면 이따금 죽음에 앞서 나타나는 임박한 위험과 관련된 비일상적인 감각이 존재한다는 것이다. 이 경우에는 며칠 앞서 그것이 나타났다. 나는 베이스 점프에서 상대적으로 초심자인 레오가 스위스 여행을 앞두고 두려움을 표현한 상황을 고려할 때, 그가 표현한 두려움은 놀라운 것이 아닐 가능성에 관해 스테파니에게 질문한다. 그녀는 동의하지만 조금 더 자세하게 언급한다.

"그는 약간 두려워하며 이런 사실을 의식하고 있었어요, 그런데도 경험해 보길 원했어요. 그런데 우리가 떠나기 전날, 아니 이틀 전에, 그가 제게 '사실 나는 두려워, 왜냐하면 죽음을 보았기 때문이야'라고 말했어요."

"'죽음을 보았다'고요?!"

"예, 그는 제게 죽음이 자신더러 그곳에 가지 말아야 한다고 말했다고 털어놓았어요."

"하지만 어떻게 그가 '죽음을 볼' 수 있죠? 그는 무슨 말을 하는 거였나요?"

"우리는 더 이상 얘기를 나누지 않았어요. 제가 그에게 질문했던 걸 기억해요. 하지만 그는 '아니, 아니야, 그만 얘기하지'라고 말했어요. 그는 자세히 이야기하길 원치 않았어요…."

"그가 한 말을 정확하게 기억하고 계시나요?"

"다음과 같았어요. '난 죽음을 보았어.' 그리고 '아마도 난 거기로 가서는 안 돼'라는 뜻의 말이었어요, 경고하는 말 같은…."

"그렇다면 왜 그는 그런 말을 고려하지 않았나요?"

"그는 정말로 여행을 떠나고 싶어 했어요. 또한 왜 그가 일 년 이상 준비한 것을 한 가지 느낌 때문에 재고를 하겠어요? 심지어 지금도, 그가 일어날 일을 예감하고 있었다고, 그 일은 단순한 우연의 일치가 아니었다고 어떻게 확신할 수 있겠어요?"

"물론…"

"비록 당시에는 그가 제게 더 이상 말하길 원치 않았다고 하더라도, 저는 그가 모든 것을 스트레스와 불안감 탓으로 돌렸다고 생각해요. 우리는 다음 날 떠났는데, 그는 의기소침해서 떠나는 것이 좋은 생각인지 자문하기 시작했어요… 다소 위험한 자신의 전문 영역에 들어서기 전에 마지막으로 찾아오는 스트레스이자 의문이죠. 그는 자신의 생각에 대해 제게 얘기했어요. 그 생각이 그에게 어떤 반향을 불러일으킨 거죠. 하지만 우리는 깊게 생각하지 않았어요….”

사실, 우리의 실존에서 반복적으로 나타나는 강렬한 감정, 생각, 무의식적인 신호 속에서, 감정의 산물의 차원에 속하는 것 — 두려움이나 욕망 — 과, 전조, 직감의 순간, 미래로 열린 틈을 구성할 수 있는 것을 어떻게 분리할 수 있을까? 2001년 아프가니스탄에서 나의 동생 토마가 사고로 죽기 며칠 전,[1] 신호는 무수히 많았지만 해독할 수 없는 것으로 남아 있었다. 상황이 달리 어떻게 될 수 있었을까? 우리는 어떻게 직감이 작동하는지 이해하는 법을 결코 배운 일이 없다. 우리는 우리에게 제6감을 이성적으로 사용하라고 독려하는 어떤 교육도 받은 일이 없다.

사고가 일어난 지 12일 후에 장례식이 있었다. 레오는 파리 북쪽 외곽의 작은 마을에 있는 그의 아버지 집 근처에 매장될 예정이다. 연인의 시신과 함께 프랑스로 돌아온 스테파니는 파리 남쪽 센-에-마른느에 있는 그녀의 집으로 갔다. 예기치 않은 잔혹한 사건에 뒤이은 이상한 나날이었다.

장례식 날, 스테파니는 어떻게 해서든 그녀의 집에서 묘지

---

1. Stéphane Allix, *La mort n'est pas une terre étrangère*(죽음은 낯선 땅이 아니다), Albin Michel, 2009; J'ai Lu, 2013.

까지 혼자서 단출하게 갈 생각이었다. 그녀는 사람들 사이에 있는 것이 무척 두려웠다. 교회의 의식, 매장, 레오의 아버지가 집에서 친지들을 맞을 일… 그녀는 앞으로 찾아올 그 긴 시간을 버텨 낼 수 있을까? 그녀는 그럴 힘이 없다고 느낀다. 그녀는 고뇌로 목이 조이는 듯하다. 고속도로를 달리는 작은 차 안에서 그녀는 깊은 혼란감에 휩싸인다. 그녀는 되돌아가야 하는 건 아닌지 스스로에게 물어본다. 그런데 그녀가 녹초가 되기 직전에 다시 아주 이상한 일이 발생한다.

"저는 꽤나 몸 상태가 좋지 않았어요… 그런데 이어서 제가 예상하지 못했던 어떤 묵직한 게 옆자리를 채우는 것같이 느껴졌어요. 그것을 어떻게 설명해야 할지, 마치 제 오른쪽의 빈 공간이 갑자기 꽉 차는 듯했어요…."

"당신은 고통 때문에 그런 감각이 생겨난 거라고 생각하지는 않았나요?"

"아니오, 어떤 순간에도 그런 감각을 불러일으킨 것이 저라고는 상상할 수 없어요. 그것은 매우 이상했고, 이전처럼 강렬한 행복감과 사랑의 물결이 다시 일어났어요. 저는 갑자기 그 이완감을… 한 줄기의 행복감과 선의를… 온몸으로 느꼈어요. 저는 레오가 제 옆에 앉아 있다는 생각에, 그가 이 공간 안에서 제 옆에 있다는 생각에 설득됐어요…."

"빈소, 이어서 차 안에서 그런 경험을 했을 때, 당신 머리에 맨 먼저 떠오른 생각은 무엇이었나요?"

"저는 제가 강하게 느낀 일, 일어난 일에 의아심을 느꼈지만, 어떤 순간에도 그런 일이 발생하도록 한 것이 저라고 생각하지는 않았어요. 아무튼 그런 일은 저를 어리둥절하게 만들어요. 저는 그런 일이 발생했다고 믿는 데 어려움을 겪고, 놀라고, 이해를 못해요. 하지만 당장에는 그렸다는 걸 알았어요. 그러다가 이후에 실제로 의심을 하기 시작했죠."

"의심이 들 때는 무엇을 생각하나요?"

"'만일 그런 일이 발생하면, 그것은 너 때문이야. 뇌의 자기방어 메커니즘이지. 그런 일에 너무 매달리지 않도록 노력해 봐'라고 생각하죠. 하지만 그런 일은 너무 많이 일어났어요…."

"그의 존재를 느꼈던 다른 순간들이 있었나요?"

"예, 몇 차례 있었어요. 그때마다 정확히 똑같은 감각을 느낄 수 있었어요. 그러니까 그는 제 옆에 자리를 잡으려고 오고, 저는 그의 물리적인 존재를 느껴요. 이따금 그는 심지어 나를 둘러싸고, 그때마다 한 줄기 행복감이 동반해요. 그런 일은 차 안에서, 침대에서 일어났고, 제가 소파에 앉아 있을 때도 일어났어요. 그리고 당장에, 그래요, 레오라는 걸 알아요."

장례 직후 얼마 동안, (마치 레오가 그녀 옆에 있는 것 같은) 존재감을 스테파니의 일상에서 상당히 빈번하게 느끼게 된다. 이따금 이런 느낌은 하루에도 몇 번씩 느껴졌다가, 이어서 보름 정도는 아무 일도 일어나지 않는다. 이런 사건은 어떤 규칙도 따르지 않는 듯 보인다. 밤에는 이따금씩 "스테프"['스테파니'의 애칭]라는 생생하고, 정확하고, 강한 소리에 놀라 벌떡 일어나는 경우도 있다. 그 소리로 인해 방 안에서 누군가가 막 자기를 불렀다고 생각하는 그녀가 갑자기 잠에서 깨어나는 것이다.

레오가 사망한 이후 처음 몇 주 동안, 스테파니는 말하자면 자신의 판단을 중지시키며 이런 경험을 많이 겪는다. 그녀의 나날은 슬픔, 강렬한 고통의 순간, 이어서 고요함이 번갈아 찾아오지만, 결핍감이 너무나 심하고, 주위가 텅 비어 있다는 감정이 생겨나 몸을 감싸고, 배에 통증이 따른다. 그녀는 이따금 곧 사라지는 레오의 그 이상한 존재감을 느끼지만, 그는 여기에 없고, 더 이상 여기에 없을 것이고, 결코 되돌아오지 않을 것이다. 스테파니의 정신은 계속 의혹과 확신 사이를 오간다. 어렴풋한 우울감과 너무나 빨리 사라지는 행복감 사이를 오간다. 그녀에게 주관적인 감각에 집착하지 말라고 명령하는 이성과, 그녀가 한 줄기 사랑의 감정에 잠길 때와 레오가 옆에 있다고 생각될 때 갑자기 그녀에게 찾아드는 확신 사이를 오간다.

우리는 이런 상황에서는 언제나 더 많은 것을 원한다. 나는 이 점을 알고 있다. 나는 수년간 동생을 찾아 헤맸다. "그런데 동생일까? 오히려 내가 상상하고 있는 건 아닐까?"라고 말하면서 결코 확신할 수 없다는 사실을 핑계로, 이따금 생겨나는 만남에 맹목적으로 됐다.

어떻게 이런 정신적 고통을 멈추게 할 수 있을까? 이성은 그 해답으로 우리를 이끌어 갈 수 있다. 레오를 보려고 할 때의 스테파니가 그렇게 된 것처럼, 축적된 정보도 역시 그렇다.

그녀는 혼자 남아 있지 않을 것이다….

3
다른 방문

    스위스 라우터브루넨의 계곡에서 레오가 떨어져 죽는 순간에, 그의 어릴 적 친구인 에릭은 라우터브루넨으로부터 1천 킬로미터 이상 떨어진 카프 페레에서 시간을 보내고 있다. 그는 아내인 나탈리와 함께 처갓집에 있다. 나탈리의 부모는 이곳에 집을 한 채 소유하고 있다.

    오후 늦게 에릭의 전화가 울리기 시작한다. 그런데 그날은 일요일이라, 그는 전화를 받지 않는다. 하지만 이후 몇 분 동안 전화는 몇 차례 끊겼다가 반복해서 울리고, 이 때문에 나탈리는 불안해지기 시작한다.

    "저는 그에게 '전화를 받아 봐. 긴급한 일일 거야'라고 말했어요."

    에릭이 전화기를 든다. 대화는 상당히 짧게 진행된다.

    "문제라도 있어? 누구야?" 나탈리가 그에게 묻는다.

    그는 아내를 향해 돌아선다.

    "레오가 사고를 당했어."

    "아 저런, 큰 사고는 아니지?"

    "아니… 레오가 죽었대."

나탈리는 말없이 있다. 에릭은 무언가에 맞은 듯 정신이 멍하다. 그는 정원으로 나간다. 나탈리는 상황이 이해되지 않는다. 무슨 일이 일어난 걸까? 그녀는 남편의 가장 친한 친구가 이번 주말에 베이스 점프를 하러 스위스로 떠난 사실을 모른다. 그녀는 바깥으로 나가 에릭에게로 간다. 그는 울면서 그녀에게 자신이 들은 몇 가지 구체적인 사실을 전한다. 여행, 절벽, 사고.

그들은 부모와 친구들 곁으로 간다. 오후가 저무는데, 그 모습이 비현실적으로 보인다. 나탈리와 에릭은 다음 날 파리로 가기로 결정한다.

월요일, 도로를 달리는 그들은 여전히 전체적으로 그 의미를 파악할 수 없는 소식에서 받은 충격으로부터 헤어나지 못하고 있다. 침묵과 경악이 오랫동안 머물다가 갑자기 눈물이 쏟아지고, 이렇게 하기를 몇 차례 반복한다. 결코 생각할 수 없는 일이고, 너무나 갑자기 빠르게 찾아온 일이다. 레오와 에릭은 아주 어릴 적부터 서로 알고 지냈다. 영원한 친구, 마음으로 맺어진 형제였다.

나탈리는 18년 전에 에릭과 사귀기 시작하면서 레오를 알았다. 그 세월 동안 함께 지낸 시간이 늘면서, 즉 등반을 같이 하거나, 삶의 여러 일을 함께 기념하거나, 출산이나 생일을 서로 축하하며 견고한 우정 관계가 맺어졌다.

그들은 밤늦게 파리에 도착한다. 감정적으로 소진된 그들은 일찍 잠자리에 들기로 결정한다. 겨우 밤 10시가 조금 지났을 때다. 방은 몇 개의 가로등이 비추는 개인 소유의 길로 창문이나 있고, 얇은 커튼만이 그것을 가리고 있다. 방은 약한 빛 속에 잠긴다. 그들은 희미한 어둠 속에서 서로 등을 맞대고 길게 눕는다. 그리고 슬픔. 나탈리는 기억을 떠올린다.

"갑자기, 제 위로 50센티미터 되는 지점이었을 거예요, 그가 거기에 있었어요… 어떤 힘이 느껴졌어요…."

"그 지점에 누가 있었다고요?"

"레오. 레오가 거기에 있었어요, 제 위에… 저의 자동적인 반응은 그의 존재 때문에 제가 몹시 불편하다는 것이었어요, 왜냐하면 저는 알몸인 데다, 제 몸 위로 무언가를 두고서 잠을 잔다는 것이 참을 수 없기 때문이었어요…."

나탈리는 이런 자세한 얘기를 전하는 것이 당혹스럽지만, 나름의 중요성을 지닌 얘기다. 그녀는 자신과 에릭이 잠자리에 든 이후로 얼마나 많은 시간이 흘렀는지 모르고 있었는데, 갑자기 레오가 바로 자기 위에 있다는 것을 의식하게 된 것이다.

"당신은 그를 보았나요?"

"예, 저는 그를 보았고, 그의 숨결을 느끼기까지 했어요, 비록 순간적으로 일어났다 사라진 일이지만, 매우 강렬한 경험이었어요. 저는 제 몸을 덮기 위해 이불을 쥐었어요. 정말로 심기가 불편했을 뿐 아니라, 공포를 느꼈기 때문이에요…."

"공포?"

"아… 저는 알몸인 데다 그가 바로 제 위에 있었어요! 저는 거북스러웠고 꽤나 놀랐어요…."

"어둠 속이었는데 무언가를 구분할 수 있던가요?"

"방은 캄캄하지 않았고, 예, 저는 그를 분명하게 보았어요. 그는 에릭과 저 위에서 한 마디도 하지 않고 지켜보고 있었어요. 저는 그가 우리를 위로하기 위해 왔다는 인상을 받았어요. 왜냐하면 그와 우리는 작별 인사를 하지 않았으니까요. 그는 오랫동안 침대 위에 머물러 있었어요, 그는 떠 있었어요. 침대 위에서, 우리에게서 50센티미터 떨어진 공중에서 몸을 길게 뻗고 있던 그의 얼굴… 그의 매우 두드러진 시선….

"그렇게 정확히 그를 보았나요?"

"예! 그런데 그 시선은 제게 공포를 불러일으켰어요, 그래서 저는 얼른 눈을 감았어요. 그럼에도 저는 계속해서 그의 존재를 느꼈죠… 저는 그를 느꼈어요."

"그 일이 얼마 동안 일어났다고 추정하시나요?"

"몇 분…"

"아, 그래요?"

"예, 아마도 2, 3분"

"그 정도면 긴…"

"모르겠어요. 제게는 길게 느껴졌어요."

"에릭은 자고 있었나요?"

"아니요. 하지만 그는 아무것도 보지도, 느끼지도 못했어요. 이 경험 때문에 저는 몸이 얼어붙는 것 같았어요. 저는 침대에서 몸이 마비되는 걸 느꼈던 게 기억나요. 저의 첫 번째 반응은 곧장 이불로 제 몸을 덮는 것이었고, 그러고는 몸을 꼼짝도 하지 않았어요. 저는 똑바로 누운 채 눈을 감고 가만히 있었어요."

"당신이 자지 않고 있었다고 확신할 수 있나요?"

"아, 그 문제라면, 그래요, 저는 확신해요! 그 일이 멈추었다고, 그 존재가 더 이상 거기에 없다고 느끼자마자, 저는 곧장 에릭에게 '레오를 봤어! 레오를 봤어!'라고 말했어요. 제가 그를 놀라게 만든 거죠, 그는 아무것도 인지하지 못했어요. '당신에게 맹세할게, 나는 방금 레오를 봤어, 그가 여기에 있었어…' 그러고는 나는 말하기를 그만두었어요. 우리는 어둠 속에 머물러 있었어요, 그는 자신의 고통과 함께, 그리고 저는 정말로 몸이 얼어붙은 채로요. 그는 아무것도 보지 못했기 때문에, 저는 정신착란을 일으키고 있는 건 바로 내가 아닌가 하고 스스로에게 물어보았어요."

"에릭은 당신이 얘기한 것을 어떻게 받아들이던가요?"

"그는 제 말을 믿었어요. 저는 레오가 우리 위에 있다고 그에게 말한 걸 기억하지만, 그에게는 '형제'를 잃은 슬픔이 너무 커 그 순간에는 일절 반응을 하지 않았어요. 고통이 너무 컸던 거죠. 에릭에게는 그 고통이 너무나 무거운 것이었어요, 마치, 갑자기, 삶의 한 부분이 사라진 것 같았어요."

그 이후 며칠 동안, 나탈리는 이 경험을 두고 어떻게 생각해야 할지 모른다. 레오였을까? 매우 집요하고 강렬했던 그의 시선….

"처음에 제가 그를 보았을 때, 그의 눈은 대상에 극도로 집중하고 있었어요. 그는 제가 그를 바로 봐 준다고, 제가 그의 존재를 잘 의식하고 있다고 확신하길 바란다는 생각이 들었어요."

"지금, 한 걸음 물러나서 생각할 때, 당신은 그날 밤 무슨 일이 있었다고 여기나요?"

"저는 그가 거기에 있었다고 생각해요."

"당신으로 하여금 그런 말을 하도록 만드는 건 무엇일까요?"

"그 사건이 일어난 방식이요. 집중하던 그 시선, 현실적이던 그 존재… 그리고 이어서 저는 그가 돌아오길 바라는 심정이었을 거라고 생각했어요… 이런 걸 어떻게 설명해야 할지 모르겠네요. 그로서는 죽음이 너무나 갑작스런 사건이었던 게 틀림없어요…."

"당신에게는 그가 막 일어난 일을 의식하고 있는 것처럼 보이던가요?"

"예. 그리고 우리의 작별은 조용하게 일어났어요. 저는 그가 스트레스를 받고 있다고는 느끼지 않았어요. 예, 저는 그가 자신이 죽은 걸 알고 있었다고 생각해요."

이 조용함, 이 통찰력은 스테파니가 레오의 죽음 직후에 경험한 것이기도 하다. 그의 시신이 본국으로 돌아오기 전, 아마도 그가 나탈리와 에릭을 찾아온 시기에 말이다. 모든 이가 평화로운 모습의 그를, 위안을 주는 모습의 그를 묘사한다.

레오가 떠나면서 나탈리와 스테파니는 가까운 사이가 된다. 이때까지 그녀들은 몇 차례 마주치기는 했지만, 서로에 대해 더 많이 알 필요성을 느끼지는 못했다. 그녀들은 이후 더 규칙적으로 전화 통화를 하게 된다. 그리고 스테파니가 몇 달

후 집에서 연인이 출현한 사실 때문에 공포를 느꼈다고 나탈리에게 고백했을 때, 이는 나탈리를 동요시키기는 하지만, 동시에 그녀를 어떤 방식으로든 안심시킨다. 레오가 자신을 '방문'했던 상황과 스테파니가 그녀에게 이야기하는 상황이 비슷했던 것이다….

4
출현

레오의 생명을 앗아간 사고가 일어난 이후로 한 달이 지났다. 스테파니는 그녀의 집에서 혼자 대부분의 시간을 보낸다. 그녀는 이러한 칩거를 계속 고집한다. 고독 속에 머물고, 비탄과 고통에 대면할 필요성이 있었던 것이다. 무엇도 준비할 수 없는 이 새로운 삶을 그녀만의 리듬대로 살아갈 필요성이 있었던 것이다. 그녀의 친구들과 마찬가지로, 그녀의 가족도 때로 그녀와 함께 있지만 조심스러워한다. 하루의 대부분을 개한 마리가 유일하게 그녀 곁에 있을 뿐이다.

스테파니 집의 1층은 커다란 공간이 가로로 자리 잡고 있는데, 이 구석에 부엌이 있고 미국식 바가 부엌과 맞닿아 있다. 바에서 몇 미터 떨어진 곳에는 창문 겸 문이 테라스 쪽으로 열린다.

그날, 스테파니는 바에서 부엌 쪽을 향해 팔꿈치를 괴고 앉아 있는데, 감각적으로 그녀를 붙드는 얼룩 때문에 갑자기 주의가 산만해진다. 그녀의 눈에 지나가는 그림자가 보였다. 고개를 든 그녀는… 레오를 발견한다.

"그가 거기에, 문틀에 있었어요. 그는 서 있었어요, 그의 이

목구비, 외모, 자세였어요. 몸의 윤곽은 약간 흐렸지만, 저는 그의 거동이란 걸 알아보았죠. 그런데 키가 실제보다는 작았어요…."

"외투를 입지 않고 있었나요?"

"예… 실제보다 작아 보였고, 뚜렷한 얼굴 선을 제외하면 몸의 윤곽은 흐렸어요."

"하루 중 어느 때였나요?"

"대낮이었어요…."

"당신은 어떻게 반응했나요?"

"저는 비명을 질렀어요, 미치는 줄 알았고 두려웠어요, 분명히 그랬어요! 몸이 얼어붙어 꼼짝도 못하고 있는 중에 그는 사라졌어요…."

"그 일은 얼마 동안 지속되었나요?"

"그를 보고 비명을 지른 시간이… 아마도 5초 정도였을 거예요."

"제 질문을 용서해 주세요. 당신이 혼동을 하였거나 헛것을 보았을 수도 있지 않나요, 뭐랄까, 바깥에서 지나가는 무엇에 의해서 말이죠?"

"아니에요, 절대로 아니에요, 저는 부엌 앞에 있었는데, 문에서는 옆쪽이죠, 저는 제 시야에 무언가가 있다고 느꼈어요, 창문 높이에까지 그림자를 드리우는 그 무엇을요, 저는 머리를 돌렸고 그를 보았어요. 그를 보았다니까요! 그리고 혼잣말이 튀어나왔어요, '아니야, 아니야, 이건 사실이 아니야, 그이라니!' 그러고는 저는 이런 일은 가능하지 않다고 분명히 깨달았는데, 이 생각과 함께 공포가 찾아오고, 제 안에서 올라오는 이 공포 때문에 비명을 질렀어요, 5초에 불과했지만 긴 시간이었요… 정말로 아니에요, 그런 일은 저의 내면으로부터 생겨나는 일이 아니에요. 그런 일은 정말 사람을 매우 혼동스럽게 만들고, 비정상적이고, 생각할 수 없고, 이해할 수 없는 것이에요, 그런데 자, 그런 일이 제게 일어났어요, 실제로 일어났고, 며칠 후에 다시 일어났어요….”

“어떻게 일어났나요?”

“지난번과 매우 유사한 또 하나의 이미지였어요. 저는 부엌 뒤쪽의 지하 저장실로 가기 위해 응접실을 가로지르는 중이었어요. 지하로 가기 위해 몸을 돌렸을 때, 저는 냉장고 옆에 서 있는 그를 보았어요.”

“이번에 당신의 반응은 어땠죠?”

“이전과 비슷했어요, 그의 모습에 저는 정말로 겁을 먹었어요. 비명이 나오는 걸 어쩔 수 없었어요. 저는 조금도 몸을 움직일 수가 없었어요, 이어서 그가 사라졌어요….”

“지금은 그 일에 관해 어떤 생각이 드시나요?”

“일상적이지 않은 일이긴 한데, 너무 무섭다는 생각이 들어요. 그때, 저는 곧장 그에게 ‘내가 본 것이 당신이야?’라고 말하고 싶었어요. 왜냐하면, 저는, 제가 무언가에 홀린 건 아닌지 스스로에게 물어보고 있었기 때문이에요. 예, 저는 항우울제도 먹지 않고 어떤 치료도 받지 않고 있었어요, 그런데도 이상하다는 느낌이 들었죠. 이어서 제가 공포와 함께 경험한 다른 것들, 그러니까 그가 저와 있던 때의 느낌들, 그 깊은 느낌들 때문에 저는 그임에 틀림없다고 보다 진지하게 생각하게 됐어요. 저는 생각하기 시작했어요. '만약 유령이 여기에 있다면, 그것은 정말로 그이야. 내게 무언가를 말하려고 시도하고 있어. 이렇게 두려움을 느끼는 건 어리석은 짓이야.'"

"아, 그래요?"

"그래서 저는 그에게 큰 소리로 말을 붙였어요. '미안해, 이런 일은 내게 두려움을 줘, 당신을 다시 보니 매우 기쁠 수도 있겠지만, 이런 일은 두려워, 그러니 앞으로 나타날 때는 내게 미리 알려 줘, 어떤 신호를 보내 줘, 이곳에서 매번 나를 놀라게 하잖아.'"

"그에게 한 번 얘기를 했나요, 아니면 두 번에 걸쳐 얘기를 했나요?"

"두 번에 걸쳐서요, 왜냐하면 이 두 번째 출현으로 저는 그가 아마도 내게 말을 건네려는 거라고, 그가 있는 이곳에서 아마도 주체할 수 없는 일을 시도하는 거라고 깨달았으니까요. 만일 내가 그에게 두려움을 준다고 설명한다면, 그가 다른 수단으로 시도를 할 거라는 것도 깨달았죠. 저는 집에 혼자 있었고… 그의 행동은 너무 성급하고 무모한 것이었어요… 그런데 이후로는 그를 다시는 보지 못했어요…."

실제로 인상적인 이 두 번의 방문으로 인해 스테파니는 다음의 사실을 확신하게 된다. 즉, 4월 16일 이후로 그녀가 본 모든 것이 혼동스럽고 이해할 수 없는 것이라 해도, 그것을 생겨나게 한 건 그녀가 아니라는 것이다. 그녀는 그런 일들이

'머릿속에서' 일어난 거라고 믿을 수 없다. 어렴풋한 감각의 해석이 문제가 아니라, 여지없이 덮쳐 오는 강렬한 감각이 문제이다. 이 두 '광경'으로 의혹은 해소된다. 스테파니가 미쳐 가고 있던 건 아니다. 그녀의 능력을 벗어난 어떤 일이 정말로 일어났던 것이다.

그래서 그녀는 정보를 수집하기 시작한다. 그녀는 책을 읽고, 사후 세계에 관한 주제, 곧 그녀가 레오를 잃기 전까지는 진지하게 생각하지 않았던 영역에 관심을 갖는다. 그녀는 책을 선별하게 되고, 그녀처럼 애도의 과정에 있던 다른 사람들이 4월 이후로 그녀가 겪은 경험과 동일한 경험을 정확하게 보고하고 있다는 걸 분명하게 알게 된다.

그녀가 통과하는 이 과정이 그녀만의 것은 아니다. 하지만 그녀는 그녀의 물음과 대면해서는 전적으로 혼자이다.

이때 스테파니는 3개월 전만 해도 예상하지 못했던 생각에 적응하기 시작한다. 곧, 레오가 여전히 그녀 곁에, 그녀 주위에 있고, 수만 명의 사람들이 그녀가 경험하는 것을 경험하고 있다. 그녀의 눈에는 레오의 그 존재가 믿음을 넘어서 실재하는 것으로 보인다. 그는 자신이 떠나는 것을 그녀가 감내할 수 있도록 도와주기 위해 모습을 보이는 걸까? 그녀는 이 생각을 지지한다. 그만큼 그녀는 레오의 존재감이 그녀를 얼마나 크게 지탱해 주었는지 이후에 평가하게 된다. 레오는 죽었음에도 불구하고, 지지와 사랑을 보내는 그의 일부분이 여전히 여기에 있다. 어쩌면 폭력적인 사고와 빠르게 일어난 사별 때문에, 그가 새로운 현실에 적응하도록 당분간 살아 있는 사람들 곁에 머무는 걸까? 스테파니는 자문한다. 그런 상황에서 죽는다는 건 적어도 갑작스런 일이다. 병에 걸려 죽어 가는 사람이나 그의 주변 사람들이 죽음을 준비할 수 있는 경우와는 반대다.

처음 몇 달간 스테파니는 많은 경험을 했다. 이어서 경험은 규칙적이기는 했지만 점차 줄기 시작했다. 그리고 레오의 1주기를 앞두고, 모든 일이 멈춰 버렸다.

이런 사건이 일어난 지 10년 이상이 지난 지금, 나는 스테파니가 자신이 겪은 일을 어떻게 받아들이는지 궁금하다.

"당신이 이후 아픔을 극복하는 과정에서 그 경험이 어떤 영향을 미쳤나요?"

"함께 살았던 사람의 부재로 인한 아픔의 첫 단계를 용이하게 헤쳐 나가도록 해 주었어요. 비록 제가 무엇보다도 사랑하는 이의 육체적 부재로 인해 고통을 겪기는 했지만, 저는 그가 여전히 내가 있는 곳에 있다는 인상을 지녔어요. 저는 그런 인상 때문에 어떤 일이 늦추어졌다고는 생각하지 않아요. 이 아픔의 과정은 다소 혼란스러운 것이었지만, 오히려 좋은 의미에서 그랬다고 봐요."

"무슨 의미죠?"

"제가 겪은 일은 이해하기 어렵지만, 결론적으로는 오히려 근사한 일이었어요. 레오는 제가 살아갈 수 있도록 용기를 주기 위해 왔어요, 그는 제가 살아갈 욕구를 다시 갖게끔 해 주었어요. 그 경험은 내 안의 영성과 관련된 부분, 그러니까 이전에는 제대로 계발할 줄 몰랐던 영역의 문을 열어 주었어요.

이것은 나로 하여금 변화하도록, 성장하도록 해 주었어요. 이후로, 제가 개인적인 차원에서 꽤나 성장했다는 인상을 갖게 됐어요! 이러한 성장은 나의 내면을 풍부하게 해 주었고, 본래의 나와 내가 해야 할 일로 나를 안내해 주었죠. 사고 직후에, 이어서 이후 몇 달 동안에 그로부터 느꼈던 감각을 다시 생각해 볼 때, 제게는 그것이 그로부터 왔다는 게 명백하다는 것을, 나의 몸을 통해 느낀 게 명백하다는 것을 분명히 알게 돼요. 저의 몸 전체가 그를 느꼈지, 저의 머리로 느낀 건 분명 아니었어요. 초기에, 그 경험의 성격에 관해 지적인 방식으로 나스스로에게 물어보았을 때에는 의문이 들었어요. '정말로 그일까? 나의 상상이 아닐까?' 제가 이런 주제와 관련해 수행한 탐구 때문에 이런 현상이 실재한다는 사실을 확고히 알게 됐는데, 사실, 예, 지금 저는 항상 그였다는 것을 확신해요. 제 몸이 그였다는 것을 언제나 알고 있었으니까요."

스테파니는 이런 현상을 받아들이고 자신에게 통합하는 데 시간이 걸렸다. 그녀는 우선 연인을 잃은 상황에 대해, 다음에는 매우 이상하긴 하지만 결국에는 위안을 준 경험에 대해 결코 준비가 되어 있지 않았었다.

테러로 아들을 잃고, 자신이 본 것을 가까운 사람들에게도 감히 말하지 못하는 ─ 그만큼 자식의 죽음에 관해 말하는 것이 그녀에게는 무례한 것으로 보인다 ─ 엘로이즈도 스테파니와 비슷하다⋯.

5
침묵

이 침묵은 왜일까?

엘로이즈는 테러 공격 ─ 오늘날 프랑스가 차츰 빈번하게 직면하게 된 비극 ─ 의 끔찍한 상황 속에서 아들 아르튀르를 잃었다. 아르튀르의 죽음 이후로 겪고 있는 극적인 상황과 말할 수 없는 고통의 한가운데서, 엘로이즈는 몇 번에 걸쳐 이상한 일을 경험했다. 설명할 수 없는 강렬한 감정, 신비한 감각, 아르튀르를 보고 있다는 인상.

이것들은 매우 현실적인 것처럼 보였다. 엘로이즈는 어떻게 생각해야 할지 모른다. 일종의 꿈? 환영? 고통에서 기인하는 통제할 수 없는 상상력의 한 형태? 위협적인 우울증? 어떤 신호? 해답을 얻기 위해서는 이것들에 관해 누구에게 말해야 할까? 미쳐 간다는 인상을 주는 일 없이 어떻게 그 감각을 얘기해야 할까? 가족, 친구들은 이것들에 관해 어떻게 생각할까? 누구에게 조언을 구해야 할까? 이것들에 관해 누구에게 마음을 털어놓아야 할까?

내가 햇볕이 가득 드는 어떤 아파트에서 엘로이즈를 만날 때, 그녀는 아들이 죽은 그날의 기억을 선명하게 떠올린다. 비록 아주 많은 시간이 흘렀지만 말이다. 그녀가 자신의 삶을 영구히 바꿔 놓은 그때를 어떻게 잊을 수 있을까?

"그 비극이 일어난 날 저는 하루 종일 심기가 불편했어요, 심지어 무슨 일이 일어났는지 알기 전에도 그랬어요…."

"무엇을 느끼고 있었나요?"

"몸이 좋지 않았다는 말밖에는 어떻게 말씀 드려야 할지 모르겠어요."

"그 전에도 유사한 불편한 감정을 느낀 적이 있나요?"

"전혀 없었어요. 더 이상 무엇을 말씀 드려야 할까요? 직관에 관해 말씀 드릴 수 있을까요? 그런데 저는 그 감각을 어떤 구체적인 것에다 연결시키지 않았어요."

엘로이즈는 침묵을 지키며 나를 바라본다. 나는 그녀가 아들의 소식을 들으며 강하게 느꼈을 커다란 무상감(無常感)을 가늠해 본다.

자식을 잃는다는 것.

엘로이즈는 막 우리 곁으로 다가온 고양이를 쓰다듬는다. 그녀는 내게 사건 이후의 시간, 아들의 장례식, 이어서 계속 진행되는 삶에 관해 매우 이상한 태도로 말한다. 다시 자리를 잡은 일상에 관해 말했는데, 그 일상에는 가장 본질적인 무엇이 결여되어 있다는 항구적인 감정이 함께 존재했다. 누군가가 부재한다는 감정. 그리고 차츰 대화의 주제는 내가 그녀의 집에 있는 연유로 옮아간다.

엘로이즈는 비극적인 사건 이후 몇 달이 지나 나의 책 『테스트』[2]를 읽고 나서, 내게 궁금증을 불러일으키는 메시지를 보냈다. "저의 가장 소중한 아들이 죽임을 당했습니다. (…) 충격을 받은 상태, 참기 힘든 침울함, 분노, 절망, 요컨대 서로에 대한 유대감이 매우 강했던 가족이 느낄 수 있는 모든 것을 경험한 다음에, 저는 아들의 죽음에 대해 더 많은 것이 알고 싶어졌습니다. (…) 특히, 아들이 제게 나타났습니다. (…) 이런 것을 보면서도 저는 마음을 굳게 먹고 어려움을 버티고 있습니다. 누가 이런 경우에 일어나는 일을 제게 조금이라도 더 설명해 줄 수 있을까요?"

　이 편지는 나를 부르는 것이었다. "아들이 제게 나타났습니다." 무슨 의미일까? 이어지는 어머니의 글은 나를 감동시켰다. 그녀가 기다릴 거라고 생각한 나는 즉시 답장을 보냈고, 오래지 않아 그녀를 방문했다.

　"당신은 제게 본 것을 이야기하길 원하시나요?"

　엘로이즈는 한순간 침묵을 지킨다. 나는 그녀가 주저한다는 것을, 거의 좌불안석이라는 것을 느낀다. 그녀는 자신에게 아무리 실낱같은 것일지라도 희망의 근원처럼 보이는 것에 마침내 다가가려는 불타는 욕구와, 환상에 불과할 수도 있는 것에 매달릴 만큼 순진하다고 보일 두려움 사이에서 마음이 양분되어 있다. 내가 귀를 기울이는 것을 보며 믿음을 갖게 된 그녀는 이야기를 시작한다.

---

2. Stéphane Allix, *Le Test. Une expérience inouïe, la preuve de l'après vie?*(테스트. 전대미문의 경험, 내세에 대한 증거?), Albin Michel, 2015; Le livre de poche, 2018.

"그 일은 아들이 죽은 지 두 주가 지났을 무렵에 일어났어요. 우선, 저는 어둠 속에서 잠자는 것을 매우 싫어했다는 것부터 말씀 드려야 할 것 같아요. 그런데, 무슨 이유 때문인지는 모르겠지만, 아르튀르가 죽은 이후에는 암흑 속에, 완전한 암흑 속에 있고 싶다는 욕구를 갖게 됐어요. 바로 이런 어둠 속에서, 저는 천장에서 이상한 것을, 흰색과 검정색의 소용돌이 장식 같은 것을 보기 시작했어요. 처음에는, 그것 때문에 조금 겁이 났어요…."

"'소용돌이' 라는 말이 무슨 뜻이죠?"

"일종의 움직이는 구름…."

"어둠 속에서요?"

"예."

"그 이미지를 말로 묘사해 주실 수 있나요?"

"구름, 작은 구름인데, 저는 어떤 순간에 거기서 번개 같은 것을, 어떤 빛을 보았고… 이어서 얼굴들을 분간하기 시작했어요… 특히 아들의 얼굴을요."

"당신이 잠자고 있지 않았다는 걸 확신할 수 있나요?"

"예… 저는 깨어 있었어요… 저는 눈을 뜨고 있다는 걸 의식하고 있었어요…."

"그 일은 사고가 발생한 지 2주 뒤에 일어났나요?"

"예, 15일 정도 지나서였어요, 어쩌면 조금 더 빨리 일어났을 거예요. 그 일이 매우 빨리 일어났다는 걸 기억해요… 아이의 죽음 이후 매우 빨리요."

"여러 차례에 걸쳐 일어났나요?"

"예, 수없이 많이…."

"당신이 침대에 누워 있을 때 당신에게 나타난 것의 크기를 말씀해 주실 수 있나요?"

"때에 따라 달라요… 그리고 그것은 아주 짧은 시간 동안만 머물러요… 마치 제가 구름 낀 하늘을 응시하고 있는 것 같았고, 그리고 이따금 그 구름 속에서 작은 빛이 나타났다 사라지는 것 같았어요. 이때 제 아들의 얼굴이 보여요… 그 애의 두 눈, 그 애의 두 눈이 보이는데, 저는 그 눈을 알아보아요… 예, 그 애에요… 이어서 시간이 흐르면서 그 애의 얼굴은 흐려져요, 오늘은 그것이 거의 나타나지 않았어요. 그런데 처음에는… 제가 이야기를 해도 괜찮은 건지 모르겠네요…."

"말씀하세요…."

"사실, 크게 후회되는 일은 제 아들이 죽은 이후 그 애를 껴안지 않았다는 거예요…."

엘로이즈는 이 말을 하면서 갑자기 감정에 사로잡히더니 눈물을 참지 못한다. 나는 침묵을 지킨다. 시간이 조금 흐른 후, 그녀는 다시 말하기 시작한다.

"그래서 저는 그렇게 했어요. 그 애의 얼굴이 처음 나타났을 때, 저는 그렇게 했어요, 제 팔로 그 얼굴을 껴안았습니다… 기괴한 일이죠."

"아닙니다, 그렇게 말씀하시지 마세요."

"아니에요, 왜냐하면… 제가 무엇을 느꼈기 때문이에요… 하지만 잘 모르겠어요… 저는 아무 증거도 없어요…."

"당신은 무엇을 느꼈나요?"

"저는 제 손을 그 애의 손 안에 넣었어요… 그리고… 자기력이 발생한 건지 모르겠어요… 저의 담당 의사조차 설명할 수 없었어요… 그런데 저는 팔에 무언가를 느꼈어요… 무게감을요."

"그… 이미지를 만지면서 무게감을 느꼈다고요?"

"예… 여기서, 예를 들어 제가 지금 손을 움직이면 허공밖에 접촉하지 않아요, 하지만 그날 밤에는 제 손이 무엇을 만졌어요…."

"믿기지 않는군요…."

"예… 그런데, 저, 어떻게 그 애라는 걸 알았을까요?"

"당신이 그 얼굴을 봤을 때, 특정한 표정을 짓고 있던가요? 그가 당신에게 말을 걸었나요?"

"그 애는 웃고 있었고… 움직이지는 않았어요. 저는, 눈을 뜨고 있었어요, 잠들지 않았어요, 당신께 분명히 말씀 드리는 겁니다. 꿈이 아니었어요, 절대적으로 확신할 수 있어요."

"이 경험은 자연적으로 일어난 건가요?"

"예, 저는 그런 일을 기대하고 있지 않았어요. 그런데, 저, 그것이 의미하는 바가 뭘까요? 저는 아무 증거도 없어요… 그 이미지는 무얼까요?"

나는 엘로이즈가 유보적인 태도를 취한다고 느낀다. 그녀의 마음은 희망과 의혹 사이에서 양분되어 있다. 그녀는 내게 자신이 현실적인 사람이라는 인상을 주려 하지만, 어둠 속에서 아들의 얼굴이 나타나는 것을 본 밤에 강렬하게 느꼈던 동요하는 심정을 숨기지는 못 한다. 정말로 그일까? 나는 그녀에게 그녀만이 경험한 이야기가 아니라는 것을 솔직하게 지적한다. 스테파니, 나탈리, 그리고 이들과 비슷한 다른 수많은 증언들에서 어떤 얼굴, 그러니까 죽은 지 얼마 되지 않은 사람의 얼굴이 언급된다. 보는 사람을 놀라게 하지만, 이어서 안심시키는 움직이지 않는 얼굴.

엘로이즈는 아들과 접촉한다는 것의 현실성에 의혹을 품고 있었는데, 이는 정상적인 일일 뿐 아니라 심지어 내게는 그녀의 진정성을 보장하는 것으로 보인다. 나는 몇 년 동안 내가 만났던 증인의 대부분이 보여 주던 것과 동일한 신중함을 그녀에게서 발견하고는 안심한다. 이들은 자신들에게 부여된, 산다는 것의 현실성에 의문을 제기한 최초의 사람들이다. 그녀는 아르튀르를 '보았다'고 나를 확신시키려는 대신에, 자문을 하고, 비극적인 사건 이후부터 그녀를 돌보던 정신과 의사에 관해 깊이 생각하다가, 내가 어떻게 생각하는지 묻기 위해 편지를 보냈다. 더구나 그녀의 정신과 의사도 그녀를 안심시킨다. 그는 엘로이즈의 경험이 신비하다는 것은 인정하지만, 그것이 환각은 아니라고 말해 준다. 그는 모든 가능성을 열어 놓고, 자신의 환자에게 심리 치료의 틀을 넘어서는 질문 속으로 스스로 걸어가도록 선의를 갖고 허용하고 있다.

나는 엘로이즈에게서 두 가지 요소를 확인한다. 수많은 부모가 자식의 죽음 이후에 비슷한 일을 경험하는데, 어떤 심리적 요인으로도 그 이미지를 설명할 수 없다. 아르튀르일 거라고 상상하는 건 비합리적인 것이 아니다.

그녀가 내게 이야기를 전달한 이후, 나는 그녀로 하여금 합당한 의심을 넘어, 경험으로 인해 그녀 안에 나타난 것에 관해 말하도록 이끌고 싶다. 그 경험이 일종의 평안한 상태에 기여를 했나? 그것은 그녀가 사별의 고통을 겪는 동안에 다소 위로가 됐나? 혹은 고뇌를 일으켰는가?

"요즘에는 무엇을 느끼세요?"

그녀의 대답은 그 자연스러움과 확신 때문에 나를 놀라게 한다.

"아르튀르가 저와 함께 있어요!"

"당신과 함께요?"

"저는 그 애에게 말을 해요, 그리고 비록 그 애의 목소리를 듣지 못하지만, 그 애가 항상 저와 함께 있다고 느껴요. 저는 계속 살아가고 있어요, 물론 저는 너무 자주 울어요, 저는 매우 심한 침울함을 느끼지만, 분노는 아니에요… 저는 그 애를 위해 선 채로 있고 싶어요. 그 애는 내가 앞으로 나아가는 걸 도와주고 있다고 느껴요… 그가 여기에 있어요…."

"그가 이 순간에도 여기에 있다는 걸 느끼나요?"

"예, 물론 어떤 확실한 증거도 없지만요. 다른 신호가 있다면 좋겠어요…."

엘로이즈의 경험은 지금으로서는 여전히 갈등을 겪고 있는 상태인 그녀 안에서 무엇이 열리도록 만들었다.

한편으로는 체험에서 오는 힘, 그리고 다른 한편으로는 그러한 체험이 전적으로 현실적이라고 받아들이는 일의 불가능성. 나는 이런 상태가 불러일으키는 부조화 상태를 주의 깊게 관찰한다. 내가 말했듯이, 이것은 오랫동안 나의 경험이기도 했다. 균형점을 찾는 일은 각자의 내밀한 마음에 속한 일이다. 그것은 증거, 과학, 지적인 탐색과 관계된 일이지만, **그것들만 관계된 일은 아니다.**

나는 더 많은 신호에 대한 이 채워지지 않는 욕구를 잘 알고 있다. 나는 수년에 걸쳐 나의 동생 토마에게, 이어서 아버지에게 더 많은 신호를, 더 많은 메시지를 보내 달라고 끊임없이 요구했다. 마치 신호나 메시지가 누적되다 보면 어떤 한순간에 마침내 내가 확신을 할 수 있을 거라는 듯이 말이다.

그런데 엘로이즈의 요구에는 다른 기대가 존재한다. 본질적인 점에 관해서, 곧 우선 보기에는 아르튀르만이 보유하고 있는 정보에 관해서 안심할 필요성이 존재한다. 즉, 그 애가 자신에게 일어난 일을 이해했을까? 그리고 그 애는 괜찮은가? 그녀는 내게 털어놓는다.

"선생님은 『테스트』에서 아버지가 자신이 곧 죽을 것임을 알 시간이 있었다고 설명하셨어요, 그러니까 그분은 자신에게 일어날 일을 알고 있었던 거죠, 하지만 아르튀르처럼 갑자기 이 세상을 떠나는 사람은 어떻게 죽음을 준비할 수 있을까요?"

이 주제에 관해 내가 수집할 수 있었던 가설들을 그녀에게 말하며 보다 멀리까지 논증을 전개하기보다, 나는 그녀의 마음 깊은 곳에서 강하게 느끼는 것이 무엇인지를 묻는다.

"모르겠어요… 어쨌든 궁금증을 불러일으키는 건 아르튀르가 죽기 전 보름 동안 모든 친구를 다시 만났다는 사실이에요. 이 일을 얘기해 준 건 며느리입니다. 며느리는 이 일을 대단히 놀라워했어요. 그들은 2주에 걸쳐 연속해서 모든 친구를 다시 만났어요, 그 전까지는 몇몇 친구하고만 교류를 했는데 말이죠! 제 아들과 며느리는 일도 많이 하고 외출도 자주 했어요. 그런데 그 일과 관련해 이후에 며느리는 큰 심적 동요를 경험했어요, 왜냐하면 마치 제 아들이 테러가 일어나기 전에 시간을 내서 자신에게 소중한 사람들을 만난 것 같았기 때문이죠. 심지어 우리도 마찬가지였어요. 그 이틀 전에 아르튀르가 아버지를 보러 집에 온 거예요. 저는 장을 보느라 밖에 있었죠. 저는 그 애가 나를 기다릴 거라고 생각하지 않았는데, 그렇지 않았어요. 그 애는 저를 기다렸어요. 짧은 순간이지만 우리는 함께 있었어요."

아르튀르는 무슨 일이 일어날지 무의식적으로 예감했을까? 죽기 몇 주 전에 자신이 사랑하는 사람들과 함께 시간을 보내려고 하는 이 일상적이지 않은 열의를 어떻게 해석해야 할까? 엘로이즈는 스스로에게 질문하지만 이 일이 정말로 전조인지는 쉽게 판단하지 못한다. 그녀가 사후(事後)에 진행되는 해석을 불신해야 한다는 걸 인정하며 명철한 시각과 어느 정도 뒤로 물러선 태도를 유지하는 만큼, 결정적인 판단을 내리기는 더욱더 어렵다. 하지만 그래도… 우연의 일치, 아니면 예감? 우리가 죽기 전에, 우리의 영혼은 그것을 알까?

이 질문은 나와의 만남이 진행되어 감에 따라 몇 번 반복해서 제기될 것이고, 적어도 놀라운, 해답이 될 만한 자료가 발견될 것이다.

나는 그녀의 증언에 깊은 인상을 받은 채 작별을 한다. 갑작스런 아들과의 사별에 육체적으로 고통을 경험한 이 이성적인 어머니는 큰 동요를 일으키지만, 매우 실제적인 경험의 성질에 관해 스스로에게 질문을 한다. 일단 건물의 아래층까지 내려오자, 나는 인터뷰를 하는 동안 경험한 감정에 다시 젖는다. 엘로이즈는 아들이 그날 그에게 일어난 일을 곧바로 이해했는지를 자문한다. 나도 아버지의 죽음 이후에 같은 의문을 가졌었다.

우리는 이 질문을 자세하게 탐구하게 될 것이다. 그런데, 그전에, 결정적으로 이런 모든 경험이 그저 우리의 상상력의 산물은 아닐까?

6
만일 이 모든 것이 설명된다면?

아델르, 세실, 제니퍼, 스테파니, 나탈리, 엘로이즈의 이야기가 아무리 이상하게 보인다 하더라도, 그 이야기를 이성적으로 설명할 수 있을까? 그 VSCD, 곧 '죽은 자와 접촉하는 주관적인 경험'은 사랑하던 존재의 죽음 이후에 경험하는 큰 심리적 스트레스 상황에서 당사자의 심리적 메커니즘이 문제가 될 때 발생한다. 보호를 받으려는 무의식적인 욕구가 일종의 치유 효과가 있는 환각을 생성해 내는 것일 수 있다.

나는 사무실에서 빈번히 이런 종류의 경험담을 듣는 친구 크리스토프 포레를 향해 몸을 돌린다. 크리스토프는 정신의학자이자 정신요법 의사인 동시에, 20년 전부터 사별의 아픔을 겪는 사람[3]이나 생애 말기에 있는 사람[4]을 동반하는 역할을 하고 있다.

이 VSCD는 애도의 과정과 연관되는 일종의 감정적 보상 메

---

3. Christophe Fauré, *Vivre le deuil au jour le jour*(미래를 염두에 두지 않고 애도를 경험하기), Albin Michel, 2012.
4. Christophe Fauré, Stéphane Allix, *Accompagner un proche en fin de vie*(생애 말기에 있는 친지를 동반하기), Albin Michel, 2016.

커니즘으로 설명될 수 없을까? 그런데 크리스토프에게 있어서는 명확히 그런 경우가 아니다. 감정적 보상 메커니즘을 지지하는 주요 논리는 지금껏 소개한 것과 같은 경험이 생애 중에 불현듯 갑자기 발생한다는 것이다. 사람들은 예기치 않게 나타나는 그런 경험의 속성 때문에 놀라움을 경험한다. 그런데 이와는 정반대로, 신호를 보기를 원하는 사람에게는 그런 경험이 촉발되지 않는다. 어떤 사람은 신호를 갈망하지만 아무것도 경험하지 못하고, 다른 어떤 사람은 신호에 대해 생각하지 않지만 무슨 일인가가 발생한다.

크리스토프는 오래 전부터 환자들이 전하는 매우 특이한 증언 때문에 의아심을 느끼고 있다. 어떻게 하면 가장 정확하게 해석할 수 있을까? 의사인 그는 자신에게 진찰을 받는 사람의 감정적이고 심리적인 균형을 염려한다. 그래서 그는 그 이야기들이 어떤 종류의 환각이나 사별의 아픔에서 기인하는 위험한 정신적 해체, 즉 정신착란에 빠질 위험을 숨기고 있는 건 아닌지 밝혀내고픈 유혹을 곧장 느꼈다. 그의 전문적인 경력은 수십 년간의 관찰에 토대하고 있다. 나는 그가 매우 진지하게 그리고 선의를 지니고서 수행하는 자신의 일에 관해 말할 때마다 즉시 그의 엄격함에 깊은 인상을 받는다.

그는 내 질문에 그를 특징짓는 조용한 태도로 대답한다.

"만일 고통으로부터 보호 받으려는 메커니즘이 문제가 된다면, 그런 것이 거의 체계적인 방식으로 애도의 과정에 있는 모든 사람들에게서 나타나야 할 겁니다. 인간의 정신은 보호 메커니즘을 갖고 있습니다. VSCD도 꽤 보편적이긴 하지만,

보호 메커니즘만큼 많은 수로 존재하는 건 아닙니다. 그리고 특히 우리는 보호 메커니즘을 알고 있고 목격하고 있습니다. 그것은 **모든** 사람에게서 필요한 순간에 즉시 작동합니다. 그런데 모든 사람이 VSCD를 경험하는 건 아닙니다. 왜 어떤 특정한 사람에게서 어떤 특정한 순간에만 그것이 일어나는 것일까요?"

크리스토프는 욕구가 그런 경험의 촉발 요인이라는 논증을 몇 마디 말로 와해시킨다. 사별의 아픔을 겪는 사람은 사랑하던 사람이 부재하는 끔찍한 상황에 놓인다. 그렇기 때문에, 만일 그러한 부재에서 기인하는 욕구가 VSCD 발생의 요인이라고 한다면, 모든 사람 — 보다 특별하게는 사별을 겪은 부모나 배우자 — 이 가정된 그 심리적 메커니즘에 의해 촉발되는 VSCD를 겪어야 할 것이다. 그런데 우리가 관찰하는 내용은 이것이 아니다. 나탈리는 레오를 보고자 하는 필요나 갈망이 없었음에도 레오를 보았다. 반면, 정말로 그를 보고 싶어 했을 에릭은 그를 보지 못했다.

"비록 그런 경험을 촉발시키는 걸 모른다 하더라도, 환각이 문제된다고 볼 수 있지 않을까요?"

"아닙니다, 그것은 환각이 아닙니다. 왜냐하면 환각은 정신병적 증상이기 때문입니다. 환각은 약물이나 알코올 같은 외부 물질과 연관된 의식의 변화라는 맥락에서 발생하거나, 조현병 유형에 속할 수 있는 정신병적 차원의 심리적 기능 이상에서 발생합니다. 환각을 낳을 수 있는 편집증적 망상이나 알츠하이머 같은 퇴행성 장애가 예가 됩니다…."

"간단히 말하면요?"

"정신이 온전한 사람은 환각이 독자적으로, 자연 발생적으로 생겨나지 않습니다. 어떤 사람이 환각을 보기 시작하면, 우리는 연관된 다른 증상을 매우 빨리 감지해 냅니다. 이는 명백한 사실입니다. 그리고 환각은 환자의 삶에 전면적으로 침입하지만, VSCD는 이런 전면적인 성격이 없습니다. 저는 VSCD를 겪은 사람들이 그 이전에는 어떤 심리적인 장애도 갖고 있지 않았다는 걸 관찰하게 됩니다. 정확히 말하면 그 반대입니다."

"하지만 가까운 이를 잃었다는 트라우마적인 충격이 사전에 어떤 심리적 장애도 없던 사람에게 환각을 유발시킬 수 있지 않을까요?"

"분명하게 말해, 아닙니다, VSCD의 경우에는 매우 일시적인 발현을 목격하게 됩니다. 만일 환각이 문제라면, 환자는 어떤 심리적 장애가 발현되는 것과 연관이 있을 것이고, 이로 인해 그 장애의 모든 증상을 목격하게 될 겁니다. 그런데 이 VSCD는 정신병적인 양상을 유발하지 않습니다. 나아가, 환각은 고뇌를 일으키고 갖가지 성격의 극단적으로 다양한 이미지를 동반합니다. 반대로, VSCD는 매우 단순하고 철저하게 고인과 연관되어 전개되는 사건만이 있습니다."

"정신착란도 일회적인 사건이 될 수 있나요?"

"예, 실제로 그럴 때가 있습니다. 대개 그것은 '마른하늘에 날벼락' 같은 것으로 묘사되곤 합니다. 말하자면, 어떤 사람이 과거에 정신의학적 발현이 전혀 없었음에도 갑자기 빠르게 정신 질환적인 삽화가 일어나게 되는 것입니다. 그런데 여기서도 그 삽화는 몇 시간, 혹은 며칠 동안 지속될 겁니다. 더구나, 정신착란의 갑작스런 발현에는 심리적인 황폐함이 있다는 걸 관찰하게 됩니다. 자아의 기능이 변질된 것이죠. 그리고 자아는 대개 부정적인 방식으로 그 황폐함을 겪습니다. 환자가 겪는 경험은 불안을 유발하고 트라우마의 원인이 됩니다. 환자는 더 이상 자신의 일과 다른 사람과의 관계를 안정되게 유지할 수 없습니다… 정신착란이 일어나면 환자는 병원에 수용되어야 하는데, 그것이 전면적으로 그를 덮쳤기 때문입니다. 그런데 VSCD는 전혀 이런 경우가 아닙니다. 사건은 아주 일시적인 성격을 갖고, 그리고 매우 짧은 시간 동안만 지속됩니다… 그리고 특히 그 영향이 이롭습니다. 의식이 변질되지 않은 상황에서 무언가 전혀 예기치 않은 방식으로 일어납니다. 아니면 단순하게 밤을 새운 상황에서 잠을 자러 가는 상황으로 옮겨 갈 때, 즉 자아가 주의를 덜 기울이고 더 이완된 상태일 때 일어나는 게 관찰되기도 합니다. 그러나 그 일은 정말 언제라도 일어날 수 있습니다. 그리고 그 일은 항상 긍정적입니다. 저는 이 점을 강조합니다. 항상, 항상 긍정적입니다. 그리고 한 번 더 말하면, 유일하게 전적으로 죽은 사람하고만 연관이 됩니다."

"시간적으로 일시적이고 제한적이라는 성격이 중요한 요소일까요?"

"예, 그것이 제가 VSCD는 정신병리학적 차원에 속하지 않거나 환각이 아니라고 단언할 수 있는 이유 중의 하나입니다.

경험 이후에, 사람들은 다른 이상한 증후를 발달시키지 않습니다. 이 일시적인 사건은 정신 질환 리스트에 등록되어 있지 않고, 사별의 아픈 체험을 다시 조망하게 만들며, 마음을 평안하게 만듭니다. 그렇다고 고통을 완전히 제거하지도, 뿌리 뽑지도 못할 겁니다. 그것은 사람들에게 강한 인상을 주고, 확실히 마음의 동요를 일으키며 체험되지만, 이롭습니다."

"그렇다면, 만일 욕구로 그런 이상한 경험의 촉발을 설명할 수 없고, 또한 정신 질환이라는 맥락이나 환각 현상으로 설명할 수 없다면, 무엇이 문제가 되는 걸까요?"

"그 문제는 미스터리로 남아 있습니다. 하지만 핵심적인 사항은, 제 경험에 따를 때, VSCD는 항상 사람들에게 이롭다는 것입니다. 이어서, 그것이 찾아와서는 작은 희망, 그러니까 사랑하던 사람의 무엇이 계속 살아가고 있다는 희망을 살짝 엿보게 해 주고 사별의 체험을 다소 부드러운 것으로 만들어 줍니다. 그런데 불행히도 그것이 사별의 아픔을 극복하는 과정에서 할 일을 피하게 해 주는 건 아닙니다. 그럼에도 이 VSCD는 우리의 마음을 매우 안정시키며, 내세의 미스터리에 관한 질문에 실마리를 제공하고 있습니다. 저 다른 편에서 어떤 일이 일어나는지에 대한 설명을 제공하지는 않습니다. 의사이자 심리 치료사로서, 그리고 심지어 단순하게는 언젠가 자신의 죽음과 대면할 인간으로서, 이 현상은 탐색해 볼 만한 매혹적인 질문을 제기한다고 생각합니다."

만일 내가 잘 이해하고 있다면, 죽음 이후에 고인과 접촉하는 이 경험은 감정의 취약성 탓으로 인식되어선 안 될 것이다. 이 경험은 고통이나 비탄으로 인해 일어나는 것도 아니고, 환각이나 맹신이 문제가 되는 것도 아니다. 이 경험을 촉발시키는 건 살아 있는 사람의 욕구가 아니다.

이것은 다른 곳에서 온다….

이 일시적인 경험은 정신의 영역 밖에서 발생하고, 고통을 뿌리 뽑지는 못하지만 평안을 가져다준다. 나는 마리가 아버지의 갑작스런 죽음 이후에 경험한 믿기 힘든 이야기를 듣는 듯한 느낌이다.

7
"나를 다시 데려가 줘!"

마르셀은 1998년 11월 3일에 76세의 나이로 갑자기 죽었다. 그가 태어나 대부분의 생애를 보낸 사르트의 농장에서 말을 돌보는 중에 색전증이 일어난 것이다. 마르셀은 말을 너무나 좋아했다. 말은 그의 삶이었다. 그는 종마 소유자였다.

그의 큰 딸인 36세의 마리는 11월 초에 파리에 있었다. 그녀는 프랑스 5의 한 프로그램을 촬영하는 스튜디오에서 일하고 있다. 그녀가 조감독으로서 정기적으로 제작에 참여하고 있는 프로그램이다. 바로 그 스튜디오에서 화요일 오후 3시경에 그녀는 집으로 전화를 건다. 그의 아버지가 전화를 받는다. 마리는 아버지의 목소리가 매우 피곤한 것을, 심지어 힘이 다 빠진 것을 알아차린다. 그렇지만 불안해할 건 없다. 그녀는 아버지와 농담을 나누고, 아버지의 긴장을 풀어 주려고 노력한다. 일단 대화가 끝나자, 그녀는 수화기를 내려놓는다. 오후가 지나간다. 날이 저물고, 방송 녹화가 끝났을 때, 마리는 평소와 달리 자리에 늦게까지 남아 있지 않는다. 저녁 7시밖에 되지 않았지만, 그녀는 왠지 매우 피곤하다고 느낀다. 그녀가 스튜디오를 떠날 준비를 할 때, 방송 편집자와 피디가 그녀에게 할 말이 있다며 그녀를 붙든다. 세 사람은 따로 떨어진 룸으로 간다.

"그들이 우리 집에서 무슨 일이 일어났다고 알려 줬어요."

마리는 즉시 건강에 큰 문제가 있던 어머니를 생각한다… 그런데 그들이 말하는 것에 따르면, 어머니의 문제가 아니다. 아버지의 문제다. "아버님에게 조금 전에 중대한 일이 일어났어요…" 이 말을 들은 그녀는 온몸이 굳을 정도로 놀란다. 그녀는 즉각 알아차린다.

"아무도 감히 그분이 돌아가셨다고 말하지 않았지만 저는 이해했어요."

충격적인 상황에서, 그들은 르망행(行) 열차를 탈 수 있는 몽파르나스 역으로 그녀를 데려다 준다. 그녀의 숙부 중 한 명, 즉 아버지의 막내 동생이 르망 역에서 그녀를 기다리고 있다. 그녀는 그와 함께 가족이 운영하는 농장으로 간다. 파리를 떠난 이후부터 그녀는 무슨 일이 일어났는지를 정확하게 이해할 수 없어 침묵을 지킨다. 그녀는 커다란 혼란에 빠져 있는 상황이다. 그녀는 정신이 다른 데로 가 있고, 마취를 당한 듯하다.

그녀는 자정 직전에 도착한다. 그녀는 자신과 동생이 쓰던 방의 침대에 누워 있는 아버지의 시신을 본다.

"전통 의상을 입은 그분은 매우 아름다웠어요, 하지만 북극 얼음처럼 차가웠어요, 차가웠어요."

모든 가족이 모이고, 여섯 명의 친척 어른들이 있다. 어머니는 눈물을 흘리고 여동생은 망연자실해 있다. 마리도 울지만 감정에 모든 걸 내맡기지 않는다. 그녀는 자신의 감정과 거리를 두는 듯하고, 다소곳하다. 그녀의 내면에 이상한 고요함이 자리 잡는다.

그녀는 아버지가 오후 6시경에, 말을 돌보고 있을 때, 그 치명적인 색전증이 일어났다는 걸 알게 된다. 이때 그녀는 아버지가 이보다 더 훌륭한 죽음을 꿈꾸었을 순 없을 거라고 생각한다. 말에 열정을 품고 있었고, 또한 그렇게나 좋아했던 유년 시절의 집이었으니 말이다.

결국, 세 여자만 남는다. 그녀들은 안방 침대에서 같이 자게 된다. 마리는 어머니와 여동생 사이에 눕는다. 어머니는 수면제를 먹었다. 오늘 하루 동안 기력이 소진된 세 여자는 모두 곧 깊은 잠에 빠진다.

한밤중에, 마리는 타는 듯한 갈증으로 인해 잠에서 깨어난다. 그녀는 다시 잠들고 싶은 욕망과 자신을 괴롭히는 갈증 사이에서 잠시 결정을 내리지 못한다. 그러나 갈증은 곧 끈질기게 찾아온다. 더 이상 참을 수 없는 그녀는 일어나기로 한다. 그녀는 다른 사람들을 깨우지 않고 침대를 떠나 부엌으로 향한다. 일단 아무런 소리도 들리지 않는 부엌에 이르자, 그녀는 기계적으로 찬장의 유리잔을 쥐고, 이어서 개수대의 수도꼭지로 가기 위해 커다란 테이블을 우회한다. 아버지가 생전에 앉던 자리를 지날 때, 이상한 일이 일어난다.

"저는 붙들린 느낌이었어요… 그것이 회전을 하기 시작했어요…."

"정확하게 무슨 일이 일어난 건가요?"

"저는 제 머리 주위로 일종의 푸른색과 초록색 빛이 반짝이는 걸 인지했어요. 북쪽의 오로라와 같은 색이었어요. 마치 거기에서 어떤 에너지가 나오는 것 같았어요…."

"'에너지'라고요?"

"묘사하기가 힘드네요… 그것은 마치 빛을 발하는 것 같았어요, 당신도 아시겠지만, 생일 케이크 위에 올려놓는 촛불의 불꽃과 다소 비슷했어요. 그 촛불은 불을 붙이면 탁탁 튀는 소리를 내며 타들어 가죠… 그런데 그것은 빛이 강하지 않고 부드러운 느낌이었어요… 제 두 눈 앞에 그것이 있었고, 제 머리 전체를 덮을 것 같았어요… 정말로 인상적이었어요. 제가 부엌에 있는 동안 그것은 멈추지 않았어요… 지금껏 듣도 보도 못한 것이었고, 아직도 어떻게 설명해야 할지 모르겠어요. 그리고 저는 아무것도 마시지 않았어요! 제 갈증이 완전히 사라져 버린 거죠."

"개수대까지는 가지 않았나요?"

"사실은… 그래요. 누군가가 제게 그럴 시간을 주지 않는 것 같다는 인상을 받았어요…."

"무슨 의미죠?"

"그 에너지, 제 머리 주위에서 푸른색과 초록색으로 빛나던 그것에 이어서 즉각 어떤 소리가 들렸어요. 저는 '나를 다시 데려가 줘, 나를 다시 데려가 줘…'라는 말을 들었어요. 말한 것 그대로에요! 제 머릿속에 새겨지는 것 같았는데, 제 목소리가 아닌 다른 목소리가 내는 문장이었어요. 저는 제가 중얼거렸을지도 모르는 말과 저의 외부에서 들려오던 그 목소리를 곧 구분했어요⋯."

"'나를 다시 데려가 줘'?"

"그래요, 매우 분명했어요⋯ 제가 계속해서 '나를 다시 데려가 줘, 나를 다시 데려가 줘⋯'를 들을 때, 동시에 보이지 않는 손들이 제 어깨를 붙들고 제 몸을 흔든다는 느낌이 들었어요."

"무엇을 강렬하게 느꼈나요?"

"커다란 혼란감이 섞인⋯ 공포⋯ 뒷걸음치던 모습이 아직도 눈에 선하네요, 저는 더 이상 물 마실 생각을 할 틈이 없었어요. 저는 머릿속으로 반복해서 말했어요. '아니에요, 아빠, 저는 그럴 수 없어요, 아빠는 죽었어요!' 저는 저를 덮친 그 에너지로부터 달아났어요⋯ 비록 제가 아버지를 알아보았다고 해도, 공포가 저를 지배했어요. 왜냐하면, 어떻게 이 정도로까지 머리를 둘러쌀 수 있을까 하는 생각이 들었기 때문이에요. 저는 아무도 제 안에 들어오는 걸 원치 않았어요! 그런데 동시에 아버지가 느끼게 한 공포로 인해 저는 끔찍이도 동요했어요. 그리고 저는 아버지가 이 정도로까지 고통을 느끼도록 놔둘 수 없었어요. 어떻게 아버지를 도울 수 있을까를 생각했어요."

매우 크게 동요된 마리는 부모님 방의 침대로 와서 어머니와 여동생 사이에 자리를 잡고 이불을 귀까지 덮는다.

"무엇 때문에 그 경험을 아버지와 연관시키게 됐죠?"

"'나를 다시 데려가 줘⋯'라는 말 때문이었어요. 이 말은 아버지라는 걸 입증하는 증거였어요. 만일 제가 그 순간에 강하게 느꼈던 걸 시각적으로 묘사해야 한다면, 에드바르 뭉크의 〈절규〉를 지적할 수 있을 것 같아요. 그 그림이 떠오르시나요?"

"예…."

"바로 그 그림의 장면이 그 순간에 아버지로부터 비롯된 공포에서 제가 인지한 것이에요…."

아침에 마리는 이 경험에 관해 어머니나 여동생에게 아무것도 말하지 않는다. 그럼에도 그녀는 무언가 해야겠다는 의무감을 느낀다. 그녀는 아버지를 그러한 고통 속에 방치할 수 없다고 생각한다. 그는 그녀에게 도움을 구했다. 하지만 무슨 일을 해야 되지? 본능적으로, 그녀에게는 자신의 역할이 분명한 것처럼 보인다.

"아버지는 땅에는 애착을 가지셨지만 영성에는 정말로 관심이 없으셨어요. 저는 아버지가 자신에게 일어난 일을 받아들이지 못하신 거라고 이해했어요… 당신은 죽음을 받아들이지 않으셨고, 바로 이런 이유 때문에 그렇게 절망적으로 자신을 다시 데려가 달라고 제게 요구하신 거였어요."

"무슨 일을 하셨죠?"

"제게 가장 명백해 보이는 일을 했어요. 곧, 저는 장례식을 앞둔 3일 동안 기도를 했어요. 아버지의 시신은 계속 집에 있었어요, 그래서 저는 죽음을 받아들일 것을 요청하며 아버지에게 집중했어요… 예, 저는 3일 동안, 자신의 떠남을 받아들일 것을 간청하며, 빛을 향해 나아가라고 간청하며, 마음 깊은 곳에서 끊임없이 아버지에게 말을 했어요."

마리는 이 결정적인 순간에 문득 자신이 아버지에게 진정으로 유용한 사람이라는 것을 느낀다. 아버지에게 말을 걸면서, 온 마음으로 아버지를 안심시키면서 말이다. 그녀는 내면적으로, 영혼의 언어의 침묵 속에서, 모든 일이 잘될 거라고, 저세상에서 아버지를 기다리고 있다고, 아름다운 경험을 준비하라고 아버지에게 끊임없이 반복해서 말한다.

"돌이켜 생각해 보면, 저는 꽤 큰 확신을 갖고 이 모든 걸 아버지에게 말하면서 마음이 부풀어 있었다는 걸 발견하게 돼요. 그러나 저는 제게 의무가 있다고 느꼈어요… 나는 그렇게 해야 한다… 그리고 저는 강하게, 매우 강하게 느꼈죠, 아무것도 나의 확신을 흔들어 놓지는 못할 것이다… 저는 '살아 있는' 누구도 가지 못한 길을 아버지와 동반해 갈 거라고 결심하고 있었어요."

밤을 새웠던 그날들 동안, 아버지로 하여금 준비가 안 된 죽음을 받아들이도록 하겠다고 결심한 마리는 아버지를 위해 모든 노력을 쏟는다.

마리는 한밤중에 아무도 없던 부엌에서의 그 '만남'을 처음에는 공포를 불러일으키는 것으로 체험했지만, 지금은 선물이었다고 생각한다.

"그것은 분명히 아버지의 의도는 아니었을 거예요. 저는 그때 아버지가 커다란 혼란을 겪고 있었다고 생각해요. 자신의 죽음에 거부 의사를 지니고 있는 상태에서, 그 죽음을 받아들일 능력이 없었어요. 그런데 그분은 농민이셨어요. 당신의 땅과 말에게 무한한 사랑을 느끼던 분이셨어요. 그런 분이셨기에 저는 그날 밤 깨달았어요. 살(肉)로 이뤄진 육체 안에는 정말로 영원한 영혼이 존재한다고요….”

“사건으로 인한 슬픔, 피곤함, 충격 때문에 당신이 일종의 환각을 경험할 가능성이 있었다고는 생각하지 않나요?”

“아니에요, 그것은 실제로 일어났던 일이에요! 저는 절대적으로 이 사실을 확신해요. 저는 양 어깨에 압박감을 느꼈어요. 저는 깨어 있었고, 갈증을 느꼈고, 그리고, 비록 지금은 육체적인 죽음이 삶을 해방시킨다고 이해하고 있지만… 제 삶에 대한 공포를 경험했어요… 주의해야 돼요, 우리는 죽음을 준비할 필요성이 있어요!”

“그러니까….”

“왜 아버지가 저에게 당신이 겪고 있던 그렇게 큰 공포를 느끼도록 만들었는지 저는 오랫동안 자문해 봤어요. 왜 아버지는 사람들이 임박한 죽음의 상황에서 그렇게나 자주 묘사하던 아름다운 빛을 보지 못했을까요?”

“그것에 관해서는 어떻게 생각하세요?”

“저는 당시에 일어난 일을 이해하는 데 수년이 걸렸어요. 아버지는 죽음 때문에 놀라셨어요. 그 색전증은 갑작스럽고 예기치 못한 일이었지요. 아버지의 첫 반응은 육체적인 죽음을 받아들이지 않는 것이었죠. 사실 당신은 올바른 방향을 찾지 못하셨고, 무엇을 하고 어디로 가야 할지 모르셨어요, 당신은 공포감에 빠지신 거였어요….”

그가 공포감에 빠지다.

장례식 이후 몇 주 뒤에 마리는 아버지 꿈을 꾸었다. 이 꿈 때문에 그녀는 자신의 기도가 유용했다고 확신하게 됐다. 왜냐하면, 이 일상적이지 않은 꿈에서, 마르셀은 그녀에게 감사를 표하고 자신이 죽음을 받아들이게 됐다고 고백했기 때문이다. 이 꿈으로 인해 마리는 마음속 깊은 곳까지 평안을 느꼈다. 그녀는 할 일을 했다는 느낌이 들었다.

이것은 그녀가 초기의 공포를 극복하는 데 정말로 좋은 기회였다. 그녀는 자연스럽게 아버지의 고통스런 상황을 인지했고, 그리고 타당한 두려움의 감정에 거센 불을 지피며 그녀 역시 공포감에 '빠지기'보다는 아버지에게 중요한 도움을 줄 수 있었다. 단순한 말, 선의로 가득 찬 명석한 기도로써 말이다.

왜 우리 중 대다수에게는 두려움이 지배적으로 나타나는 걸까? 어쩌면 이런 주제를 빈번하게 공포감을 주며 제시하는 영화와, '이런 모든 일은 존재하지 않는다'는 주장을 강요하는 우리 사회 사이에서, 우리는 죽음과 이런 일상적이지 않은 경험과 대면할 때 필요한 수단을 갖추고 있지 못하기 때문일 것이다….

8
에너지의 교환

기는 죽어 가고 있다. 이 41살의 의용소방대원이 뇌종양에 걸린 것을 발견한 지도 3년 반이 지났다. 치료를 받든 수술을 하든 병을 극복하지 못할 것이다. 2011년 초가을인 지금, 그는 살겠다는 의지와 매우 큰 용기에도 불구하고 마지막 나날을 이어 가고 있다.

44살의 회계 담당 비서인 그의 아내 마리 클레르, 그리고 각각 12살과 8살인 그들의 아이들 에르왕과 놀윙은 여전히 무관심한 태도를 취하지 않고 있다. 렌에 사는 이 가족은 수년간 투병과 고통을 겪어 왔고, 이제는 아빠가 죽음의 문 앞에 이르렀다.

기는 지금 혼수상태이고 연명 치료만을 받을 뿐이지만, 끈질기게 삶에 매달리고 있다. 그의 아내가 계속해서 밤새 그를 돌본다. 비록 까다로운 일이긴 하지만, 매일 밤마다 그렇게 한다. 정말로 까다로운 일이다.

매일 저녁, 마리 클레르는 침대 가까이에 놓인 1인용 안락의자에서 그를 마주보며 앉아, 자신이 사랑하는 남자의 얼굴을 바라본다. 그녀는 그가 떠나는 것을 거부하고 있고, 그의 호홉, 그의 침묵에 집중하며 거의 눈을 감지 않는다. 그녀는 아무리 작은 일이 일어날 뿐이라도 현장에 있고 싶다. 대개, 그녀는 새벽 직전에 살짝 잠이 들 뿐이다.

여전히 암흑의 밤이다. 기운이 다 빠진 마리 클레르는 침잠하기 시작한다. 고개가 앞으로 떨어지고, 이 때문에 그녀는 갑자기 잠에서 깨어난다. 그녀는 다시 기운을 차리고 눈을 곧게 뜬다. 그런데, 너무 놀랍게도, 기가 자신의 얼굴을 뚫어지게 바라보고 있는 걸 발견한다. 그녀는 어떤 감정에 휩싸인다.

기가 혼수상태에서 깨어났다.

그가 두 눈을 뜬 채로 여기에 있다.

"저는 사랑이 가득 담긴 그의 눈을 봤어요. 마음이 고요하고 평정한 그를 느꼈어요."

기는 말하는 능력을 상실했다. 부부의 유일한 소통은 이런 시선을 통해 이뤄지고, 지금 이 순간에는 그 시선이 사랑으로 가득 차 있다. 그럼에도 그녀는 놀란 상태에서 빠져나오지 못한다. 또한 그들이 죽음을 대화의 주제로 꺼낸 적은 한 번도 없었지만, 어둠의 한가운데서 소통을 하는 내밀한 순간의 이 밤에, 마리 클레르는 처음으로 그에게 질문할 힘을 갖는다. 그는 계속 투병하기를 원할까? 기는 대답 대신에 아내의 얼굴을 주시하고, 이번에는 자기 쪽에서 그녀에게 질문을 하는 듯 보인다. '당신은 그렇게 해야 한다고 생각해?' 이때 마리 클레르는 말하기를 주저하고 거의 속삭이다시피 한다.

"저는 그에게 고통스러운지를 물었어요…."

기는 '그렇다'라는 뜻으로 두 눈을 깜빡인다.

이 '대화'는 몇 분간 지속된다. 도중에 긴 침묵이 흐를 때가 있고, 이 순간에 두 연인은 서로에게서 눈을 떼지 않는다. 결국 마리 클레르는 남편에게 휴식을 취하라고 제안한다.

"저는 내일이면, 그러니까 몇 시간 후에 간호사들이 지나가고 나면, 다시 이야기를 하게 될 거라고 생각했어요. 저는 몹시 피곤함을 느꼈어요."

마리 클레르는 수주일 전부터 남편의 머리맡을 지키고 있었다. 그녀는 새벽 5시에야 잠시 눈을 붙인다.

"저는 그가 다시 의식을 찾은 걸 보고 무거운 마음의 짐을 덜었어요, 저는 그가 우리에게로 되돌아왔다고 생각했죠! 저는 아주 피곤한 상태였어요…."

"이어서 남편은 의식을 되찾은 상태로 계속 있었나요?"

"아니에요, 저는 더 이상 그와 소통을 하지 못했어요. 기는 훨씬 더 깊은 혼수상태에 빠졌어요."

그는 마리 클레르에게 그렇게나 중요한 것이 될 소통을 위해 몇 분간 의식을 되찾은 것이다. 연명 치료를 하던 병원 직원들은 며칠 전부터 가족에게 기가 마지막 순간을 살고 있다고 알려 왔다. 마리 클레르는 마침내 에르왕과 놀윙에게, 그동안 거부해 왔던, 아빠에게 작별 인사를 시키라는 말에 동의한다.

막내딸인 놀윙은 그녀의 행위로 마리 클레르의 마음을 뒤흔들어 놓는다. 눈물을 흘리던 놀윙은 아버지의 손을 쓰다듬으면서 마음으로만 간직할 수 없던 모든 것, 곧 그녀가 아버지를 얼마나 사랑하는지, 얼마나 자랑스럽게 여기는지를 표현한다. 이어서 마음이 매우 동요된 에르왕의 차례다.

그날 밤, 기의 가족은 영원한 사랑으로 결합된다. 그들은 서로가 얼마나 긴밀히 연결되어 있는지 헤아려 본다.

이 순간이 모두에게 감동적이어서, 특히 자식들에게는 훨씬 더 감동적이어서, 마리 클레르는 그들과 떨어져 이 밤을 보내지 않으려고 한다.

"그날 밤, 저는 기 곁에 머무르지 않았어요. 저는 아이들과 함께 잠을 자기 위해 돌아갔어요. 우리 셋 모두는 같이 밤을 보냈어요…."

마리 클레르는 방을 떠나면서 남편에게 떠나지 말아 달라고 부탁한다. 그녀는 남편에게 오늘 밤은 아이들이 정말로 자신의 존재를 필요로 한다고 설명한 다음, 그에게 자신을 기다려 달라고 말한다. 그녀는 다음 날 아침 가능한 가장 이른 시간에 돌아오겠다고 약속한다. 그럼에도 그녀는 올바른 결정을 내리지 않았다는 생각에 가슴이 찢어지는 듯한 심정이 되어 떠난다.

"저는 그를 그대로 떠나 보낼 수 없었어요…."

그날 밤에는 기의 어머니와 누이가 그의 곁에 머무른다.

"아가씨는 그가 평온하게 있다는 메시지를 제게 규칙적으로 보냈어요. 저는 항상 그와 함께 있었는데, 제가 없는 순간에 그가 떠날까 봐 정말로 두려웠어요. 남편과 아이들 사이에서 선택을 해야 한다는 건 가슴이 찢어지는 일 같았어요."

그러나 그날 밤은 무사히 지나간다. 기의 상태는 변하지 않았다.

아침에 마리 클레르는 약속한 대로 남편에게 되돌아온다. 그녀의 아가씨는 휴식을 취하러 돌아가고, 그녀의 시어머니는 아이들을 돌보러 떠난 참이라, 그녀는 남편의 머리맡에 다시 혼자 있게 된다. 남편은 계속 깊은 무의식 상태에 빠져 있다. 그의 호흡은 약해졌다.

그녀는 남편의 손을 붙든 채로 그날을 보낸다. 어두워질 무렵, 간호사들이 마리 클레르에게 기가 아마도 몇 시간 내로 죽게 될 거라고 알린다. 간호사들은 그녀에게 그가 평화롭게 떠나도 된다고 말할 것을 권한다. 남편이 항상 삶에 집착한 만큼 그렇게 말하는 것이 그녀에게는 생각할 수 없는 것으로 여겨졌지만, 이날 저녁에 그녀는 다른 어떤 방법도 현실적이지 않다는 것을 깨닫는다. 비록 기가 기대하고 있던 것이라 해도 말이다. 그의 떠남을 알리는 신호. 이어서 병동은 어둠에 잠긴다. 어느 가을날 밤.

마리 클레르는 기 곁에 자리를 잡지만, 더 이상 그와 마주보지 않는다. 그녀는 남편에게 몸을 바짝 기대며 침대 곁에 자리를 잡는다. 그의 왼손이 그녀의 손에 있고, 마침내 그녀는 그를 해방시킬 힘을 찾는다.

"저는 그에게 그것을 말할 수 있게 됐어요⋯."

"당신이 한 말이 떠오르나요?"

"그는 우리를 위해 삶에 매달리는 일, 이 일을 그만둘 권리가 있었어요, 그는 육체의 고통을 멈추게 할 수 있었어요. 또한 저는 제가 그를 얼마나 사랑하는지 말했어요⋯ 그리고 아이들을 키우는 데 나를 믿어도 좋다고… 그가 내 삶의 남자였다고… 그가 없으면 상황이 어렵겠지만 나는 노력할 거라고… 저는 그에게 평안히 떠나도 된다고 말했어요… 이어서 저는 시간 개념을 잃었어요….”

기의 호흡은 감지하기 힘든 수준에서 변하고 있다. 이것이 마리 클레르의 주의를 끌어, 잠시 허공을 맴돌던 그녀의 시선은 남편의 얼굴에 머무른다. 그녀는 매 순간의 미세한 변화에 주의를 기울인다. 기의 얼굴도 사지도 더 이상 움직이지 않는다. 그는 완전한 부동의 상태에서 휴식을 취하고 있고, 아주 가늘게 이어지는 호흡만 생명이 아직도 그의 안에 깃들어 있다는 것을 알린다. 마리 클레르의 손이 감싸고 있던 그의 손은 뜨거워졌다가, 잠시 후 싸늘하게 식는다. 시간은 흐르는데, 그녀는 이 순간의 기억을 잃게 된다. 공간도 시간의 흐름처럼 달라진다.

“그러고는 저는 갑자기 일종의 방전이 일어나는 걸 느꼈어요. 기의 손이 방출하는 뜨거운 기운이 제 팔을 따라 흐르더니 팔꿈치까지 닿았어요. 저는 놀라서, 그리고 무섭기도 해서, 그의 손을 놓았어요. 그만큼 예상하지 못했던 일이었어요.”

그녀는 ─ 고통 때문에? 공포 때문에? ─ 아주 짧은 순간 주저하더니, 결국에는 남편의 손을 다시 쥔다.

기의 호흡이 점점 더 약해진다.

속도가 늦춰진다.

그는 숨을 거둔다….

마리 클레르는 계속 그의 손을 쥐고 있다. 그녀는 그에게 말을 건네지만, 그녀는 안다. 그녀는 간호사들을 부를 결심을 한다. 그녀들은 마리 클레르의 남편이 막 숨을 거둔 사실을 확인한다.

"저는 제 몸이 아니라 그의 몸에서 무언가가 방출되었다고 확신해요. 설명하기가 힘드네요. 사람들은 모든 것을 이성적으로 생각하길 원하죠. 그리고 주위 사람들은 자신의 즐거움을 위해 이해하라고 말해요, 하지만 그들의 말을 믿지 못하고 사건을 제 내면으로만 간직하게 돼요. 아무도 제가 상상을 한 거라고 저를 설득시킬 수 없었어요."

"제게 그 감각을 묘사해 주실 수 있나요?"

"그것은… 아시겠지만, 목장의 울타리의 전선과 비교할 수 있을 것 같아요…."

"아, 그래요, 세기는 어느 정도?"

"이를테면 그것과 접촉했을 때에는 강하다는 느낌이 들었어요. 하지만 전선에 닿았을 때와는 달리, 감각이 제 팔에 오래 머무르지는 않았어요."

"고통스러우셨나요?"

"아픈 느낌이 있었어요, 그런데 동시에 저는 갑자기 그의 손을 놓은 건 놀라움 때문이 아닌지 자문을 해요. 그 방출이 갑작스러운 것이라…."

"잠들어 있는 상태가 아니었다고 확신을 하시나요?"

"예, 저는 잠들어 있지 않았어요… 아시겠지만, 저 자신에게도 그 질문을 많이 했어요, 그런데, 예, 저는 잠들어 있지 않았어요. 또한 그런 일은 상상도 하지 못했고요."

무슨 일이 일어난 걸까? 마리 클레르가 남편이 영원히 잠들기 직전에 강렬하게 느낀 그 전기적 방출의 원인은 어디에 있을까? 이 현상은 삶의 마지막 순간에 동반하는 걸까? 영매들은 죽을 때가 되어 육체에서 분리되는 순간에 있는 사람에게서 나타나는 에너지의 변화를 환기시킨다. 동일한 성질의 변화가 장례가 진행 중인 방에서도 나타난다. 나 자신이 아버지의 마지막 순간에 그러한 변화를 경험한 일이 있다. 실제로, 나는 아버지가 보름 전부터 계시던 입원실에서 마지막 순간을 겪고 있을 때, 대기에서 **무언가** 변화하는 것을 두드러지게 느꼈다.[5] 입원실 공기의 밀도가 더 높아진 것이다. 이어서 물결을 지어 도착하는 듯한 에너지가 있었고, 이 에너지가 말 그대로 내 몸을 흔들었다. 그렇다, 다른 용어가 없기 때문에, '에너지'가 내게는 내가 감지한 그 미묘한 현상을 묘사하는 데 가장 적절한 표현으로 보인다. 어떤 파동, 어떤 힘.

죽음의 정확한 순간은, 목격자에 의해 감지될 수 있을 정도로, 이 에너지의 움직임을 특징으로 하는 걸까? 그 방출은 (정신, 영혼, 의식 같은) **무엇**이 정확히 그 순간에 육체를 떠나는 사실과 연관이 있는 걸까? 그것은 두 세계 사이에서 일종의 에너지의 문이 열리는 것의 물질적인 발현일까? 한 세계의 영혼들, 그러니까 떠나는 죽은 자의 영혼과 이를 데리러 온 이미 죽은 친지들의 영혼이 다른 세계로 건너갈 수 있도록, 일상적

---

5. Stéphane Allix, *Test*, op. cit.

인 경우에는 침투할 수 없는 두 차원 사이의 경계에 틈이 생긴다는, 심지어 사라진다는 증거일까?

이런 현상을 경험한 나는 마리 클레르가 경험한 것이 사실이라는 것을 마음 깊이 확신한다. 이것은 마음의 직관이다. 실제로, 그렇게 중대한 순간에, 우리 자신의 감정의 무의식적 발현에 속하는 것과, 영적인 현실과 관계있는 것을 구분하는 것은 이성의 훈련에 속하는 일만은 아니다. 외부의 관찰자는 아마도 거기서 주관적인 경험만을 볼 테고, 대다수의 경우에 심인성(心因性)으로 결론을 내릴 것이다. "그것은 당신의 머릿속에서 일어나는 일이에요, 당신은 마음이 동요되었던 겁니다" 등. 반대로, 마리 클레르(그녀는 경험을 한 것처럼 보인다)나 아버지의 경우를 겪은 나 같은 사람은 중요한 무엇이 관계되고 있다는 걸 안다. 그럼에도 질문, 의혹은 사라지지 않는다. 어느 정도까지 경험해야지 상상과는 관계가 없는 것이 될까? 그러나 동시에 우리는 우리가 겪은 일이 영적인 차원과 연관되어 있다는 걸 안다.

실제로, 우리의 정신은 이상한 내적 싸움, 곧 우리 자신의 두 가지 측면이 벌이는 싸움의 먹이가 되고 있다. 한 측면은 막 일어난 일이 현실적이라는 걸 알고 있는 우리의 직관적인 부분이고, 다른 한 측면은 현상에 대한 명확한 설명을 얻길 대단히 좋아하는 우리의 사고(思考)적인 부분이다. 확신을 얻기 위해 이 사고적인 부분은 (친구, 정신과 의사, 배우자 등의) 제3자에게서 직관적인 내용의 지지를 발견하려고 시도한다. 하지만 불행히도 이런 행위는 대개 정반대되는 결과에 이른다.

우리의 친구들은 우리에게 귀를 기울이지만 우리가 꿈을 꾸었다는 표정을 살며시 짓고, 우리의 정신과 의사들은 우리를 '이성으로 이끌기를' 원하고, 우리의 친지들은 우리가 비이성적인 것을 믿기 시작했다고 불안해하고, 끝으로 이들의 지적은 우리에게 우리의 지각 능력을 의심하도록 만든다. 그래서 우리는 결국에 다음과 같이 생각하기에 이른다. 그래, 결국에는 상상임에 틀림없었어… 그런데 사실은 아무도 우리가 하는 말을 진실한 태도로 들어 주지 않았다. 그들은 우리에게 자신들의 세계관, 확신, 믿음을 투사했을 뿐이다.

나는 10년에 걸쳐 이런 경험을 했다. 결국에는 내 탐구의 이성적인 확고함을 통해 우리의 영적인 차원의 실재성을 데카르트적인 방식으로 받아들일 수 있다고 나의 사고적인 부분을 설득할 수 있을 때까지 말이다. 고인들이 친지들에게 메시지를 전달하기 위해 끊임없이 그들을 상대로 시도하거나 보내는 접촉과 신호의 실재성.

10년.

10년이 지나 나는 마침내 다음의 사실을 이해하게 됐다. 죽음과 마주하는 매우 특이한 그 순간에 우리의 취약성으로 인해 우리는 무엇을 쉽게 믿게 되지만, 또한 우리의 정신적인 방책이 사라지거나 우리의 지적인 엄격함에 틈이 생기는 걸 보게 된다. 이때 우리의 지각의 문이 열리는데, 그 정확한 이유는 이 순간에 우리에게 있던 균열이 보다 커지기 때문이다. 우리가 연약해져 있는 바로 그 순간에, 우리를 둘러싸고 있던 보이지 않는 현실에 의해 우리는 보다 자연스럽게 침투를 당한다. 크리스토프 포레가 우리의 자아가 "보다 이완되고 보다 경계를 늦추는" 순간을 환기하며 말했듯이 말이다.

이때 우리는 우리가 사랑하던 사람의 변신의 부분들을 지각하게 된다. 육체를 지닌 살아 있던 자가 비물질의 살아 있는 자로 변신한 것이다.

우리는 신호, 감각, 꿈을 지각하게 되는데, 이것들은 저세상으로 열린 많은 문(門)들이다.

당신 자신에게 관대하게 대하라. 당신의 의혹을 받아들여라, 그것은 중요하고 당신을 보호한다. 하지만 그것이 당신을 삼키도록 놔두지 마라. 당신이 알고 있다고 생각했던 것과 대면하기 위해 당신의 질문을 활용하라. 책을 읽고 정보를 수집하라. 아무도 당신에게 그 자신의 확신을 강요하도록 놔두지 마라. 당신의 탐구의 동기에 자양분을 제공하기 위해 당신의 고통이 지닌 에너지의 힘을 이용하라.

기의 죽음 이후, 마리 클레르는 그녀를 동요하게 만들고 그녀의 주의력을 깨우는 몇 가지 경험을 한다. 우선, 장례식 날 교회에 모인 사람들 위를 날아다니던 나비 같은 신호들 — 그녀는 이것들에 대해 정말로 신호인지를 자문한다 — 이 있다. 혹은 그녀를 보러 오고 친구들 집에도 나타나는 다른 나비도 있다. 이어서 이틀 후부터는 보다 뚜렷한 감각이 있다. 밤늦게까지 침대에 누워 TV를 시청하며 — "아무 생각도 하지 않게 만들어 줘요." — 기와 그녀의 방에 머물고 있을 때, 그녀는 강렬한 뜨거운 기운을 경험한다. 마치 머리에서 발까지 완전히 그녀를 덮는 어떤 천 같은데, 이 책의 초반부에서 스테파니가 묘사한 것을 떠올리게 한다.

이후 몇 주에 걸쳐서, 마리 클레르는 얼굴이 미세하게 따끔거리는 느낌이 들고, 이따금 누군가가 쓰다듬는 듯한 느낌을 갖는다. 이 느낌은 강할 때도 있고, 다른 어떤 때는 매우 약하다. 집에 누군가가 있고 발자국 소리가 들리는 것 같은 인상을 받을 때도 있다. 그녀는 이를 '확인하기 위해' 밤중에 얼마나 많이 일어났는지…. 비록 그녀는 피곤함 때문에 그런 것이 아닌지 자문을 해도, 일상에서 수많은 작은 현상이 그녀의 주의를 끈다. 마리 클레르는 굳이 신호를 찾으려 한다면 도처에서 그것을 볼 수 있다고 분명하게 의식하고 있었다. 그래서 그녀는 강력한 비판적 정신을 발휘하고, 이것이 그녀로 하여금 '사건들'의 중요성을 최소화하도록 이끈다.

그럼에도 어떤 순간에는 의혹을 품은 정신이 심각하게 약화된다. 오른쪽 어깨를 흔드는 어떤 손의 감각 때문에 그녀가 잠자리에서 벌떡 깨어나던 그날 밤처럼 말이다.

"아이들이 그런 건 아니었어요, 저는 자리에서 일어나 확인해 보았는데, 아이들은 자고 있었어요."

결국, 다음 날 그녀는 갑자기 잠에서 깨어났음에도 불구하고, 꿈을 꾼 건 아닌지 생각해 본다. 이어서 며칠 후에, 마찬가지로 잠을 자는 도중에, 그녀는 자기를 부르는 기의 목소리를 들었다고 여긴다. 이런 일이 많이 일어나기 시작한다. 하지만 이 당시 ― 그녀가 사별의 아픔을 치유하던 초기 단계 ― 에 마리 클레르는 이런 모든 현상에 대해 아는 바가 없고, 또한 의혹 속에서 그녀의 사고적인 부분은 상상이라는 주제를 더 내세운다. 그럼에도 그녀는 계속되는 동요를 경험한다. 이 현상들은 새로운 것인 동시에 이상하고 현실적이다….

자신에게 일어나는 일을 이해해야겠다고 굳게 마음먹은 그녀는 몇 권의 책을 읽기 시작하고 정보를 수집한다. 그러고는 그녀는 다른 사람들도 자신과 유사한 경험을 한다는 걸 발견하는데, 이 점이 그녀를 안심시키는 동시에 그녀로 하여금 자신이 겪는 일에 보다 주의를 기울이도록 자극한다.

"저는 사별의 아픔을 치유하는 과정에서 사람들이 신호들을 찾는다는 걸 알아요, 그런데 어쩌면 그 신호들은 정말로 여기에 있는지도 몰라요"

"무슨 말씀을 하시는 거죠?"

"제가 느꼈던 어떤 존재감은 아마도 정말로 제게 신호를 보내려고 시도했던 기 때문이었을 거예요… 너무 의혹에 빠져 있어서, 저는 그런 사실을 믿지 않았어요. 저는 대답을, 설명을 찾고 있었는데, 사실은 저 자신을 찾고 있었어요. 이따금 저를 찾았다고 믿지만, 저를 잃어버렸다는 인상을 자주 받았어요… 자신이 느끼던 것을 다른 사람과 공유한다는 것, 자신의 모든 감정을 정리한다는 것은 그렇게나 어려운 일이에요…."

그렇다, 자신의 모든 감정을 정리한다는 것….

그 나비들이 실재적인 신호인지, 아니면 우리만 의미를 부여하는 우연의 일치인지를 어떻게 알 수 있을까?

이 질문에 답이 있을까?

우리가 이러한 경험을 할 때, 유일하게 가치가 있는 것은 우리가 마음 가장 깊은 곳에서 느꼈던 것이 아닐까? 신호는 공시성[최소한 두 가지 사건들이 동시적으로 일어날 때, 그 사건들이 어떤 인과관계도 없이 일어난 것처럼 보이지만, 그것들을 지각하는 어떤 사람에 대해선 의미를 띠는 경우]처럼, 그것을 관찰하는 사람에 대해 그것이 작용하는 주관적인 영향 안에서만 의미를 갖는다. 따라서 그것에 객관적인 현실성을 부여하길 원하는 건 본래적으로 헛된 일이 아닐까?

왜 우리 모두가 갖고 있는 '내적 레이더'에 믿음을 주지 않을까? 우리로 하여금 도처에서 신호를 보게 만드는 유보 없는 지지와 항구적인 의혹의 태도 사이에서, 중간의 길은 없는 것일까?

9

삶, 마지막 순간까지

한 해가 흐른다. 이 한 해 동안 마리 클레르는 많은 책을 읽는 한편, 자신의 삶에서 한 걸음 뒤로 물러나 있다. 그녀는 이제부터 혼자서 아이들을 키우고, 자신의 존재에 새로운 시선을 던진다. 마지막 순간까지 그녀의 연인을 동반한 것이 아무런 피해도 입히지 않은 건 아니다.

우리가 겪는 시련은 의미가 있는 걸까? 이 의문이 이제부터 그녀를 괴롭힌다.

기가 사망한 지 1년 뒤인 2012년 가을, 마리 클레르는 (당시 프랑스 대통령이던) 프랑수아 올랑드가 생애 말기의 문제에 대한 여론을 수렴한다는 걸 알게 된다. 대통령은 이를 위해 생애 말기에 대한 고찰을 수행할 대통령 산하 위원회를 창설하고, 의사인 디디에 시카르에게 위원장직을 맡긴다. 이 위원회에 위임된 일은 '삶을 존엄하게 마무리하기 위한 의학적 도움'(안락사를 위해 사용되는 공식적인 용어)에 길을 터 주는 것이 적절한 일인지 아닌지를 검토하는 것이다. 그해가 가기 전까지 시카르의 보고서가 대통령에게 제출되어야 한다.

프랑스에는 생애 말기의 상황을 규정하는 입법 장치, 곧 '레오네티 법'이 있다. 불행히도, 이 법을 적용하는 데 있어 여전히 결함이 너무 많아, 프랑스에서 매년 죽어 가는 60여만 명의 사람들 중 상당수가 생애 말기의 특정한 생리적·심리적 제약 상태에 맞추어 마련한 인간적인 환경의 혜택, 곧 완화 치료['soins palliatifs'를 번역한 이 단어는 직역을 하면 '일시적인 효과를 내는 치료'이다. 문맥을 볼 때, 이 치료는 연명 치료와는 뜻이 다른 듯 보인다. 연명 치료가 불치병 환자의 생명을 연장하는 데 사용된다면, 완화 치료는 생명을 연장하기보다는 생애 말기의 고통을 줄이는 데 사용된다. 곧 고통을 줄이는 쪽에 더 무게를 둔다는 것이다. 이것은 생애 말기의 고통이 존엄하게 죽는 것을 방해하기 때문이다. 그래서 한 예로, 환자에게는 죽을 때까지 진정제를 처방받을 권한이 부여된다]를 받지 못하고 있다.

어려운 상황은 이 때문에 생기는 것이지, 법을 적용하지 않아 생기는 것은 아니다. 이유는 무수히 많다. 환자를 치료할 수 있는 확실한 수단이 없다는 사실 이외에 가장 중요한 원인은 간병인을 양성하지 못하고 있다는 반박할 수 없는 사실 때문이고, 이는 시카르의 보고서에서 명백하게 다뤄진다.

왜냐하면 실제로 레오네티 법은 특히 생애 말기의 고통이나 다른 증상을 치료하는 것, 곧 병원에서나 가정에서 완화 치료를 시행하는 걸 허용하고 있기 때문이다. 이 법은 치료에 집착하는 것을 분명하게 금지하고 있고, 환자가 불필요한 것으로 생각한다면, 치료나 보충적인 검사를 실행하는 데 반대할 권한을 부여하고 있다. 끝으로, 이 법은 육체적으로나 심리적으로 참을 수 없는 고통이 진행될 때에는, 말기 단계에 있는 환자가 사망할 때까지, 강도 높고 연속적인, 고통을 진정시킬

수 있는 가능성을 제시하고 있다.[6]

죽어 가는 사람이 완화 치료 — 법은 이 치료를 받을 권한을 부여하고 있다 — 를 받을 기회에 접근할 수 없을 때 고통과 비탄이 생겨나고, 생애 말기에 특징적인 많은 요소를 고려하지 않게 되면서, 사람들이 인간의 존엄에 맞지 않는 환경 속에서 죽어 가는 비정상적인 상황이 발생하게 된다.

완화 치료는 생애 말기를 존엄하게 보낼 환경을 제공한다. 게다가, 시카르의 보고서는 의학계에 대해 완화 치료에 도움이 될 인력을 양성하기 위해 큰 노력을 기울일 것을 권장한다. 다르게 표현하면, 도처에서 레오네티 법을 적용하자는 것이다. 이는 우리 사회가 각 개인에게 생애를 존엄하게 마무리할 기회를 제공할 능력에서 아주 커다란 진전이 될 것이다. 대부분의 경우, 안락사에 대한 요구는 완화 치료 혜택을 보지 못하는 환자의 배우자나 가족에 의해 이뤄진다. 만일 그 치료에 접근할 수 있다면, 안락사에 대한 요구는 거의 없어질 것이다.

당시 프랑스를 동요하게 만든 이 논쟁에 작게나마 기여하고 싶던 마리 클레르는 오랫동안 남편을 동반한 자신의 경험을 전달하기 위해 시카르 교수에게 편지를 쓰기로 결정한다.

그녀는 10월 중순의 주말에 펜을 든다.

그녀는 남편의 죽음 전에 이미 죽음을 알기 시작했다고 말한다. 기가 죽기 이전에, 마리 클레르는 이미 몇 명의 가족을 잃었던 것이다. 그녀가 12살 때 아버지가 돌아가셨고, 33살

---

6. Christophe Fauré, avec Stéphane Allix, *Accompagner un proche en fin de vie*, op. cit.

때 어머니가 돌아가셨다. 컴퓨터의 자판기를 두드리며 처음 몇 마디를 작성했을 때, 마리 클레르는 이 죽음들이 얼마나 그녀를 약하게 만들었는지 깨닫는다. 매우 어린 그녀의 눈에 삶은 이미 의미를 잃어 갔다. 삶이 고통뿐이라면, 그것이 어떤 의미를 가질 수 있을까? 이 죽음들로 말미암아 나날의 향기는 사라지게 됐고, 마리 클레르는 다름 아닌 가족들에 대한 사랑 때문에 살아왔다는 것을 이해하게 된다. 그녀는 어떤 욕망에도 휩쓸려 본 적이 없고, 어떤 야망도 그녀를 고무시키지 못했다. 그녀는 생존의 기반으로서 삶의 에너지를 박탈당한 상태다. 그녀는 자신이 사랑하는 사람들을 통해서만, 그들을 위해서만 살고 있다. 그녀 자신을 위해서는 아니다. 컴퓨터 화면 앞에서 그녀는 생각에 흠뻑 빠진다. 그녀는 기에게 일어난 일을 자세히 이야기할 수 있기를 바란다. 아무것도 빠트리고 싶지 않다. 왜냐하면 그들이 함께 경험한 것이 모든 것을 바꿔 놓았기 때문이다.

"말씀 드리기가 어렵군요… 제 인생의 사랑인 기는 떠나면서 저를 삶 쪽으로 데려다줬어요…"

"어떻게 해서죠?"

"그 모든 나날 동안 우리가 맺고 있던 관계가 제게 삶을 되돌려줬어요… 제가 잘 표현하고 있는 건지 모르겠네요."

"예, 예, 두려움을 갖지 마세요. 시카르 교수에게 쓴 내용을 말씀해 주세요."

"저는 정확하게 증언을 하고 싶었어요. 제게는 글을 쓴다는 것이 치유를 의미해요. 저는 기가 병을 앓던 기간, 그의 생애 말기, 그의 혼수상태, 이어서 우리가 그렇게 시선을 교환했을 때 제가 느꼈던 것, 그가 죽기 3일 전에 몇 분간 혼수상태에서 깨어났을 때에 관해 이야기했어요…."

"남편과 시선을 교환한 그 일에 특별한 무엇이 있나요?"

"그 순간은 평가할 수 없을 만큼 귀중한 것이에요, 제게는 여전히 그런 것으로 남아 있어요. 만일 그의 삶이 단축되었다면, 저는 그 순간을 경험하지 못했을 거예요. 그 순간의 힘이 지금도 저를 지탱하고 있어요."

"그 일을 증언하는 것이 중요한 일이었나요?"

"예…"

"그 시선 교환을 묘사한다는 생각 속에서 남편과 함께하는 건가요?"

"예. 왜냐하면 그것은 단지 아름다운 이야기만은 아니기 때문이에요. 제 남편은 죽기 3일 전에 혼수상태에서 깨어난 적이 있고, 이후로 제게는 줄곧 고요하고 사랑이 가득한 그의 시선이 기분 좋게 떠올라요. 그때는 그에 대해서나 제게 대해서나 특별하고 중요한 순간이에요, 저는 이런 사실을 확신해요. 그 경험은 죽음의 절차란 따를 수밖에 없는 것이라는 생각을 갖고 있던 저를 강하게 만들어 줘요."

"그것이 당신이 느끼는 것인가요?"

"예, 삶은 마지막 단계로 나아갈 수밖에 없어요. 하지만 어려운 상황으로부터 아름다운 일이 생겨나요…."

마리 클레르로 하여금 경험을 표현하게 하는 힘이 나를 감동시킨다. 그녀의 말을 들으며, 나는 그녀가 기의 생애 말기에 관해 해 준 이야기를 다시 생각한다. 병이 진행되던 그 수개월에 관해서, 그를 돌보느라 밤을 새우던 그 기나긴 나날에 관해서 해 준 이야기를 말이다. 그녀는 계속 말한다.

"저는 먼 곳에서 돌아왔어요… 저는 이 경험이 저를 다시 태어나게 했다는 느낌이에요…."

"'태어나게 했다'고요?"

"예, 태어나게 했어요. 말하자면, 기의 죽음이 저를 삶으로 태어나게 했어요. 태어나게 하고, 마침내 제 삶의 의미를 느끼도록 해 주었어요. 그의 죽음이 가져다준 것이 이것이에요. 우리 각자가 삶의 사명을 지니고 있다는 것도 깨닫게 해 주었어요. 기는 저라는 존재를 뒤집기 위해 왔어요. 그가 아픈 동안에도 사랑은 식지 않았어요. 반대로, 우리의 사랑은 더 커졌어요. 더 이상 육체적 관계는 없었죠, 어려운 일이었으니까요, 우리는 잠들지 못하고, 소진되고, 병은 계속 진행되고, 이 때문에 쉴 틈이 없었지만, 이런 모든 상황에도 불구하고 우리의 사랑은 더 커졌어요, 더 커졌어요. 그래서 저는 편지에서 사랑하는 사람과 생애 말기까지 동반하는 것이 중요하다고 썼어요. 함께 있는 것이죠. 비록 나머지 것과 비교할 때 아주 작아 보이더라도, 우리는 항상 아름다운 일을 경험할 수 있어요. 그리고 그 아름다운 일이 우리로 하여금 사랑하는 사람의 죽음 이후에도 계속 살아가도록 도와줘요. 왜냐하면 그토록 강한 사랑은 그렇게 쉽게 멈추는 법이 없기 때문이에요."

늦은 일요일 저녁에, 마리 클레르는 긴 편지를 마무리 지었다. 그녀는 자신의 이야기를 할 수 있었다는 사실에서 자긍심을 느낀다. 그녀는 마지막으로 편지를 한 번 더 읽어 보고 잠자리에 든다. 그녀는 잠을 자는 데 항상 어려움을 느낀다. 그렇게 오랫동안 남편 옆에서 밤을 새우던 것이 습관이 된 탓이다. 시간이 흐른다, 밤은 새벽을 향해 간다.

옆으로 누워 있던 그녀는 등에 무엇이 달라붙는 느낌 때문에 갑자기 놀란다. 그런데 그녀는 등을 가장자리에 두고 침대 안쪽으로 돌아누워 있다. 무언가가 그녀의 등 쪽에 있다는 건 물리적으로 가능하지 않은 일이다.

하지만 느낌은 강해진다. 의심의 여지가 없는 실제 일이다.

그녀는 묻는다. "기, 당신이에요?"

그녀가 생각하던 것이 정말로 일어나는 중일까?

"기, 당신이에요?"

마리 클레르는 더 강한 압박감을, 그녀에게 달라붙은 어떤 덩어리를, 육체 같은 것을 느낀다. 이것이 대답일까? 자신의 경험을 묘사할 때 정확성을 기하고 싶은 그녀는 느낀 것을 말로 표현하기 위해 고군분투한다. 그런데 매우 빨리 확신이 생겨난다. 이것은 육체다. 여기에 있다, 그렇게나 실제적인, 그렇게나 명백한….

"내게서 이것을 결코 뺏어 가지 못할 걸, 결코! 나는 내가 느낀 것을 알아!"

그녀는 감히 움직일 생각을 하지 못하고, 기다리면서 계속해서 눈을 크게 뜬다.

"저는 움직이지 않았어요, 저는 무슨 일이 일어나는지 보려고 기다렸어요. 그런데 남편 옆에서 그렇게나 오랫동안 밤을 새웠던 나인데, 어리석게도 잠들고 말았어요… 그 순간을 원망해요! 그런데 저는 행복, 평안, 사랑, 기쁨의 감정 속에서 잠을 잤어요… 매일 밤 그렇게 잠들 수 있다면! 그때 그렇게나 큰 평화와 행복을 느꼈어요, 아주 예외적인 순간이었죠….”

그런데 눈을 다시 떴을 때, 그녀는 숨소리가 들린다고 생각한다. 이제부터 그녀의 면전에는 어떤 존재감이 있다. 이때, 깊이 감동한 그녀는 몸을 움직이지 않은 채로 있다. 그녀는 접촉을 상실할 위험을 무릅쓰고 싶지 않다.

“마치 우리가 마주보며 같은 밤을 공유하며 잠자는 것 같았어요.”

이 경험은 아침까지 지속된다. 수 시간 동안, 마리 클레르는 말할 수 없는 행복감에 실려 가는 느낌이다. 이어서 그녀는 마침내 이불이 구겨지는 느낌을 받는다. 마치 누군가가 침대에서 나가는 듯하다. 그리고 존재감은 더 이상 그 자리에 없다. 그래도 그녀는 움직이지 않고 그대로 있는다.

“저는 정말로 의식을 유지한 채 마음이 크게 동요되고 있었죠. 이어서 라디오 알람이 울렸는데, 저는 벌써 아침이라는 걸 생각하지 못하고 있었어요… 자리에서 일어나야 했지만, 저는 침대를 떠나고 싶지 않았어요, 예, 절대로 그러고 싶지 않았어요!”

마리 클레르는 일어날 결심을 하고, 이어서 딸을 깨우기 위해 방으로 간다. 그녀는 돌처럼 굳은 놀웅을 발견한다. 분명히 몇 시간 전부터 깨어나 있었던 듯했다. 무언가가 자신의 머리를 만졌다고 말하는 막내는 공포에 질려 이불 아래에 숨어 있다. "엄마, 5시부터 엄마를 기다리고 있었어! 너무나 두려웠어, 방에 누군가가 있었고 그 사람이 나를 만졌어."

마리 클레르는 아무 말도 없다. 이어서, 자신이 막 겪은 일에서 확신을 얻은 그녀는 아마도 아빠일 거라고 조심스럽게 말한다. 그러나 놀윙은 즉시 거부한다. "아니, 아빠라도 싫어, 너무 무서워, 싫어….."

"저로서는 그렇게나 큰 기쁨을 경험하고 있었지만, 아이에게는 아무것도 강요하고 싶지 않았어요, 그래서 저는 아이에게 침대가 푹 꺼져서 이불 끝자락이 얼굴을 스쳐 지나간 것 같다고 말했어요…."

"그렇게 말하니까 아이가 안심하던가요?"

"다소 그런 것 같았어요. 하지만 이후 수 주일 동안 그 애는 잠을 자는 데 애를 먹었어요. 반대로 저는 그날 아침 식사 때 계속해서 구름을 타고 있는 듯한 느낌이었어요. 아이가 '엄마, 괜찮아? 평상시 같지가 않아'라고 말할 정도였어요. 저는 일을 하러 떠났고, 하루 종일 그 구름을 타고 있는 듯한 느낌이었어요."

특별하게 신앙생활을 하지 않는 그녀지만, 집으로 돌아가기 전에 렌의 동쪽에 있는 페니에르 노트르담 성당의 성소에 들러야겠다는 생각을 한다. 그녀는 거기에다 초를 하나 켜 두고 싶다. 그녀가 경험한 일이 너무 아름다워, 그녀는 감사의 뜻을 전하고 싶다. 기와 이 세계에 대해 감사의 뜻을 나타내고 싶은 것이다.

"그날, 저는 지난밤의 일에 관해 직장 동료에게 말을 했어요. 그녀는 선의를 갖고 제 얘기를 들어 주었어요, 그녀는 항상 그렇게 제 얘기를 들어 주었거든요. 그런데, 아, 그녀는 '네가 좋다면야…'라고 말하는 듯한 표정을 지으며 웃었어요. 지난밤의 일은 너무나 훌륭한 선물이라, 저는 그것을 다른 사람과 나눠 가질 필요를 느꼈죠. 자신만을 위해 그런 일을 간직한다는 것, 그건 어려운 일이에요, 저는 제가 다이아몬드를 갖고 있다는 느낌이었어요, 그 다이아몬드를 정원의 깊은 곳에 숨겨 둘 필요가 있을까요?"

"그 다이아몬드는 당신에게 무엇을 의미하죠?"

"항상 여기에 있는 사랑의 관계, 그 존재감을 의미해요."

마리 클레르는 그녀가 겪은 일을 주변에 말하려고 몇 번에 걸쳐 시도한다. 하지만 그것은 파국적인 일이라는 것이 드러난다. 그녀는 지치고, 또한 계속해서 같은 지적을 들으면서 마음에 상처를 받아, 결국에는 시도를 포기한다. "너는 앞으로 나아가기 위해 정말로 무언가에 매달릴 필요가 있어, 그런데 너무나 잘 지내는 것처럼 보였어." 혹은 "기가 떠나도록 내버려 둬, 시간만이 너를 도와줄 거야." 이런 지적들은 그녀 자신을 의심하게 만들고, 또한 우울증에 빠진 게 아닐까 두려운 생각이 들게 만든다. 마리 클레르는 그녀가 느낀 일의 실재성과, 그녀가 말을 거는 사람들의 피상적인 '이성적' 담론 사이에서 망설이며 길을 잃는다. 두 세계 사이에 끼인 것이다.

"저는 사람들 때문에 제 경험을 잃고 싶지 않아요… 만일 그 일이 순전히 내가 만들어 낸 이야기라면, 왜 제 딸은 같은 날 밤에 그 애를 끔찍이도 두렵게 만든 무엇을 느꼈던 걸까요? 그러한 기쁨을 삶에 통합하는 것이 왜 이렇게 힘들까요?"

"'통합하다'… 무엇을 의미하는 거죠?"

"친구들은 차츰차츰 다른 데로 옮겨 가지만, 우리는 아니에요. 사별의 아픔을 치료하는 길 위에 나타난 그 모든 신호… 우리는 다른 데로 옮겨 가지 않아요, 우리는 우리 안에 머물러 있어요, 완전히 우리 안에 머물러 있어요! 우리는 신호를 다른 사람과 공유할 수 없고, 표현할 수도 없어요… 기가 내게 기대려고 온 그날 밤, 저는 이런 사실을 말하려고 시어머니 집에 달려갈 생각을 품기도 했어요. 하지만 가능한 일이 아니었어요, 심지어 지금도 가능한 일이 아니에요."

바로 이런 이유 때문에 마리 클레르는 증언하기를 선택했다. 그녀가 그렇게나 많은 일을 경험했다고 판단하는 일련의 시련에 대한 이야기가, 유사한 경험을 겪고 있지만, 자신들에 대해 확신할 수 없는 어떤 사람들을 안심시킬 수 있도록 하기 위해서이다. 마리 클레르도 항상 자신을 확신한 것은 아니다. 오히려 그런 확신과는 먼 상태였다. 의혹이 너무 커서, 그녀는 심지어 이성을 잃을까 두려워했다. 하지만 천천히 나아가는 그녀의 태도, 두 아이를 돌보기 위해 현실에서 결코 눈을 돌리지 않으려는 자세, 그리고 그녀의 호기심이 그녀로 하여금 평정심을 갖도록 해 주었다.

"기의 죽음 이후로, 저는 영적으로 변화했어요. 비록 여전히 갈 길이 멀고, 그 길 곳곳에 함정이 있지만요. 저는 제가 고통스런 시련으로부터 도출하려고 한 긍정적인 면이 아마도 제 안에서 작용하고 있는 변화일 거라는 생각을 갖고 있어요. 저는 의미로 가득한 길, 제게 살아갈 욕구를 주는 길을 따라가게 된 것에 아주 큰 기쁨을 느껴요. 어릴 때부터 죽음에 대한 시각을 바꾸는 것이 좋을 거예요, 학교는 왜 아니겠어요. 저는 제 아이들과 노력하고 있어요. 사춘기 때에는 힘들겠지요. 죽음은 항상 우리의 삶에서 매우 가혹한 단계로 남아 있지만, 아마도 우리는 이 통과 과정에서 죽어 가는 사람이나 남아 있는 사람을 더 잘 동반할 수 있을 거예요."

조금 이상한 일에 관해 말하는 것이 왜 이렇게 복잡할까? 그렇게 많은 사람들이 가까운 이의 죽음이라는 엄청난 비극에 영향을 받고, 자신들이 이해하지 못하는 경험을 겪고, 그 경험에 관해 말이라도 하고 싶은데 누구에게 가야 할지 모른다. 부당한 침묵과 두려움으로 수백만의 사람이 겪는 경험을 계속해서 덮어 두는 건 이성적인 일이 아니다. 이런 일은 부조리하다. 그들의 말을 단순히 듣고 받아들이기만 해도 좋은 결과가 매우 많이 나타날 것이다. 사별의 아픔을 겪은 부모, 배우자, 친척들의 말을 말이다.

내면의 작업을 서두르지 않을 때, 의혹은 사라지기 시작한다. 처음 단계에서는 수 세기 동안의 물질주의적 교육이 우리의 현실 표현에 미치는 영향을 가늠해야 한다.

우리가 보는 것은 실재가 아니다. 우리가 세계에 대해 갖고 있는 이미지는 문화적 필터에 의해 왜곡되어 있다. 우리의 현실과의 관계는 사고적이고 지적인 분석, 우리의 분석적 정신만을 토대로 삼고 있다.

그러면 우리의 주관성은? 우리의 감정의 힘은? 그리고 우리의 직관은?

10
아버지의 질문

　나는 동생 토마의 죽음 이후 몇 년 뒤에 아버지와 나눈 대화를 기억한다. 토마는 2001년 4월 12일에 아프가니스탄에서 자동차 사고로 사망했다.

　아버지는 다음과 같은 말로 이야기를 시작하신다. "나는 네 동생 꿈을 자주 꾼단다."

　아버지가 마음속 이야기를 하는 경우는 드물다. 그런데 그날, 당신이 꿈에서 토마와 자주 만난다고 고백을 하는 것이다. 이런 꿈을 꾸는 건 피곤함 때문일까, 슬픔 때문일까? 혹은 6개월 뒤에 찾아올 당신의 죽음 때문일까? 결국 저세상에서 토마를 만나게 될 그 순간 말이다.

　그날 아침, 아버지는 매우 감동해 말씀하신다.

　"최근 꿈에 토마가 나타났단다. 우리는 포옹을 해. 나는 매우 만족하기도 하지만, 매우 놀라기도 해. 나는 그 애에게 말한단다. '그런데 너는 죽었잖니.' 그 애가 말하더라. '아니에요, 그것은 일종의 흉내였을 뿐이었어요.' 그러고는 그 애는 자신에 대해 말하며 덧붙이더라. '토마는 다른 데로, 어딘가로 가야 했어요. 그래서 죽은 척 했던 거예요.'" 나는 아버지에게 토마가 아버지를 앞에 두고 어떻게 행동했는지 물어볼 생각은 떠오르지 않는다.

"무슨 목적으로요?"

"글쎄, 너는 사고 현장을 목격했잖니, 그러면 네 앞에서 죽은 척하기 위해 그 애가 어떻게 행동할 수 있었을까? 반대로, 그 애가 그런 식으로 내 앞에 있는 것을 보며, 나는 스스로에게 질문을 하지. '그러면 이 애의 관에는 무엇이 있었을까?' 토마에게 질문을 하는 것이 아니라 나에게 질문을 하는 건데, 나는 대답을 전혀 발견하지 못하겠더구나. 그런데 꿈에서 그 애가 생생하게 살아 있는 듯해서, 나의 친구와 이웃들이 우연히 그 애와 마주치면 싫은 표정을 지을 것 같은 생각이 들어 너무나 웃겼지. 나는 그들에게 살며시 알리는 것으로 시작할 필요가 있다고 생각하지만, 어떻게 행동해야 할지 알 수 없었어. 사실, 토마는 이곳에서 잠시 쉬기만 할 뿐이지. 나는 이 사실을 완전하게 의식하고 있고, 그 애를 역까지 다시 데려다줘야 한다는 걸 알지. 그런데 그 애는 내 앞에 나타나기 전에 어디에 있었을까? 그 애는 얘기를 안 해. 왜 다시 떠나야만 할까? 그 애는 정확하게 가르쳐 주지 않아. 나는 택시를 타고 그 애를 역까지 데려다주는데, 그사이 우리는 이야기를 나누지. 나는 그 애에게 물어봐. 그 애의 죽음이 우리 가족에게 얼마나 끔찍한 일이었는지 잘 이해하느냐고 말이야. 그 애는 아주 잘 이해하지만 더 이상 중요한 일이 아니라고 말해. 왜냐하면 그 애는 죽지 않았으니까 말이야. 우리는 열차와 동시에 역에 도착해. 그 애는 객실로 올라간 다음 내게 어떤 신호를 보내. 열차는 다시 출발해. 나는 그 애가 어디로 가는지 몰라. 나는 이중의 의문, 즉 하나는 그 애가 사라진 점, 다음은 그 애의 행선지 때문에 마음이 크게 동요됐단다. 하지만 매우 친근감을 주는 꿈이야. 고통스런 측면이 전혀 없어."

"그런데 아버지는 울고 계시잖아요…."

아버지는 입을 다문다. 아버지는 내 앞에서 그런 모습을 보인 것이 거북하지만, 나로서는 애가 탄다. 왜 우리는 우리의 감정 때문에 그렇게 거북해 할까? 왜 그토록 어리석게 조심스러워할까? 아버지가 돌아가신 지 몇 해가 지난 지금, 나는 시간을 거슬러 올라가 나 역시 입을 다물고, 당신을 팔로 껴안으며 내가 얼마나 사랑하는지 속삭이고 싶다. 왜 사람들이 서로에게 지니고 있는 사랑을 가늠하도록, 죽음이 그들 사이를 떼어 놓을 필요가 있는 걸까? "저는 아버지를 사랑합니다/나는 너를 사랑한다"라고 서로에게 말하는 것이 왜 그렇게 힘든 걸까?

아버지는 손수건을 꺼내 눈물을 훔친 다음 계속 말씀하신다.

"이런 종류의 꿈을 몇 번 꾸었단다. 토마는 죽지 않았고, 사고는 단지 코미디에 불과한 꿈이었어."

아버지는 존재의 부조리함이나 어리석은 말을 가리키기 위해 자주 '코미디'라는 표현을 사용한다. 나는 아버지가 속엣말을 하시는 이런 귀중한 순간을 단절시키고 싶지 않아, 말없이 그대로 있는다.

"내 꿈들은 서로 연결되고, 나는 그것들이 현실이라도 되는 양 기억한단다… 다른 꿈에서는, 토마는 길고 비밀스런 여행을 하고 있을 뿐이지 죽지 않았다는 것을 사람들에게 어떻게 설명해야 할지 나 혼자 생각을 해. 내가 얼마나 감정을 드러내지 않는지, 내가 느낀 것을 몸짓으로 표현하거나 신호로 나타낼 때 얼마나 인색한지 너는 알 거다, 그럼에도 불구하고 나는 두 팔로 토마를 오랫동안 꼭 껴안아."

"그 꿈에서요? 정말로 토마에 대한 꿈을 자주 꾸시나요?"

"그렇단다. 그리고 항상 그 애는 다시 떠나지. 아무도 그 애가 어디로 가는지 몰라. 그 꿈들에서, 그 애는 비슷한 삶을 살고 있고, 설명을 할 의무가 없어. 꿈들 속에서 그 애는 여기에 있고 살아 있어. 이 꿈들은 해몽이 될까? 이 꿈들은 무엇을 상징하니, 스테판? 이런 질문은 2천 년 전부터 제기된 거고, 나는 그것에 대답을 할 만큼 그 분야에 능력이 있지 않아. 꿈은 완전히 뇌 회로들의 연결 관계에서 만들어지는 것이니? 꿈은 육체에 의해서만, 오직 육체에 의해서만 생겨나는 것이니? 아니면 뇌는 그것을 해독하는 데 필요한 도구일 뿐이니?"

"그것이라뇨?"

"회로를 따라 움직이는 그 미지의 것들 말이다. 내가 토마와 나누는 대화는 머리에 저장된 추억들의 덩어리에서 나오는 것이니? (그 추억들은 서로 결합되어 있다가, 잠이 논리적인 구조물을 무의식적이거나 다른 논리를 띤 구조물로 대체하는 순간에, 이상한 건축물을 쌓아 올리지. 하지만 후자의 구조물은 전자의 구조물과 공통점이 있는데, 동일한 재고, 그러니까 유일하게 나의 육체라는 물질적 덩어리에 자리하고 있는 재고에서 나왔어.) 아니면 잠을 자는 순간에 내 머릿속에서 기능하는 '장치'는 절대적으로 꿈을 만들어 내지 못하는 거니? (잠자는 동안) 그 '장치'는 각성 상태에서 기능하며 다른 사람이 보지 못한 것을 포착하게 해 주는 해독기와 약간 다른 해독기니? 다른 말로 표현하면, 토마는 내 머릿속에 있는 거니, 아니면 다른 곳에 있는 거니?"

"아버지는 어떻게 생각하세요?"

"나는 모르겠다."

"그런데 그런 꿈들 이후에 무엇을 느끼시나요?"

"오, 그 꿈들은 매우 현실적인 것으로 보여! 하지만 꿈이지, 그리고 나는 깨어나고."

아버지는 토마와의 '만남'의 본성에 관한 당신의 질문을 지워 없애지 못했다. 당신은 아들의 발현을 본 것일까, 아니면 단순히 매일 밤 고통과 싸우시는 걸까? 토마는 하루 중 그 유일한 순간에, 곧 아버지가 '다른 것' [이 책에 나오는 사후의 존재를 가리키는 것으로 보인다]에 접근 가능해진 순간에 아버지를 보러 왔던 걸까, 아니면 아버지 자신의 정신적인 구조물의 결과로서 출현한 걸까? 아버지의 이성은 토마를 받아들일 가능성을 차단시켰다. 아버지는 의견을 가질 수 없으셨다. 꿈이 진행되는데 있어 아무것도 아버지에게 그 꿈의 본성에 관한 혁신적인 설명을 제공할 수 없었다. 아버지는 일종의 두 세계 사이에서 경험을 했다. 곧 아들의 존재에서 행복감을 맛보았다는 무한한 기쁨의 감정을 안고 깨어나서는 다시 이 세계의 무거움 속에 빠지면서, 실제로는 아들이 오래 전에 죽었다는 것을, 그 기쁨은 꿈에 불과하다는 것을 발견하신다.

꿈에 불과할까?

그런데 만일 꿈이 우리를 정말로 다른 세계, 일시적인 재회의 무대로 데려가고, 그리고 예측 불가능한 뉴런들의 생산물의 결과가 아니라고 하더라도, 결론적으로 이것이 깨어남에 대해 어떤 차이를 만들어 줄까? 우리는 다시 혼자 있다. 이 냉정한 세계에서.

소중한 이를 잃은 모든 사람들의 경우처럼, 깨어남의 우울함 때문에 아버지는 해답을 찾고 싶은 충동을 느끼시지만, 그런 질문을 탐색하는 것이 얼마나 어려운가! 어디서 찾을까? 종교에서? 철학에서? 과학에서? 결론적으로 말하면, 우리의 교육이 찾아보라고 가르친 데서. 평생 동안, 아버지는 양식을 쌓으셨다. 사람들은 다음의 사실을 아버지에게 주입시켰다(내게도 마찬가지다). 곧 해답은 축적된 앎과 지식에서 나온다! 빛은 철학자와 위대한 작가의 책에 있다, 그러니 끊임없이 읽고, 읽고, 또 읽어라. 평안이 찾아들고 침울함이 사라질 때까지.

하지만 그런 순간은 사라지기를 계속 반복한다.

돌아가시기 몇 주 전에 나는 아버지를 방문한다. 나는 아틀리에에서 아직 차가운 봄빛을 듬뿍 쐬시는 아버지를 발견한다. 숲이 깨어나고, 할일 많은 새들이 열정적으로 분주히 움직이며 하늘을 누빈다. 전나무 우듬지는 바람에 흔들린다.

방은 숨 막힐 듯이 덥다. 난방기구는 최대치로 작동하고 있다. 아버지는 몸이 야위어 연약하다. 글을 쓰는 데 열중하던 아버지는 고개를 들고 내게 미소를 짓는다. 아틀리에의 구석마다 그림들이 놓여 있다. 아버지의 주변에도, 아버지의 눈앞에도 정신적인 풍경이 펼쳐져 있다. 화가로서의 삶의 결과물이다. 책장 선반은 수천 페이지에 이를 책 100여 권으로 장식되어 있다. 테이블 위에, 아버지가 두꺼운 펜으로 주석을 단 작은 종이들 사이에는, 당신이 만지기 좋아하시는 붓과 물건들 이외에, 플레이아드 판[프랑스의 대표적인 전집 총서] 1권이 있다. 플라톤, 『전집』, I.

우리는 수다를 떨지만, 말을 아낀다. 무엇을 말해야 할까? 세상이 그토록 갑작스럽게 바뀐 이때 무엇에 관해 이야기를 해야 할까? 삶이 막바지에 가까이 이른 이때? 정확한 날짜는 미지의 것으로 남아 있지만, 전망이 비현실적으로 모습을 드러낸다. 우리는 감히 그것을 믿을 수 없고, 그것을 대화 주제로 꺼낼 생각은 더더욱 없다.

하지만 나는 시도한다.

"정신이 어떠세요, 아버지?"

시선. 확신을 못하겠다는 보로통한 얼굴. 아버지는 무엇이라고 대답할 수 있을까? 이때 아버지는 초록색 가죽 커버로 된 책을 집더니, 당신의 수많은 노트 중 하나가 가리키는 페이지를 펼치고서 읽는다.

"죽음에 대해서는 아무도 모른다. 심지어 죽음이 정확하게 사람들에게 가장 위대한 선인지 아닌지도 아무도 모른다. 하지만 사람들은 그것보다 더한 악이 없다는 걸 완벽하게 알고 있다는 듯이, 그것을 두려워한다."[7]

---

7. Platon, *Apologie de Socrate*(소크라테스의 변론), Gallimard, 1950, p. 164.

『소크라테스의 변론』의 이 대목은 소송의 진행 과정을 소개하는데, 이 소송의 마지막 부분에서 소크라테스는 사형선고를 받게 된다. 아버지는 몇 줄을 건너뛰더니, 이어서 이 철학자의 긴 독백을 담은 다른 문단을 내게 읽어 주려고 한다. 그 긴 독백에서 그는 죽음과 마주한 자신의 우월성은 사후에 일어날 일을 알지 못하는 거라고 설명하며 논증을 전개한다. 또한 자신을 기다리는 것이 좋은 것인지 나쁜 것인지를 알지 못하는 그로서는 이 순간의 두려움이 자신에게 강요되는 것을 결코 방임하지는 않을 거라고 단언한다.

어느 정도 설득되신 아버지는 책을 덮으시며 "이런 것이 지혜란다"라고 결론 내린다.

"너는 지혜에 이르렀니? 너는 두려움이 없니?"

"아주 많이는 아닌데요… 아니, 제게는, 그런 지혜는 없어요." 사실, 소크라테스가 말하는 것 중 어떤 것도 내 앞에 드러나 있는, 그리고 토마 앞에 드러났었던 거대한 암흑의 벽에 일말의 빛도 비추지 못한다. 그 철학자는 "영혼은 육체와 분리된다"라고 말한다. 그는 심지어 영혼이 육체에서 해방된다고 말한다. 플라톤의 텍스트는 주목할 만큼 아름답다. 나는 그것을 읽으며 깊은 감동을 받았다. 하지만 그것은 아름다움의 빛 이외에는 아무것도 가져다주지 않는다. 그 책은 다름 아닌 수사학일 뿐이고, 사상들을 훌륭하게 엮어 모아 둔 것인데, 그 구성은 그림을 연상시킨다. 그러면 그것 이외에는? 그것 이외에는 아무것도 없다.

"그런데 그 책에 왜 집착을 하시나요?"

"소크라테스가 죽기 얼마 전에, 크리톤이 그에게 어떻게 매장을 할지 물을 때 말한 것 때문이란다. 이런 이야기는 나를 갑자기 토마 앞에 서게 하는 듯하다…."

아버지는 다시 커다란 슬픔에 휩싸인다. 손에 책을 들고, 다른 표시가 나타날 때까지 책장을 넘기며, 아버지는 계속 말한다.

"소크라테스는 어떻게 매장하는지는 별로 중요하지 않다고 웃으며 말하지. 왜냐하면 그의 친구들이 묻어야만 하는 것은 그가 아니라 단지 어떤 것이라는 걸 알기 때문이지… 아, 여기다!"

아버지는 찾으시던 다른 대목을 막 발견한다.

"독을 마신 후, 나는 당신들 곁에 더 이상 머물지 않을 것이다. 대신에 어떤 지복을 향해 떠날 것인데, 그 지복은 행복한 사람들의 지복이다."[8]

아버지는 무뚝뚝하게, 그러나 눈을 반짝이며, 책을 덮으신다.

"나는 행복한 사람들이 머무는 곳이 어디인지, 심지어 그런 곳이 존재하는지도 모른다. 하지만 토마가 묘지에 없다는 걸 알고 있다. 그의 무덤에는 그것만이 있지. 그것은 끔찍한 것이야, 나는 계속해서 그것 때문에 고통을 겪고 있어…."

"아버지께서 말씀하고 싶으신 의미의 끝까지 가 보세요."

"행복한 사람들이 머무는 곳에 관해 말한다는 것은 하나의

---

8. *Phédon*, ibid, p. 852

바람을 표현하는 것이야. 그런 곳이 존재하기를 희망하는 것이지. 그러나 세상이 생겨난 이후로 아무도, 소크라테스도, 예수도, 결코 그런 곳이 있다는 걸 증명하지 못했어… 그 희망은 죽음의 신비라는 암흑 속에서 어둠을 뚫으려고 시도하기 위한 희미한 빛에 다름 아니야. 그리고 그것, 즉 주검에 관해서라면, 그것은 소크라테스도 아니고 토마도 아니지만, 그래도 그것이 소크라테스나 토마일 수 있을 거라는 예감 같은 것이 있어. 나는 묘지 앞을 지날 때, 그래도 거기에 토마가 없는지 내 자신에게 질문하며 고뇌를 느껴. 너는 내가 이상하다고 생각할 거야… 나는 그 애가 춥지 않기를 바란단다…."

"…"

"이어서 다른 순간에는 아니라고 말하지. 아니, 토마는 이 묘지에 없어. 행복한 사람들이 머무는 곳이 머리에 떠오르고, 나는 말로 표현되지 않고 안개 속에 숨은 듯한 사랑의 법칙, 내가 막연하게 느낀 사랑의 법칙이 확산되는 것처럼 느끼지. 사랑의 신, 그래도 이것이 묘지에 있는 그것보다 낫지.

심정의 확실성과 이성 ― 결코 아무도 우리에게 이것에서 해방되는 법을 가르쳐 주지 않았다 ― 의 거부 사이에 놓여 있는 영원한 이중의 내면.

우리는 눈이 먼 채로 우리 정신의, 우리 슬픔의 수인(囚人)으로 남아 있다. 현실의 무한한 색깔들 앞에서 눈이 먼 채로.

아버지, 이제부터는 답을 얻으실 거예요, 지금, 행복한 사람들이 머무는 곳을 탐색하는 당신이시니까요.

11
"이런 광경이 저를 죽음에서
벗어나게 해 주었어요."

브리스는 잠자는 중에 갑자기 죽었다. 그의 시신을 발견한 사람은 어머니 미레이유였다. 그의 죽음은 폭력적인 면이 없었지만, 오늘날까지 여전히 설명할 수 없는 사건으로 남아 있다. 그는 26살이었고, 부검을 해도 그의 사인을 알 수 없었다.

내가 미레이유를 만난 때는 아들의 죽음 이후 15년이 지난 때다. 나는 이날이 부활절 주간의 월요일, 즉 공휴일인 데다 축제날인 줄 모르고 있었다.

"선생님은 브리스가 언제 우리 곁을 떠났는지 아시나요?" 내가 만남을 청한 사실에 놀란 그녀가 묻는다.

나는 정확한 날짜는 모르고, 단지 2003년으로 거슬러 올라간다는 사실만 알고 있다. 내 침묵 앞에서, 그녀는 고백하듯이 말한다.

"그 애는 2003년 부활절 주간의 월요일에 죽었어요…."

나는 말없이 있고, 어렵지 않게 미레이유의 감정을 파악한다. 벌써 몇 달 전에 나는 그녀와 대화를 나눌 계획을 세웠고, 정확히 그녀의 아들이 죽은 날에 맞추어 그녀를 부른 셈이다. 그녀는 이 과정에서 놀라운 일치점을 본다. 나 역시 곤혹스럽다.

4월의 이날, 미레이유와 그녀의 남편은 저녁식사를 위해 아들을 기다린다. 약속 시간인 7시에 브리스가 나타나지 않자, 그리고 아들 편에서 아무런 소식도 없자(아들이 이러는 경우는 없었다), 그들은 불안해지기 시작한다. 브리스는 결코 늦는 법이 없고, 설령 그런 경우가 있더라도 미리 소식을 전한다. 그런데 그의 휴대폰과 집 전화로는 연락이 되지 않는다.

　"저는 어떤 일이 일어났다는 걸 알았어요. 저는 그 애가 아픈 거라고 생각했어요… 그 애가 저를 불안하게 만든 건 그때가 처음이었죠. 그 애는 사려 깊은 애였거든요."

　"몇 시에 아드님의 집에 가셨나요?"

　"8시 무렵에요… 우리는 저녁식사를 위해 그 애를 기다리고 있었어요. 저는 기억해요, 그 월요일은 아주 특별한 날이었으니까요. 저는 비품을 하나 만들고, 수많은 나비 문양을 문에 붙이면서 하루를 보냈어요. (저는 나중에 그 순간을 다시 생각하게 돼요. 왜냐하면 그 이후로 제가 생애 말기에 있는 아이들의 그림에서 나비가 무엇을 상징하는지 알게 됐거든요.) 그러고는 침묵이 있었어요. 믿을 수 없는 일이었죠. 친정어머니와 조카가 우리와 함께 주말을 보내려고 찾아 왔어요. 모든 사람이 조용히 있었고, 아무도 말을 하지 않았어요… 브리스는 이미 그 전날 밤에 죽었던 거예요. 우리는 모르고 있었던 거죠."

　"언제 불안을 느끼기 시작하셨나요?"

　"그 애가 도착해야 할 시간이 지났는데 아무런 소식도 듣지 못했을 때요. 우리는 도시 초입에 있는 포에서 살고 있었고, 그 애는 도심에서 살고 있었어요. 차를 타면 10-15분 내로 갈 수 있는 거리예요. 저는 남편과 함께 말없이 차를 타고 그곳으로 갔어요… 저는 머리부터 발까지 온몸을 떨며 차에 올라탔죠. 저는 몹시 겁이 났어요. 제가 열쇠를 쥐고 있었어요. 제 남편은 항상 잃어버리길 잘해서요."

"문을 열 때, 혼자이셨나요?"

"예, 남편은 주차를 하고 있었어요."

"방으로 들어갔을 때, 어떤 상태였나요?"

"소파에도 컴퓨터가 있는 곳에도 그 애가 안 보여서 방으로 갔죠… 그 애는 침대에 몸을 뻗은 채로 있었어요."

"무슨 일인지 곧장 이해하셨나요?"

"오, 그래요… 그 애는 얼굴이 납빛이었고, 특히 몸이 식어 있었어요… 너무 차갑게 식어 있었어요. 그 애는 잠자는 중에 죽었던 거예요. 저는 나중에 그 애가 12시간 전에 죽었다는 걸 알았죠. 저는 그 애가 침대에 있었기 때문에 평화롭게 죽었다는 걸 알아요. 이불은 접힌 데가 없었고 그 애 얼굴은 완전히 이완된 듯이 보였어요. 그 애는 말 그대로 떠났어요. 잠을 자는 중에 정말로 떠난 거예요. 그런 그 애를 발견한 건… 정말로 충격적인 일이었어요… 저는 육체적으로 아픔을 느꼈어요, 제 혀는 나뭇조각같이 되었고 몸은 마비가 되었지만, 여기에는 그의 껍데기밖에 없다는 걸 곧장 느꼈어요. 나의 아들은 더 이상 존재하지 않았어요. 살(肉)로 된 껍데기 이외에 더 이상 아무것도 없었어요."

미레이유는 충격을 받은 상태에서 남편을 부른 다음 경찰을 부른다. 그녀는 이어서 오빠에게 전화를 걸어 "브리스가 죽었어!"라고 소리친다. 그녀의 내면 가장 깊은 곳에서 터져 나온 공포의 비명이다.

"말하자면, 저는 제가 사랑하는 모든 사람에게 소리치며 소식을 전해야 했어요."

생각할 수 없는 일이다. 설명할 수 없는 일. 브리스는 어떻게 죽었을까? 왜 죽었을까? 불법 침입이나 싸운 흔적은 전혀 없다. 죽음은 폭력 없이 그를 데려간 듯 보인다. 그렇다고 그가 병이 있었던 것도 아니다. 그에게는 모든 것이 잘 진행되고 있었다, 모든 것이….

그날 저녁은 비현실적으로 보인다. 어떤 악몽.

시신을 이동시키는 경찰. 밤중에 집으로 돌아옴.

미레이유는 자신의 방에서 가슴이 무너져 내린다. 그녀는 말 그대로 꿈 없는 잠에 빠진다. 부드럽고 이로운 무의식. 하지만 새벽에 그날의 엷은 햇살이 비치기 시작하면서 그녀를 현실로 다시 데리고 온다. 그녀는 눈을 감은 채로 곧게 누워 있다. 그러더니 갑자기 그녀는 악몽 속으로 다시 빠진다. 몇 초 사이에 전날의 사건이 그녀의 기억에서 폭발하듯 떠오르고, 그녀는 어제 하루의 모든 일은 단지 나쁜 꿈에 불과하다는 생각에 계속해서 매달리지만, 아니다.

그녀는 눈을 뜬다. 그리고…

"저는 제 위로 천장 전부를 덮은 브리스의 얼굴을 보았어요… 일종의… 어떻게 불러야 할지 모르겠네요… 이미지 같지는 않았어요. 저는 그 애의 얼굴을 알아보았어요… 저는 그것이 무엇인지는 몰라요, 하지만 그 애였다는 걸 이해해요. 저는 그 애라는 걸 인지했어요. 그가 거기에 있었어요. 그리고 그 애가 제게 말했어요. '그런데, 어머니, 이곳이 어머니가 우리에게 말한 것보다 훨씬 나아요. 여기는 아주 훌륭해요! 어머니는 상상도 못할 걸요….'"

"어둠 속에 계셨나요?"

"아니오, 날이 밝아 햇빛이 들고 있었어요. 그 현상은 오랫동안 진행되지는 않았어요… 무엇이 제 눈을, 천장을, 방을, 그리고 저를 가득 채웠어요… 어떻게 말씀 드려야 할지 모르겠어요."

"그 현상이 얼마 동안 진행됐다고 생각하시나요?"

"몇 초… 그것은 이미지이기는 했지만 사진은 아니었어요… 그것은 비디오 영상을 조금 닮기는 했지만 제 방에 비디오는 없었어요… 어떻게 말씀 드려야 할지 모르겠어요. 어쩌면 구름… 그것이 공간을 가득 채웠어요."

"몹시 두렵지 않던가요?"

"예, 저는 어떤 상태에 있었는데, 그 상태란 것이 이미 제게는 아주 비현실적인 것으로 보이는 것이었어요. 그런데 그것은 저를 동요시켰지만, 동시에 매우 평화로운 상태에 있도록 했어요… 그것은 제게 다시 숨을 쉴 힘을 주었어요. 한순간에요."

"언제 그것을 보셨나요, 방에는 혼자 계셨나요?"

"아니에요, 제 남편이 옆에 누워 있었어요."

"남편은 자고 있었나요?"

"제가 깨워서 얘기를 했어요."

"남편의 반응은 어떠했나요?"

"아, 제 남편은 누구든지 매우 존중했어요, 그는 어떤 판단도 내리지 않고 말없이 있었어요."

"그는 아무것도 보지 못했나요?"

"예."

"부인이 지각한 것의 실재성에 관해 의심이 들지 않던가요?"

"물론 들었죠, 저는 사람이 저와 같은 충격을 받은 상태에선 무슨 일도 일어날 수 있다는 걸 모를 만큼 어리석지는 않아요. 저는 이성을 잃었다고 믿었어요. 저는 비정상적으로 되어 가는 건 아닌지 스스로에게 심각하게 물어봤어요."

"부인의 상상이 아니라는 걸 어떻게 아시나요?"

"그것이 제게 가져다준 평화 때문이에요. 마음이 진정되는 걸 말하는 거예요. 그리고 특히, 그 애가 한 말을 들으며 제가 느낀 것이 무엇보다 더 컸어요. 제 눈으로 보았을 때 느낀 것보다 더 컸어요. 그것은 제 마음을 가득 채웠어요. 마치 제 눈으로 본 것이 단지 제 주의를 잡아 두었다면, 그 말은… 그 말은 제 마음을 가득 채웠어요…."

"그 말을 들으셨나요?"

"그것은 제 마음을 가득 채웠어요. 달리 어떻게 말해야 할지 모르겠네요. 제가 보거나 감지한 것만이 아니라… 저는 흠뻑 젖어 들었어요… 그리고, 예, 이런 광경이 저를 평안하게 해 주었어요. 그것이 저를 죽음에서 벗어나게 해 주었어요."

미레이유는 일어선다. 새날이 시작되고 있다. 그녀는 슬픔과 절망감으로 고통스럽다. 그녀는 이 죽음의 의미를 이해하고 싶다. 그리고 이유도. 왜 브리스는 죽었을까? 무슨 일이 일어난 걸까? 그녀에게는 답이 필요하다. 그러나 깨어날 때의 광경이 여기에, 그녀의 내면에 있다. 마치 이상하고 신비한 작은 광채처럼. 하나의 괄호. 하나의 통로.

이후 몇 시간, 며칠, 몇 주에 걸쳐, 그녀는 고통이 그녀를 다시 사로잡기 전에 규칙적으로 몇 초 동안, 아니면 하루 중의 어떤 시간 내내, 그것에 관해 다시 생각한다.

시신을 부검해도 어떤 사실도 밝혀지지 않는다. 모든 가능성이 검토됐다. 중독, 동맥류 등. 사인을 꼭 알고 싶은 미레이유는 가능한 원인을 이것저것 담은, 생각해 내기 어려운 리스트를 작성하지만, 모든 내용이 배제됐다. 보고서는 그녀 아들의 죽음에 대해 사인 미상이라는 결론을 내린다.

이후 1년 동안, 미레이유는 아들의 커다란 얼굴을 보고 그렇게나 평안감을 주던 말을 들은 그 특이한 순간을 기억하는 데 매달린다. 그 1년에 걸쳐, 그녀는 너무 깊은 슬픔에 빠져 교사로서의 활동도 다시 시작하지 못한다. 그 1년은 그녀가 아들을 애도하고 스스로를 극복하기 위해 부여한 시간이 된다. 미레이유는 그녀를 사랑하던 아들이 그녀가 고통에서 헤어 나오지 못하는 것을 보면 참지 못하리라는 걸 마음속 깊이 알고 있다. 그녀는 이 죽음을 무언가로 만들길 원한다. 그런데 무엇으로? 어떻게 하면 성숙해질 수 있을까? 브리스가 떠난 이후 1년 반이 지나, 그녀는 지역사회에서 완화 치료 네트워크를 조정하는 역할을 맡게 된다. 그녀는 이 일을 4년 동안 하게 된다. 그런데 그 이전에 미레이유는 모든 수단을 동원해 다시 브리스와 접촉할 기회를 찾는다. 하지만 소위 영매라는 사람들과 만날 때마다 그녀는 실망한다.

"저는 사기꾼들을 만났고, 아무 일도 일어나지 않았어요. 과거의 그 순간은 아마도 제가 감정이 동요되고 슬픔을 느끼고 있었다는 사실, 그리고 제가 마음의 평화를 찾지 못하고 있었다는 사실과 연관이 있다는 것을 이해하기 전까지 말이에요."

"무슨 뜻이죠?"

"어쩌면 저는 더 많이 받을 수 있지 않았을까요? 사실, 저는 이런 것에 관해 아는 것이 없어요, 하지만 어쨌든 아들이 보내는 신호의 침묵, 부재는 내적 평화를 찾기 위해 저 자신을 상대로 작업하도록 저를 설득하는 데 기여한 것 중 하나예요. 제 마음의 평화를 찾는 것 말이에요."

브리스의 죽음 이후 1년 넘게 지나, 미레이유는 심장병 증상 때문에 병원에서 진찰을 받기 위해 며칠간 입원해야 한다. 위험한 징후는 지나가고, 그녀의 건강은 좋고, 열도 통증도 없지만, 그녀는 계속 진찰을 받기 위해 입원해 있어야 한다. 미레이유는 냉방을 하지 않은 입원실에 누워 시간이 빨리 가기를 기다린다.

오후 10시가 지났다. 그녀에게 검사 결과를 알려 주겠다고 약속한 의사는 오지 않았다. 미레이유는 속이 부글부글 끓지만, 곧 이렇게 신경질적으로 된 것을 뉘우친다. 그녀는 자신의 감정을 꾹 참기로 결심하는데, 이때 갑자기 그녀는 얼굴에 숨결 같은 것이 닿고, 그녀의 몸을 따라 내려오는 포근하고 습기 찬 바람 같은 것을 느낀다. 누군가가 몸을 어루만져 주는 것 같다.

"그 바람이 제 몸을 감쌌어요. 무엇이 제게 스며드는 듯한 인상이었고, 이때 그 말 — 저는 이것을 말처럼 지각하기도 했지만 동시에 감각처럼 지각하기도 했어요 — 이 들렸어요. '울지 말아요, 불안해하지 말아요, 죽음은 존재하지 않아요. 죽음은 인간이 말하는 지상의 이야기예요. 죽음은 존재하지 않아요, 사람들은 모두 함께 있어요. 여기서 당신과 함께 있어요.'"

"목소리였나요?"

"브리스가 죽은 다음 날처럼, 다시, 그것은 어떤 전체… 동시에 감싼다는 느낌, 말들… 저는 혼잣말을 했어요. '맙소사, 무슨 일이 일어나는 거지? 내가 미쳐 가나?' 그리고는 저는 반사적으로 큰 소리로 물었어요. '제게 말하는 사람은 누구죠? 만일 너, 사랑하는 브리스라면, 혹은 아빠라면(친정아버지는 그 전해에 돌아가셨어요), 내가 꿈을 꾸는 것이 아니라는 걸 확신하기 위해, 다시 시작해 줘.'"

"그래서요?"

"저는 다시 바람을 느꼈어요, 이번에는 발 위에서였어요, 이어서 바람이 머리까지 올라왔어요. 그리고 제가 이 바람결에 휩싸이는 동안, 저는 다시 같은 메시지를 들었어요… 저는 이후 오랫동안 평화로운 상태에서 지낼 수 있었어요. 저는 브리스의 죽음을 무언가로 만들기 위한 일을 시작할 수 있었어요.

특히 저는 삶에 새로운 의미를, 새로운 행동과 생각의 방침을 부여했어요."

미레이유의 차분함, 고요함, 자신을 표현하는 방식이 내게 깊은 인상을 남긴다. 나는 그녀가 지난 15년에 대해 갖고 있는 시각에서 확고함과 일관성을 발견한다. 나는 지금 그녀 속에 그런 시각이 깊이 자리 잡고 있다고 느끼고 있다.

"아드님은 신자였나요?"

"그 애는 지상의 물질주의적 삶과는 거리를 두고 진지한 영성의 삶을 살았어요. 그 애는 많은 책을 읽었어요. 그 애에게 가장 많은 영감을 준 책은 크리슈나무르티[Krishnamurti, 1895-1986, 인도의 영적인 지도자, 철학자]의 『처음이자 마지막의 자유』였어요. 이 책이 무엇을 촉발시킨 거죠. 끝없는 호기심을 갖게 됐어요. 당시에 저는 다른 사람과 저 자신에 대해 이런저런 판단을 하며 살았어요, 거의 자랑할 일이 못 되지만 사실이 그랬어요. 그러자 브리스가 제게 말하곤 했어요. '그런데, 어머니, 그만두세요, 그만두세요, 만일 어머니가 세상에 대해 좋지 않은 일을 한다는 걸 아신다면, 그런 행동을 그만두세요. 판단하기를 그만두세요, 어머니는 다른 사람을 몰라요.' 그런데 선생님께 확실히 말씀 드리는 것이지만, 그 애가 죽은 이후에 저는 그런 모든 것을 극복했어요. 왜냐하면 그 애의 죽음 이후에… 사실 어떤 순간에는 그런 사실을 받아들이기가 어려웠지만, 마치 브리스가 더 이상 제 아들이 아니라, 저의 영적인 아버지가 된 것 같았죠… 어머니로서의 역할을 잘못했다고 생각했던 제게 그것은 고통스러운 순간이었어요… 아시겠지만, 부모가 자식을 잃을 때, 그 자식의 나이가 어떠하건 간에, 부모는 항상 자신의 역할을 제대로 못했다고 생각해요. 브리스는 26살이었지만, 저는 제가 그 애를 보호하지 못했다고 생각했어요. 그리고 그 애는 떠났고 죽었어요. 그 애가 나보다 키가 크다는 걸 자연스럽게 받아들여야 했어요. 지금 저를 보호하는 건 그 애에요. 저의 길잡이 역할을 하는 건 그 애에요. 그 애는 나를 가르치기 위해 왔어요. 지금, 저는 저를 엄마로 선택해 준 것에 대해 그 애에게 감사하고 있어요. 비록, 이따금씩, 오늘 같은 날에, 감정에 목이 메긴 하지만, 저는 제 삶을 비춰 주고 안내해 주는 것에 대해 그 애에게 감사한 마음을 느껴요."

12
죽음 이후의 최초 시기

내가 막 죽었다는 사실을 이해하는 것이 단순한 일일까? 이 중요한 질문을 더 깊이 파고들기 위해, 나는 실비 우엘레의 의견을 참조하고 싶은 생각이다. 내가 확인한 바로는, 그녀는 부정할 수 없는 정확한 초감각적 능력을 지닌 동시에, 특히 현실에 대해 매우 신뢰할 만한 감각을 지녔다. 퀘벡 출신의 이 강연자, 교육자, 영매는 죽음 이후의 삶에 관한 수많은 책을 썼다.[9] 그녀는 거기서 자신의 탐구와 감정의 결실을 상세하게 제시하고 있다. 원래 공증인이었던 그녀는 현실적인데, 이런 사실은 진지하게 저세상의 영역에 접근할 때 중요한 요소이다.

실비는 내가 만난 다른 영매들처럼 영매로서의 재능을 타고난 것이 아니다. 그녀는 어렸을 때는 죽은 사람을 볼 수 없었다. 그녀의 능력은 늦게, 35살 때 나타났다.

새로운 삶에 친숙해진 지 수년이 지난 지금, 그녀는 상담의 일환으로 죽은 자의 메시지를 전달하는 능력을 사용하지 않

---

9. Sylvie Ouellet, *Ils nous parlent... entendons-nous?*(그들은 우리에게 말하고 있다… 우리는 듣는가), Le Dauphin blanc, 2004.

지만, 그래도 그녀는 아직도 보이지 않는 세계를 지각하고 있다. 그녀에게는 깊은 내면의 기쁨과 반짝반짝 빛나는 친절함이 발산되는 듯하다.

그녀에 따르면, 저세상에서 일어나는 일은 이 세상에서 일어나는 일과 매우 유사하다. 실제로, 죽은 자들의 세계는 우리가 살고 있는 세계의 연장에 다름 아닐 것이다. 우리는 그곳에 우리의 짐을 갖고 들어간다. 많은 사람들은 우리가 죽는 방식 — 예를 들어, 갑작스런 사고나 만성병 — 이 저 건너편으로 가는 길에 영향을 끼칠 거라고 생각한다. 실비는 결정적인 것은 죽음의 순간에 일어나는 일에 대해 우리가 갖고 있는 의식이라고 분명하게 말한다. 우리가 죽음 안으로 내딛는 첫걸음이 중요한 단계가 될 것이다. 그것이 이후에 일어날 일을 결정지을 것이다. 이로부터, 일어나는 일을 잘 이해할 필요성이 생겨난다.

내가 막 죽었다는 것을 깨닫지 못한다면 어떤 현실 안주적인 태도에 이르게 될 것이다. 한순간 혼돈에도 빠질 것이다. 영화 〈식스 센스〉와 다소 비슷한 상황에도 처할 것이다. 그 영화에서 브루스 윌리스가 역을 맡은 주인공은 자신이 죽었다는 사실을 이해하지 못했기 때문에 계속해서 직업을 영위한다. 몇 가지 이상한 일이 그의 주변에서 일어나고, 그는 아내와 더 이상 말을 할 수 없게 된다. 그래도 그는 마치 지상에서 여전히 살아 있는 양 계속 일상적인 삶을 이어 나간다.

많은 영매들이 내게 이와 유사한 상황을 언급했다. 곧 죽음의 순간에 자신이 하던 일을 계속 다시 하는 망자(亡者)들이 있다는 것이다. 따라서 자신의 죽음을 의식하는 일이 그렇게 분명하게 일어나는 것은 아니다.

그렇다면 영적인 것을 거부하는 사회에서 산다는 건 저세상에 첫발을 내딛는 데 핸디캡이 되는 건 아닐까? 비록 프랑스인의 반이 무엇인지 모른다고 고백하면서도 '이후에 무언가'가 있다고 간주하더라도, 동일한 비율의 사람에게 죽음은 무(無)와 동의어이다. 이런 조건에서, 다른 편에서 완전한 의식을 가진 채로 깨어날 때 죽었다는 것을 어떻게 이해할 수 있을까?

"영적인 면에 무지한 채로 죽는 사람의 경우, 이것은 복잡한 문제임에 틀림없습니다. 그리고 서구에서는 대다수의 사람에게 해당하는 일입니다."

실비는 내게 단언한다. "영적으로 열려 있지 않다고 해서 물질적인 육체를 떠난 것을 의식하지 못한다는 것은 아니에요. 완전히 구분되는 두 가지가 문제되고 있어요. 무엇보다 우리의 단념하는 능력, 그리고 우리의 적응하는 능력과 관계돼요."

"무슨 뜻이죠?"

"예를 들어, 생전에 쉽게 선택하던 사람들, 한 상황에서 다른 상황으로 상당히 쉽게 옮겨 갈 줄 아는 사람들, 꽤 투명한 관계를 맺었던 사람들, 주위에서 일어나는 일을 매우 잘 의식할 수 있는 사람들에게는 죽음 속으로 들어가는 것이 보다 단순한 일일 거예요. 어떤 사람들은 영적으로 거의 열린 측면이 없더라도 이런 유형에 들 수 있어요. 이 사람들은 현실과의 관계에서 활동적이고 명석합니다. 이들은 일단 죽으면 자신들에게 일어난 일을 곧장 깨닫게 되죠. 이들도 놀라겠지만, 혼돈에 빠지거나 변화를 거부하지 않아요. 그리고 중요한 특질 중 하나는 이 세상을 떠나기 전에 죽음이 준비된다는 거예요."

"무엇을 말씀하시는 거죠?"

"죽음의 일반적인 과정에서, 죽음을 부르는 건 영혼이에요…."

실비가 '영혼'이라는 표현으로 의미하는 건 우리의 우월한 부분, 우리의 심층의 자아이다. 우리가 태어나기 전부터 존재하는 이 차원은 삶의 이런저런 사명 속에서 구체화되어 나타나고, 육체의 죽음 이후에도 살아남는다. 우리의 영혼은 이런저런 과제를 '작업하기' 위해[이 책에서는 각각의 영혼은 나름의 어떤 일이나 사명을 완성하기 위해 인간으로 육화되며 이 세상에 나온다고 설명하고 있다. 그리고 그 일이나 사명이 완성되면 영혼이 육체를 떠나면서 육체는 죽는다] 어떤 가정적, 사회적, 지리적 환경에서 육화될지 선택하게 될 것이다. 그렇다고 이것이 삶에서 마주치는 여러 돌발적인 일 — 비극적인 사건, 사고, 죽음 — 을 영혼이 결정한다는 의미는 아니다. 한번 육화되면, 우리의 영혼은 막 태어난 존재의 인격으로 부드럽게 덮이게 된다. 우리가 성장함에 따라, 우리의 심리적 기능, 우리의 공포, 우리의 욕망, 우리의 생각, 우리의 계속적인 정신 활동에 의해 우리는 차츰 우리의 영혼과 단절된다. 너무 비중이 큰 습관이 우리로 하여금 그 존재를 잊게만들 정도로 우리의 섬세한 차원을 삼켜 버리는 것과 같다. 영혼의 선택이 우리의 물질적인 삶을 주재한다는 걸 잊게 만들 정도로.

영혼은 사실 이런저런 삶으로 향해 있을 텐데, 그 목적은 삶이 이런저런 위대하고 중대한 과제를 학습하는 무대가 되도록 하기 위해서이다. 이 삶의 기간 동안, 우리에게 수많은 각성의 가능성을 제공하기 위해, 우리가 의도적으로 선택하지 않은 시련들이 나타날 것이다. 우리의 영혼은, 삶을 구성하는 모든 순간의 세부적인 면을 반드시 만들어 낼 필요 없이, 삶의 큰 틀을 이런 식으로 선택할 것이다. 미리 모든 것이 쓰여 있는 결정론과 모든 사건이 우연에 의해서만 발생하는 삶 사이에서 가운데 길이 존재할 것이다.

실비는 다시 말한다. "이것은 학생의 경우와 다소 비슷해요. 그는 자신이 공부하려는 학문 분야를 선택했음에도 불구하고, 시험 출제자나 강의 내용을 결정하지는 못하죠."

"'죽음을 부르는 건 영혼이다'라는 말은 무슨 의미죠?"

"태어남이나 죽음처럼 모든 것이 걸린 준비를 하는 순간에, 존재는 지상의 측면이 아니라 일반적으로 '인격'만이 표현되는 차원에 있어요. 이런 차원에서 실행되는 선택은 사적인 욕망과 감정 대신에 보다 넓은 의식의 수준과 관계있습니다. 이런 차원에서 죽음은 예측할 수 있는 '단순한' 이행 과정이에요."

따라서 우리 삶의 어떤 사건은 아마도 우리 존재의 보다 큰 차원에 의해 이미 결정되어 있을 것이다. 우리는 일상의 맹목성 속에서 그 사건과 관련해 부조리하고 부당한 시련을 볼 따름이다.

영혼의 미묘한 차원에서, 죽음은 영혼이 변화하는 과정의 단순한 한 단계이다. 이것은 "인간은 인간적인 경험을 하는 영적인 존재다"라고 말할 때의 피에르 테야르 드 샤르댕이 의미했던 것과 일치한다. 따라서 우리는 그 경험을 겪는 영혼에 대한 "인간적인 경험"의 종결이 얼마나 미리 준비되고 있는 순간인지 상상할 수 있다.

놀라운 것은, 자살을 제외하면, 죽는 순간의 상황이 어떠하건 간에, 우리의 영혼이 죽음을 준비한다고 실비가 언급하고 있다는 점이다. 게다가, 대개의 경우, 그 과정은 완전히 무의식적이라는 것이다. 기나긴 투병 생활에서 빠져나오건, 아니면 갑작스럽게 죽건 간에, 예비적인 단계는 잠재적으로 알아낼 수 있는 것이다. 비록 그 죽음이 완전히 예측 불가능한 것이라 해도, 전조적인 신호, 죽기 전에 내뱉는 이상한 말 등이 있는 것이다.

"제가 '영혼이 죽음을 부른다'라고 말할 때, 이것은 수개월 전부터, 그리고 대부분의 사람은 인지하지 못하는 수준에서, 의식이 이따금씩 다른 쪽으로 가기 시작한다는 걸 의미해요. 이행의 과정을 준비하기 위해 우리의 영적인 본성과 점차적으로 일종의 재결합을 하는 것이 문제되는 것이죠."

"그런데 대부분의 사람들은 그것을 의식하지 못한다고요?"

"예, 실제로 그래요. 그런 과정은 본질적으로 의식의 다른 수준에서, 특히 깊은 잠의 단계나, 혹은 생애 말기에 있는 사람들의 반 혼수상태 시기에 발생해요. 당신도 아실 거예요, 이따금씩 그들이 더 이상 우리와 함께 있지 않다는 인상을 받을 때가 있잖아요. 그들은 준비를 하고 있는 거예요. 그들의 영혼이 떠날 준비를 하고 있는 거죠. 만일 주의를 기울인다면, 그 예비적인 단계들의 신호를 관찰할 수 있습니다."

"생애 말기의 경우에는 그럴 수 있다고 생각해요, 그런데 사고일 경우에도 그런 일이 일어나나요? 이 경우에는, 갑작스럽고 급격한 죽음의 상황이 이미 프로그램화 되어 있다는 걸 의미하나요?"

"그 경우는 영혼이 그 순간에 '세상'을 떠나고 싶어 했다는 걸 의미해요. 죽음도 태어남처럼 이행의 과정이 일어나기까지 적어도 9개월간의 준비 기간을 거쳐요. 두 경우 모두, 변화를 위한 준비 기간이 필요해요."

"한 번 더 말씀 드리지만, 병원에서 암 때문에 죽는 경우에는 그런 사실을 인정할 수 있어요, 그런데 교통사고로 죽을 때는? 혹은 테러로 죽을 때는? 이때도 영혼이 미리 몇 개월에 걸쳐 준비를 했다고 할 수 있나요?"

"준비되고 있는 것은 다른 차원으로의 이행이고, 이를 위해서는 모든 에너지의 변화가 요구돼요. 우리의 인간적인 시선은 죽음을 둘러싸고 있는 상황을 판단할 만한 좋은 관찰 지점을 지니고 있지 않아요. 그 좋은 지점은 절대적으로 인격에 내재하는 이해력에 속하는 것이 아니라, 개인적일 뿐만 아니라 집단적인 의식의 열림을 위한 보다 광대한 구상에 속하는 것이에요. 제가 이런 말을 하는 것은 특히 다음과 같은 이유 때문이에요. 즉, 심지어 매우 오래전에 죽음이 결정된 사람들이 남긴 자취, 신호를 관찰할 수가 있어요. 한 가지 예를 들어 볼

게요. 오래전에 제 이웃의 한 어머니는 64세 생일을 축하하기 위해 마련한 잔치에서 말했어요. '오, 나는 내 은퇴도 맞이하지 못할 거야.' 그러자 모든 사람들이 외쳤죠. '아니, 무슨 말씀을 하시는 거예요? 65세가 되시면 다른 사람들처럼 은퇴를 하실 거예요!' 그럼에도 그분은 자신의 생각을 굽히지 않았어요. 그분은 65세 생일이 되기 한 달 전에 돌아가셨어요. 그분이 은퇴를 맞이하지 못할 거라고 말하고 나서 11개월이 지난 때죠. 그분이 그런 말을 했을 때, 아무도 그분이 돌아가실 거라고는 생각할 수 없었어요. 그분은 정말로 건강했지만, 그분 내면의 '무언가'는 이미 진실을 알고 있었어요. 그분의 영혼 말이에요."

나는 돌아가시기 6개월 전에 비슷한 말을 하시며 나를 매우 불안하게 했던 아버지를 생각하지 않을 수 없다. 당신은 건강이 좋으시고, 당신에게 있어서나 우리에게 있어서, 가까운 시일 안에 죽음을 의심한다는 것이 불가능했던 반면에, 당신은 다소 심각하게 내게 새로운 한 해를 넘기지 못할 거라고 말씀하셨다. 당시는 2012년 12월 말이었다. 당신은 이듬해 6월에 돌아가셨다. 나는 마치 어제라도 되는 것처럼 당신이 하신 말을 떠올린다. 그리고 특히 당신은 자신이 단언하는 것을 확신하고 계신 것처럼 보였다. 그 말은 불만이나 감정적인 위협을 띤 것이 아니라, 명백히 그 목적이 죽음을 예기하는 일종의 이상한 보고였다.

당신 안의 '무언가'가 6개월 뒤에 죽게 될 거라는 것을 이미 알고 있었을까? 당신이 말씀하실 때 지닌 매우 공식적이고 비일상적인 방식 때문에 나는 그렇다고 생각한다.

그것은 특히 꿈들이 가득한 밤 동안에 준비를 하고 있었다.

나는 사고의 경우에도 동일한 것을 관찰했다. 내 동생은 서른 번째 생일을 몇 주 앞두고, 일단 그 나이가 지나면 자신에게 특별한 일이 일어날 거라는 것을, 그 순간에 "진정한 삶"을 시작하게 될 거라는 것을 항상 알고 있다고 고백했다. 그 애는 생일을 지낸 지 20일째 되는 날에 사고로 죽었다.

그리고 베이스 점프로 인해 죽기 3일 전에 "죽음을 보았다"고 말한 레오는?

또한 죽기 전 15일 동안 자신의 모든 친구를 만나기로 결정한 아르튀르는? 그는 이 일 때문에 그의 아내와 어머니 엘로이즈를 동요하게 만들 정도였다. "왜냐하면 그날의 테러 전에, 그에게 소중했던 모든 이들을 보기 위해 시간을 내는 것처럼 보였기 때문이다."

우연의 일치? 나도 처음에는 자동적으로 그렇게 생각했다. 하지만 우리 주위에서 계속 발생하는 불안한 일을 두고 항상 "우연의 일치"라는 표현을 적용할 수는 없다. 그런 불안한 일은 너무나 많다.

그럼에도 나는 이러한 실재를 생각하는 데 애를 먹는다.

"실비, 죄송하지만 비슷한 질문을 또 할게요. 그것은, 테러의 경우에, 희생자의 영혼은 심지어 테러리스트가 계획을 구상하기 몇 달 전에 죽음을 준비하기 시작했다는 걸 의미하나요?”

“그런 준비 작업은 낮 동안에 기능하는 의식에서는 일어나지 않습니다. 저는 여기에 있는 우리에게는 생각하기 어려운 일로 보인다는 걸 알아요, 하지만, 저편에서는 현실을 보는 시각과 시간이 이곳과는 달라요.”

말하자면, 우리가 현실에서 관찰하는 행위의 원인이 우리의 시간 바깥에 있을 거라는 것이다. 이곳, 우리의 물질적 현실에서는 원인과 결과가 같이 붙어 다닌다. 결과는 앞선 원인에 이어서 발생한다. 하지만 저세상에서, 보다 미묘한 현실의 차원에서는, 융이 ‘공시성’이라는 말을 만들어 내며 의심했던 대로, 사건과 존재를 연결하는 건 ‘의미’이다. 비록 그 자명함의 힘이 우리에게 반향을 일으키기도 하지만, 이 ‘의미’는 우리의 이해력을 벗어난다.

“우리가 죽음의 진정한 원인을 발견하기 위해 적절한 지점을 바라보고 있는 건 아니에요. 떠남의 심층 원인은 물질과는 결코 상관이 없어요. 그 원인은 저곳에, 영혼의 비물질적인 현실성에 있어요. 물질은 결과일 뿐이에요.”

죽음, 질병, 사고 등의 외면적인 원인은 외면적인 원인일 뿐이다. 다른 현실의 반영인 것이다.

“그러면, 실비, 당신이 말하는 준비는 죽기 9개월 전부터 시작되는 건가요?”

“예, 그런 정보는 여러 비교(秘教)적인 전통을 가진 텍스트들에서 발견하게 돼요. 제 생각으로는, 탄생과 죽음은 고유한 의미에서의 이행이 이뤄지기 오래전부터 준비되기 시작해요. 죽음과 관련해서라면, 우리의 떠남의 상황이 어떠하건 간에, 우리의 일부분이 실제로 몇 달간 그 준비를 합니다. 신자건 아니건 간에, 우리의 영적인 깨우침의 정도가 어떠하건 간에, 그리고 일상적인 활동에 쫓겨 그것을 전혀 의식하지 못하더라도 말이에요. 만일 깊은 차원까지 깨어 있다면, 이 과정을 의식할 수가 있어요. 위대한 영적 지도자들은 언제 죽을지 정확하게 알고 있고, 그리고 자신들이 가리킨 정확한 날짜와 시간에 죽습니다. 이런 의식의 차원에서는 죽음이 두려움이나, 부정이나, 집착의 원인은 아닙니다. 그들은 그 정보를 받아들이고, 온 의식이 깨어 있는 채로 이행을 준비하기 위해 그 정보를 이용해요."

오히려 안심시켜 주는 말이다.

비록 막 죽은 사람이 혼돈에 휩싸이더라도, 그의 일부분은 새로운 차원으로의 이행을 이해하기 위해 몇 달 전부터 죽음을 준비했다. 이 때문에 그는 공포에 삼켜지지 않기 위한 내적인 자원을 소유하게 되고, 또한 이해 가능한 적응 기간이 비상식적으로 전개되지 않도록 한다.

그래, 오히려 안심시켜 주는 말이다.

그럼에도….

13
혼돈

어둡다.

나는 막 깨어났지만 내가 어디에 있는지 전혀 알 수 없고, 더욱 당혹스럽게도 내가 누구인지 모른다. 어떻게 이런 일이 가능할까? 어떻게 이 정도까지 이런 안개 속에 빠질 수가 있을까? 나는 다만 매트리스 위에 누워 있다는 것만 의식하고, 다른 것에 대해서는 모든 것이 강도 높은 불투명함 속에 있을 뿐이다. 나는 나의 이름조차 모른다! 내게 이런 일이 일어난 건 처음이다.

나는 일어선다. 나는 허공 속에서 다리를 앞뒤로 움직인다. 내 발이 바닥의 양탄자와 부딪친다. 나는 침대 가장자리에 앉는다. 짙은 암흑이 나를 둘러싸고 있다. 나는 이 정도로 큰 혼돈을 경험한 적이 없다. 내 등 뒤에서 가볍게 호흡하는 소리가 들리는 것 같다. 이 장소에 누군가가 나와 함께 있는 걸까? 누구일까? 그리고 왜 나는 나와 관련된 작은 일도 떠올리지 못하는 걸까? 상황이 너무 비정상적이라, 나는 이 순간에 고뇌보다는 공포를 더 크게 느낀다. 시간만 지나갈 뿐 아무것도 일어나지 않는다.

나는 일어나서, 이상한 미지의 장소에서 길을 잃은 채로, 지금 몸을 곧추 세우고 있다. 이곳은 넓은 곳일까, 좁은 곳일까? 도대체 나는 어디에 있는 걸까? 나의 뇌는 전력을 다해 기능한다. 나는 어떤 것을 기억해 내기 위해 내 모든 힘을 쏟아 집중한다. 아무것이라도, 아무 정보라도, 내 이름을 떠올리게 해 줄 아무 요소라도. 왜냐하면 내가 사람이라는 건 알지만, 누구인지는 방금 잊어버렸기에. 이런 사실은 너무나 두렵다. 나의 동요는 절정에 이르고, 나는 무(無)의 한가운데서 좌초했다. 어떻게 자신의 이름을 잊을 수 있을까? 자신의 정체를? 자기 존재의 부분들의 전체를?

당황한 나는 두 팔을 들고 주위의 어두운 빈 공간을 더듬거린다. 곧 나의 왼손이 딱딱하고 수직으로 있는 어떤 면과 부딪힌다. 무엇일까? 나는 이 면을 쓰다듬은 다음, 어떤 구석, 직각의 어떤 모서리에 이른다. 첫 번째 면에 수직인 새로운 면은 보다 매끈하고 차가운 질감이다. 나의 정신은 이 보잘것없는 촉각의 정보로부터 내가 어디에 있는지 이해하고자 측정할 수 없는 노력을 기울인다. 하지만 아무것도 얻을 수 없다. 시간이 끝없이 길어져, 나는 이 상태에서 결코 빠져 나올 수 없을까 봐 두려움을 느끼기 시작한다. 나는 내가 사람이라는 것은 알지만, 이것이 전부다!

완전히 혼돈에 빠졌지만, 나는 시간이 흐른다는 것을 알고, 또한 나와 관계된 가장 사소한 정보도 떠올리지 못한다는 건 전적으로 비정상적인 일이라는 것을 안다. 나의 왼손은 계속해서 매끈한 면에 놓인 채 벽인 것처럼, 이어서는 모서리인 것처럼 보이는 것을 쓰다듬는데, 내 정신의 모든 주의력은 위급하게 이 유일한 목적으로 향한다. 곧 내가 만지는 것을 이해하는 것. 그것은 벽이다. 맞아, 벽이다, 그런데 무엇의 벽? 어둠 속에서, 모서리, 새로운 각을 만진 다음 여기서 내 손가락들은 보다 부드러운 물체, 울퉁불퉁한 표면에 닿는데, 이어서 빨리 움직이며 가볍고 튀어나온 일종의 덩어리에 부딪친다. 이 벽은 무엇일까? 이 장소는 어떤 곳일까? 이 물체들은 무얼까?

매우 천천히, 그리고 아주 조금씩, 초인간적인 집중력을 기울이는 중에, 내가 고뇌에 빠져 선 채로 몸이 흔들릴 때, 마침내 퍼즐의 조각들이 맞춰지기 시작한다! 나의 정체가 조금씩 떠오르고, 내 기억의 아주 작은 부분들이 차례로 생명력을 얻는다. 사물들이 각자 자리를 잡는다. 그 모서리, 그 튀어나온 부분, 그것들은 책장이고, 책들이, 나의 책들이 있다. 나는 우리 집에 있다. 책장은 침대의 왼편에 있다. '우리 집에'라는 표현은 내가 뒤에서 숨결을 느꼈던 인물이 나의 아내 나타샤라는 것을 의미한다. 만일 내가 우리 집에서, 나의 방에서 막 의식을 되찾았다고 한다면, 나는… 스테판 알릭스이다. 그런데 내가 완전히 깨어 있고 의식적이었는데도, 어떻게 그렇게 오랫동안 자명한 사실들을 잊고 있을 수 있었을까? 어떻게 잠에서 깨어 있던 그 긴 시간 동안 내가 누구인지 전혀 모를 수 있었을까?

나는 방금 일어난 일이 단지 며칠 전에 마지막 순간까지 내가 동반했던 아버지와 연관이 있다는 걸 아주 빠르게 예감한다. 나는 그렇게 혼란스러운 채로 깨어나기 바로 직전에 아버지 꿈을 꾸었다는 걸 거의 확신한다. 나는 꿈에 대한 기억은 갖고 있지 않고, 단지 감각만이 남아 있다. 일반적인 꿈은 아니었다. 나는 소리가 나지 않도록 조심하며 방을 떠나고, 시간이 흐를수록 내가 아버지와 함께 있었다는 확신이 강하게 선다. 우리는 꿈에서 함께 있었고, 암흑 속에서 완전히 혼돈에 빠진 채 깨어난 것은 죽음을 넘어 이뤄진 만남과 관계가 있었다.

이렇게 불안정한 경험을 유발시킨 건 아버지였을까? 어떤 수단으로? 단지 아버지의 의지로만 일어난 일일까? 아니다, 이것은 의심스럽다, 내 안에서 무한정 긴 시간 동안 갇혀 있는 것이 아버지의 영혼이 아니라면, 내가 오히려 당신의 세계 안으로 내던져진 것이다.

그렇다, 이것은 사고다.

아버지의 통제되지 않은 행위, 우리를 연결하던 사랑이 우연히 자극한 행위임에 틀림없을 것이다. 당신의 영혼은 내 안으로 슬며시 들어왔지만, 내가 꿈을 꾸던 순간에 나의 밖으로 빠져나갈 수 없으셨고, 또한 꿈에서 나에게 나타나려는 시도를 하셨다.

나는 아버지가 내 안에 머물러 있는 채로 깨어났다.

나는 그렇다고 강하게 느낀다. 그것은 일종의 자명함, 명백한 직관이다.

동일한 육체를 몇 초간 나눠 가지려는 두 영혼.

이것이 당신을 미치게 만든 걸까? 나는 한 가지 사실을 확신한다. 이 우연적인 경험을 통해, 아버지가 돌아가신 이후로 이따금 틀림없이 느꼈을 혼돈을 나눠서 겪을 기회가 내게 주어졌다는 것이다. 당신이 돌아가시고 2주가 채 안 되어, 나는 당신이 어디에 계시고 어떤 일을 겪고 계신지를 실제로 얼마나 모르고 있는지를 깨닫는다. 나의 마음 깊은 데서는 당신이 계속 삶을 영위하고 계신다고 확신하고 있더라도 말이다. 매우 불안정한 이 경험은 내게 호소를 하고, 심지어 내 안에서 어떤 불안감이 생겨나도록 만든다.

당신은 저세상을 향한 여행의 초기부터 이따금 길을 잃으셨을까? 당신은 혼자이고, 혼돈스럽고, 당황하고 계실까? 게다가 당신은 막 죽었다는 것을 깨닫기라도 하셨을까?

저세상에서는 **신생**이라는 것도 깨달으셨을까?

만일 그분이 혼돈의 시기를 겪고 있다는 걸 아신다면, 어떻게 거기서 **빠져나오**실까? 당신으로 하여금 막 도착한 곳이 어디인지를 이해하도록, 깨닫도록 돕기 위해 나는 무슨 일을 할 수 있을까? 나는 불과 몇 분 전에 내가 누구이고 어디에 있는지를 온전히 의식하기 위해 그렇게나 강도 높은 노력을 기울여야 했다… 그러면 당신은 어떻게 하실까? 지금처럼 당신에게 큰 목소리로 말을 할 때 내 말을 알아들으실까? 그사이 나는 정신을 차리고, 커피를 준비하러 내려온다. 부엌의 차가운 타일 위에 맨발로 있는 나는 조금 전의 경험 때문에 머리가 얼얼한 채로 컵 하나를 집은 다음, 생각에 잠긴 채 움직이지 않는다. 천장의 전구가 지지직거린 다음 빛의 강도가 단속적으로 낮아지더니 정상적인 상태로 되돌아온다.

첫 모금의 커피.

따뜻하고, 설탕은 없다.

15분 전에 깨어난 나는 지금은 완전히 현실 감각을 되찾았고, 다시 슬픔에 휩싸인다. 말로 표현할 수 없는 부재, 그리고 체념이 혼합된 친숙한 고통이다. 아버지를 잃는다는 건 얼마나 낯선 일인가. 그렇게 가까웠던 사람, 내가 항상 알고 있었고 이제는 더 이상 여기에 계시지 않는 사람. 손을 내밀거나, 주름투성이의 볼에 키스를 하거나, 심술을 띤 시선을 보거나, 체온을 느끼거나, 기쁜 목소리를 듣거나, 전화를 하거나, 팔로 껴안거나, 내 생활에 관해 이야기하거나, 삶의 행복한 순간을 함께 공유하는 일의 불가능성. 그런 모든 일이 끝났다.

일주일 전, 이상한 영감에 자극된 나는 아버지의 관에 물건들을 숨겨 놨다. 아무도 그런 사실을 모른다. 심지어 어머니조차도. 나의 아내도. 나의 외부에 있는 어떤 존재도 이 시험, 무언가가 나로 하여금 실행하도록 부추긴 이 테스트를 알지 못한다.

새로운 여름날이 시작된다. 나의 움푹한 손바닥에 따뜻한 찻잔이 있다. 나는 부엌에 앉아 우리의 계약과 내가 당신에게서 기대하는 것을 소리 내어 상기시킨다. 즉, 내가 관에 무슨 물건들을 놓았는지 영매에게 말하기 위해 당신이 오시도록 하는 것이다. 당신은 그렇게 하실 것이고, 이런 식으로 삶을 계속 살고 있다는 것을 강력하게 증명하실 것이다. 그런데 이런 초현실적인 커뮤니케이션이 우리 사이에 정착되기 위해서는 1년의 시간이 흘러야 할 것이다.[10]

---

10. Stéphane Allix, *Test*, op. cit.

이 6월 말, 나는 아버지가 막 돌아가셨다는 것을 간신히 깨닫는다. 이것은 정말로 이상한 감정이다. 자연스럽지가 않다. 나는 당신이 무슨 일을 겪고 계신지 알고 싶다.

돌아가신 지 11일이 지났는데, 아버지는 당신에게 일어난 일을 이해하셨을까? 내가 막 경험한 그 끔찍한 혼돈을 아버지도 경험하고 계실까? 이것이 내가 기다리던 대답일까? 만약 그렇다면, 이것이 죽음일까? 완전한 혼란의 순간? 정체성의 완전한 상실, 혼돈? 당신은 명확한 때가 있었을까? 당신의 정신은 매우 혼란스런 순간들과, 당신의 현실이 명확하게 보이는 순간들 사이에서 우왕좌왕하실까?

내가 막 죽었다는 것을 이해하는 것이 단순한 일일까?

14
지도의 필요성

6월 16일, 아버지의 기일. 나는 당신이 막 숨을 거두셨을 때 우리 위에서 다시 의식을 하시며 느끼셨을 놀라움을 상상한다. 죽음에 대한 관점 때문에 늘 상당한 고통을 경험하셨던 분이다. 죽음에 대해 말하는 것, 죽음에 대해 숙고하는 것은 당신을 불안에 빠트리고, 수년 전 아들 토마의 죽음에 의해 유발되었던 고통이 되살아나도록 만들었다.

그런데 그 불안과 고통이 계속되는 걸 깨닫는다는 것!

당신은 어떤 이의 침대 머리맡에 있는 아내와 두 아들을 본다. 당신은 의식은 하지만, 일어나고 있는 일을 믿는 데까지는 이르지 못한다. 당신은 떠다니신다….

지난밤부터 의식을 못하시던 반면에, 모든 일이 잘 되어 간다고 깨달으시며 정신을 되찾는 동안 당신의 유일한 관심사는 우리에게 자신이 괜찮다는 사실을 알리는 것이다. 당신은 말하기를 시도하지만, 우리 중 누구도 반응하지 않는다. "너희는 내가 하는 말을 듣지 않는 거니?" 당신은 우리를 만지고 싶지만, 그 손은 우리의 몸을 꿰뚫고 지나가고, 이것은 더욱 더 이상한 일이다. 그럼에도 당신은 육체적으로 문제가 없다고 느끼며, 또한 더 이상 고통도 느끼지 않고 몸도 가볍다. 그런데 머리가 약간 어지럽고, 상황이 자신에게 너무나 엉뚱하게 비쳐 당신은 어느 정도 혼란을 경험한다. 자신을 이해시키고 우리로부터 반응을 이끌어 내려는 동안, 당신은 정신이 흐려진다. "맙소사, 이해할 수 없는 일인걸, 너희는 귀가 먹었니, 아니면 무엇 때문이니?" 이 순간에야 당신은 아내와 아들 앞에서 침대에 누워 있는 한 남자의 야윈 몸을 주목하게 된다. 움직이지 않는 몸, 볼이 들어가고 창백하지만 자신에게 친숙해 보이는 얼굴. "아이쿠, 나란 말이야!?" 이 숨이 꺼져 간 유해에서 갑자기 자신을 알아본 놀라움 때문에 당신의 의식에서는 매우 두려우면서도 믿기지 않는 명료함이 순간적으로 생겨난다. "어떻게 나의 외부에서 나를 볼 수 있을까? 나는 죽을 수 없어. 내가 살아 있으니까 불가능한 일이야!" 당신은 이제야 막 상황을 이해하고, 동시에 언어, 관습은 물론 지형까지 모르는 낯선 나라에 버려진 아이처럼 길을 잃는다.

병원 입원실의 장식이 초라해지고, 키가 크고 밝은 표정의 친숙한 인물들이 나타날 것 같은 순간에, 아버지로서는 아무것도 모르는 나라로의 놀라운 여행이 시작된다. 아버지는 그 나라의 지도를 갖출 생각을 전혀 하지 않으셨다. 지리학자에게 이곳의 지도를 만드는 일이 가장 고난도의 작업이 될 거라고 말씀하세요….

죽는 순간과 그 직후에는 놀라움뿐이다.

저세상의 현실은 꿈의 세계와 비슷하다. '막 죽은 자들'은 이따금 지푸라기도 붙잡기 힘든 상태를 겪는다. 정체성, 장소, 상황… 모든 것이 연속해서 해체되는 듯 보이고, 생각들은 더이상 어떤 흔적도 남기는 일 없이 차례로 증발되듯 사라진다. 마치 꿈에서처럼 말이다. 반면에 죽음 이후의 어떤 다른 순간에는, 심지어는 죽음 직후에, 그들은 자신들의 새로운 상태, 곧 꿈을 본떠 차분하고, 명석하고, 행복해진 상태를 의식하며, 자신들의 신분을 알릴 수 있는 듯 보인다. 꿈에서는 이따금 아주 짧은 시간 안에 매우 다양한 감정적 상태를 겪기도 하기 때문이다….

15

문턱에까지 가다

"남자 친구 있으세요?"

올리비아는 활짝 웃음을 지으며 다시 일어나 사브리나를 바라본다. 올리비아는 지금 이 여자의 방을 청소하는 중이다. 침대에 걸터앉아 있는 사브리나는 입가에 장난기 어린 표정을 지은 채 웃으며 질문을 반복한다.

"남자 친구 있으세요?"

올리비아가 예쁜 건 사실이다. 26살에 길고 빛나는 머릿결을 지닌 이 몽펠리에 여자는 도시에 있는 대학부속병원의 소아종양과(科)에서 간호보조사로 일하며 간호사 시험 통과를 기다리고 있다.

사브리나는 더 젊다. 20살. 그녀는 암 말기 상태로, 병원에 입원해 있다. 그녀의 엄마가 그녀와 함께 있다. 매일 그녀의 가족이 번갈아 가며 그녀 침대 머리맡을 지킨다. 사브리나는 진통제 덕에 기분이 나아진 걸 느끼는데, 올리비아가 방으로 들어온 이후부터 대화는 사적인 주제로 빨리 옮겨 간다. 죽음이 다가옴에 따라, 사브리나는 삶에 관해, 사랑에 관해, 보다 가벼운 주제에 관해 말하는 걸 듣고 싶다. 사춘기 이후로 그녀의 일상은 병치레로 특징지어진 것이다. 올리비아는 이 만 남을 다시 떠올린다.

"그 애는 만나는 사람마다 독신인지 아닌지를 물었어요. 호기심을 채우기 위해서였죠."

올리비아는 그녀에게 대답하기를 주저한다. 어린이와 청소년이 대개는 중병 때문에 치료를 받고 있는 이 과에서, 사브리나의 입원 기간이 매우 길어지고 있다. 공식적인 진단을 받은 병이 그녀의 몸을 덮친 지 3년째다. 모든 사람이 사브리나가 이 병원을 걸어서 나가지 못하리라는 걸 알고 있다. 치료는 소용이 없었고, 암 덩이는 더욱 커졌다. 비록 이 어린 아가씨가 언제 떠날지 아무도 모르지만, 상황은 끝이 났다. 수 주간 질문이 이어진 다음, 그녀는 완화 치료에 들어갔다.

대부분의 시간 동안 올리비아는 꽤나 빨리 방을 옮겨 다닌다. 그사이에 입원해 있는 환자와 몇 마디 말을 주고받는다. 그녀가 방을 이동하는 리듬 때문에 이런 일이 일어나고, 그녀에게는 이렇게 하는 것이 고통스럽다. 하지만 올리비아에게 이런 인간적인 접촉은 중요하다. 특히 이런 과에서는 말이다. 그래서 그날도 올리비아는 시간을 낸다. 사브리나의 엄마는 곧 두 여자의 수다에 끼어든다. 올리비아를 주저하게 만드는 주제가 등장할 때까지 말이다.

"그 애가 사귀는 남자가 있는지 물었을 때, 저는 당황했어요, 분위기를 망치고 싶지 않았어요."

"무슨 뜻이죠?"

"제게 남자 친구가 있다고는 말할 수 없었어요, 암으로 죽어 가는 소녀 앞에서, 제가 어떻게 내 남자 친구가 암으로 죽었다고 말해야 할지 정말 몰랐어요."

"아, 그렇군요!"

"결국에는 솔직하게 고백을 했어요, 그리고 사실 이 일 때문에 우리는 조금 더 가까워졌어요, 그 애와 어머니가 저 역시 병든 사람과 가까이 지냈다는 걸 알았기 때문이죠. 그 두 사람은 제게 남자 친구 곁에 끝까지 있었느냐고 물었어요. 저는 그랬다고 했어요."

올리비아의 연인인 고티에는 2년 전에 죽었다.

"그 두 사람은 내가 무언가를 믿는지 알고 싶어 했어요…."

"죽음 이후의 삶 말인가요?"

"예… 우리는 매우 자유분방하게 얘기를 했어요, 저는 이래도 된다고 느꼈어요, 그래서 제게 있어서는 삶이 거기서 멈추지 않는다는 게 명백하다고 그들에게 말했어요…."

올리비아는 남자 친구가 죽음 이후에도 계속 자기 옆에 있다는 인상을 받았다고 그들에게 자연스럽게 고백했다. 그녀는 세부적인 내용으로 들어가지 않고, 고티에 때문에 생겨난 듯한 신호들, 그에 관해 꾼 꿈들을 언급했다. 이 병원 직원의 성실성과 감정으로 말미암아, 사브리나의 말문도 터졌다. 4년 전, 이 어린 아가씨는 그토록 좋아하던 할머니를 잃었다. 이 죽음이 너무나 큰 마음의 동요를 일으켜서, 사브리나는 암에 걸린 것과 이 죽음으로 인한 감정적 충격을 연관시킨다. 그녀의 할머니는… 이후로 꿈에 나타난다.

"그 애는 할머니에 대한 꿈을 지속적으로 꾸고 있다고 제게 고백했어요. 그 애는 제게 말했죠. '저는 그분을 보고, 그분을 느껴요, 그분은 바로 여기에 있어요, 그분은 제 손을 잡고 저를 안심시켜요, 왜냐하면 제가 두려움을 가질 필요가 없기 때문이죠. '나의 아가야, 불안해하지 말거라!' 그분은 제 손을 놓지 않고 얘기했어요, 제가 곧 그분과 만나게 될 거라고요, 그리고 그분이 저를 데리러 올 거라고요. 두 사람이 곧 다시 만나게 될 거라고요.' 그 애에게는 그것이 정말로 꿈이 아니라, 어떤 확신, 어떤 깊은 직관이었어요… 그 애의 마음이 매우 차분한 것은 아마도 이런 이유 때문일 거예요."

"그 애의 마음이 차분하다는 걸 어떻게 아셨나요? 그 애는 자신의 상태가 위중하다는 걸 알고 있었나요?"

"아, 예. 그리고 모든 상황에도 불구하고, 그 애의 마음은 평화로웠어요, 이런 사실은 심지어 간호사들도 놀라게 했어요."

그렇다고 해서 두려움의 순간을 없애지 못한다는 것이 명백하더라도, 사브리나는 운명의 수용 단계에까지 이른 듯 보인다. 의사들은 가족에게 더 이상 치유의 희망은 없고, 이제부터는 완화 치료로 고통을 최대한 줄이고 있다고 말한다.

양가성. 감정의 커다란 균열. 사브리나는 두려움의 순간과, 상태가 악화되어 가는 걸 잘 의식하고 있었음에도 불구하고 그렇게 침착함을 유지하는 걸 믿지 못하겠다는 간호사들을 대경실색케 하는 순간을 번갈아 살고 있다. 돌아가신 할머니의 심야 '방문'은 이 어린 아가씨가 마음을 평화롭게 유지하는 데 여지없이 큰 역할을 하고 있다. 올리비아도 깊은 인상을 받는다.

"그 애는 꿈에서 자신을 보러 오는 건 정말로 할머니라고 알고 있고, 그렇게 느끼고 있어요. 그 애 어머니는 제게 확언해 주었어요. 사브리나가 몇 주 전부터 어머니에게 반복해서 말했대요. '엄마, 나는 내가 떠나리라는 걸 느껴, 내 차례가 될 거야, 할머니는 나 혼자 떠나기를 원치 않으셔, 할머니가 나를 놓아주지 않을 거야….'"

올리비아는 방에 무한정 머무를 수 없어 사브리나와 그녀의 엄마 곁을 떠나야 한다. 올리비아는 일이 끝나면 다시 들르겠다고 약속한다. 비밀스럽게 약속을 하는데, 이런 역할은 그녀의 일이 아니기 때문이다. 그럼에도 서로 자연스럽게 주고받은 이 몇 마디 말 때문에 대화는 희망으로 가득한 것이 됐다. 연인의 죽음과 애도의 시기를 겪은 젊은 여인과, 병마와 마주한 채 순전히 기술적인 의학적 접근 방식의 차가움을 넘어 간절히 소통을 필요로 하는 다른 여인 사이에서 단순하지만 본질적인 공유 관계가 맺어진다. 그리고 깊은 차원의 인간적인 말이 오가는데, 이러한 집단에서는 매우 보기 드문 것이다.

올리비아는 분노한다. 그녀가 의학계에 발을 들인 지 이제 3년이 되고, 소아종양과에서 일한 지는 몇 개월이 되는데, 그녀는 동료들끼리, 그리고 환자와 죽음에 관해 얘기하는 것을 엄격하게 금지시키는 걸 이해하지 못한다.

"죽음은 쉽게 접근할 수 있는 주제가 아니에요. 그러나 우리는 매일 죽음 곁에서 살고 있어요. 그것은 여기에, 우리의 얼굴 앞에 있어요! 사브리나는 곧 떠날 거라는 걸 잘 알고 있었고, 자신의 건강이 점점 더 나빠지는 것을 보고 있어요. 그녀는 마지막 순간의 혜택을 경험하고 있죠… 하지만 의사나 간호사 누구도 이런 사실에 관해 감히 말하려고 하지 않아요. 이것은 기만이에요. 그런 사실에 관해선 일종의 터부가 있어요."

"심리학자와 완화 치료를 하는 그룹을 말씀하시는 건가요?"

"저는 일반적으로 그들이 생애 말기와 관련된 물음을 상당히 고전적인 방식으로 접근하고 있다고 생각해요. 그들은 죽음, 죽음이 진전되는 상황, 영적인 것에 관해 말하지 않아요. 만일 병이 계속 지속되는 상황이라면, 그런 것들에 관해 말해야 한다고 생각해요, 아닌가요? 뭐, 저도 대단한 경험은 하지 않았어요, 저는 단지 남자 친구와 끝까지 함께 있었을 뿐이에요."

올리비아의 지적은 진지하다. 빈정거림이 전혀 없다.

이어서 몇 주 내내, 올리비아가 사브리나를 방문하는 횟수는 크게 늘어난다. 그녀는 늦은 오후에 그녀의 일을 사브리나와 함께 마무리하는 습관을 갖게 된다. 그런데 대부분의 시간 동안 이 어린 아가씨는 통증과, 그리고 통증을 완화하는 치료 때문에 반수 상태에 빠진다. 그래서 단순한 말을 주고받기도 어렵다. 이 아가씨의 상태를 예측하는 것이 갈수록 힘들어진다. 그녀는 어떤 날에는 의식이 뚜렷하다가도 다른 날에는 참을 수 없는 고통을 겪는다. 심지어 하루 중에도 시간대에 따라 이런 상태의 변화를 겪기도 한다. 이렇게 통증이 심할 때면 그녀는 진정제를 맞는다.

올리비아와 처음으로 말을 주고받은 지 한 달이 막 지난 어느 아침에 사브리나는 죽는다. 평화롭게 잠을 자다가 죽음을 맞는다.

아마도 할머니의 팔에 안긴 채로….

그 이후 한 달 동안, 이 병동의 몇몇 간호사들은 사브리나의 꿈을 꾸었다고 고백한다. 그녀는 이런 식으로 한 간호보조사에게 '와서 말한다.' 자신은 잘 지내고 있다고, 그런데 떠날수밖에 없었다고… 평소에는 이런 종류의 주제에 거의 관심이 없던 올리비아의 동료를 크게 당황하게 만든 꿈이다.

"비록 우리는 보호받고 있고 멀리 떨어져 있다고 생각했지만, 그 애의 죽음은 저를 많이 동요시켰어요…."

"사브리나와 나눈 대화, 그리고 보다 일반적으로는 그 병동에서 죽음과 함께 있다는 사실 때문에 생활하는 것이 힘들지 않나요? 분명, 당신의 죽은 남자 친구에 대한 기억이 보다 생생해질 텐데요."

"불가피한 일이에요. 더구나 가까운 이들이 나 자신을 보호해야 될 거라고 제게 말해요. 그들은 제가 그런 상황을 어떻게 겪고 있는지 이해를 못해요. 왜냐하면 저는 잘 겪고 있으니까요. 누구라도 저와 같은 상황을 겪은 이후에는 불안해질 거라고 생각할 수 있어요. 하지만 이상하게도 저는 제가 소아종양과의 그 자리를 제안 받았던 것이 우연은 아니라는 생각이 들어요. 그것은 제가 남자 친구를 통해 경험한 것과 연관이 있어요."

올리비아는 고티에와 아름다운 사랑을 나눴다. 짧은 사랑, 그런데 사랑이 기간으로 측정될 수 있을까? 고티에는 죽었을 때 24살이었다. 그는 파티시에[과자를 만드는 사람]였고, 파리의 유명한 브리스톨 호텔에서 일하고 있었다. 그는 셰프가 되기를 바랐다. 그는 프랑스 2에서 방영되는 〈누가 미래의 최고 파티시에가 될까?〉의 2번째 시즌에 출연했었다. 다른 사람들보다 젊었던 이 푸른 눈의 미남자는 준결승전까지 진출했다.

올리비에와 만난 지 얼마 안 되는 2014년 6월, 병 진단이 내려졌다. 그때부터, 삶은 멈추었다.

"그런데 이상하게도 그는 매우 침착했어요…."

거리 — 그는 파리에 살고, 그녀는 몽펠리에에 산다 — 와 병에도 불구하고, 올리비에와 고티에는 강렬한 사랑을 나눈다. 그녀는 둘이서 맺은 약속을 잘 지켰다. 올리비아에게는 자명한 일이었다. 그녀는 그가 나을 때까지 옆에 있을 거라고 다짐한다.

하지만 화학요법, 그리고 11월의 수술에도 불구하고, 고티에의 건강 상태는 악화된다. 이 젊은 육체 안에서 병은 매우 빨리 진척된다. 12월 초, 고통에서 벗어나기 위해, 그는 인위적으로 잠에 빠진다. 의사들은 며칠 동안 잠을 잘 거라고 말했다. 그런데 그는 잠에서 깨어나지 못한다. 그는 2015년 1월 15일 잠을 자다 숨을 거둔다.

올리비아는 끝까지 그와 함께 있었다. 계속 이어진 드물고 아름다운 관계 속에서….

"그가 떠난 이후로, 저는 그가 사실 나와 함께 있다는 인상을 갖고 있어요… 처음에, 그러니까 그의 죽음 이후 이삼 일간, 저는 정말로 그가 나와 함께 있다는 인상을 받았어요. 어떻게 설명해야 할지 모르겠어요. 저는 어떤 존재감을 느꼈어요. 마치 그가 관찰하는 것 같았어요."

"마치 그가 당신을 관찰하는 것 같았다고요?"

"이 감각을 이야기하기에 적당한 말을 찾기가 정말로 어렵네요. 지각 가능한 신호가 없었기 때문이에요. 하지만 저에게는 그가 존재했어요. 아주 초기에는 그를 꿈에서 그렇게나 많이 보았어요."

"어떤 꿈이었나요?"

"제가 아주 깊은 잠에서 깨어난다는 느낌을 갖고 한밤중에 깨어날 때가 있었는데, 이때 제가 그에게 말하는 소리가 들렸어요. 사실은, 제가 그에게 말하고 있다는 걸 알고 있었어요…."

"꿈에서요?"

"저는 방금 그에게 말을 했다는 걸 알고 있었어요. 제가 깨어나 일상의 의식을 되찾자 모든 것이 단절되었고, 저는 꿈에서 막 일어난 일을 잊었지만, 그에 관한 꿈을 꾸었다는 것은 알고 있었어요. 어떤 밤에는, 저는 매우 겁을 먹고 깨어났어요. 꿈에서 그가 자신의 죽음과 관련된 무엇을 내게 보여 주거나 설명하려고 한 것 같았기 때문이에요. 저는 그것을 기억해요. 저는 두려워서 거부했어요. '아니, 그것은 너무 충격적이야, 내게 보여 주지 마, 나는 준비가 안 됐어.' 그러고는 저는 깨어났어요. 이어서 저는 꿈의 핵심적인 내용을 잊어버렸어요. 하지만 어떤 강력한 느낌이 남아 있었고, 이런 일이 몇 차례에 걸쳐 일어났어요."

"몇 차례에 걸쳐서요?"

"예. 몇 번 저는 그가 제게 어떤 메시지를 전달하려고 노력한다는 인상을 받았어요."

"그 꿈들에 대해 어떻게 생각하세요? 정말로 그였다고 생각하세요?"

"저는 그 점에 관해 100퍼센트라고 확신하고 싶어요. 하지만 직관이에요. 사실, 고티에와 관련해선, 제가 실제적인 증거를 갖고 있다고 말할 수는 없어요. 제가 갖고 있던 건 오히려 꿈이나, 사람들이 신호라고 부르는 것, 아니면 우리의 내밀한 확신에 직접 와 닿아 마음을 동요시키는 공시성이에요. 이런 것들은 사적인 것이에요, 그래서 명백히 세상 모든 사람에게 설득력을 지닐 수 없을 거예요. 하지만 그것은 이상하면서도 유익한 감각이었어요. 그런 인상을 받을 때마다, 저는 미소를 짓게 돼요…."

올리비아에게 있어서 가장 주목할 만한 경험은 고티에의 죽음 직후에 일어난다. 그녀가 파리에서 몽펠리에에 있는 그녀의 아파트로 돌아왔을 때였다. 고통은 심했고, 결핍감과 분노역시 그랬다. 슬픔으로 가득한 그녀는 얼마 전부터 가족을 보지 않았다.

그날 밤, 올리비아는 거실 구석에 있는 텔레비전을 소리가 들리도록 켜 둔 상태에서 방으로 갔다. 그녀는 영화를 보며 생각을 바꿔 보려 했던 것이다. 그녀는 생각에 잠겨 있다가, 텔레비전 소리가 높아지는 걸 들으며 깜짝 놀란다.

"저는 지어낸 얘기를 하는 게 아니에요, 선생님께 확실히 말씀 드리는 거예요, 저는 환각제를 먹은 게 아니에요, 정말로 텔레비전 소리가 갑자기 높아졌어요."

더구나 마음이 움직이듯, 거실로 가려고 하는 그녀는 그곳으로 떠밀리는 자신을 느낀다.

"저는 속으로 말했어요. '텔레비전을 보러 가, 텔레비전을 보러 가, 거실에서 일어나고 있는 일을 보러 가.'"

텔레비전은 올리비아가 흥미를 못 느끼던 영화의 끝 장면을 보여 주고 있다. 이미지는 특이하게 빛나는데, 세피아 색(色)은 선명하고 따뜻한 느낌을 준다. 한 여인이 등을 보인 채로 길 위에서 멀어져 가는 동안, 화면에 보이지 않는 저음의 남성 목소리가 독백으로 이어진다. "제가 알던 여자 친구에게 감사의 마음을 느낍니다. 당신이 저를 돌봐 준 것처럼 그녀도 돌봐 주세요." 올리비아는 몸이 굳어진다. "제가 지상에서 시간을 낭비하지 않았다는 것을 알기 때문에, 저는 평화롭게 쉴 수 있을 겁니다. 저는 공정한 싸움을 해왔습니다. 저는 길에서 벗어나지 않았습니다."

"이 말은 저를 정말로 동요시켰어요. 그것은 저에 관한 말이었어요! 그리고 특히 왜 그 순간에 텔레비전의 소리가 갑자기 높아졌을까요? 저는 어떻게 그런 일이 일어났는지 이해할 수 없어요. 너무나 놀라운 일이에요."

그녀는 인터넷에서 검색한 결과, 그 영화가 앨버트 휴즈와

앨런 휴즈 형제가 감독한 〈엘리의 책〉이라는 걸 알게 된다. 엔딩 크레딧 직전의 마지막 장면에서, 밀라 쿠니스가 배역을 맡은 여주인공 솔라라는 화면에서 사라질 때까지 해가 저무는 도로를 걷는다….

"제가 알던 여자 친구에게 감사의 마음을 느낍니다. 당신이 저를 돌봐 준 것처럼 그녀도 돌봐 주세요."

"텔레비전 앞에서 저는 크게 혼란을 느꼈고, 눈물을 흘렸어요. 저는 무슨 일이 일어나고 있는지 이해를 할 수 없었어요."

그녀의 자동적인 첫 반응은 곧장 누군가에게 모든 것을 이야기하기 위해 휴대폰을 집는 것이었다.

"하지만 즉시 저는 제 자신이 너무 어리석다는 느낌이 들었어요. 왜냐하면, 어떻게 제가 이런 일을 설명하겠어요? 텔레비전 소리가 갑자기 높아졌고, 제가 그 말을 들었다는 문자 메시지를 보냈어야 했을까요?"

"그러면 당신이 한 일은 무엇이죠?"

"여동생에게 얘기를 했어요. 저는 이 일을 누군가와 공유할 필요가 있었어요, 제게는 그토록 강렬한 경험이었어요."

"여동생은 어떻게 반응하던가요?"

"그 애는 저를 약간 미쳤다고 생각하는 것 같았어요. 반대로 어머니는 제 생각에 동의하시면서, 그런 일은 사람을 상당히 당황케 하지만 또한 아름답다고 판단하셨어요. 의혹은 우리 사이에 계속 남아 있을 거예요. 사실, 희망도 마찬가지에요. 의혹과 희망은 밀접하게 연관되어 있어요. 희망은 항상 남아 있어요, 심지어 아무런 일이 일어나지 않을 때에도, 결코 다시는 일어설 수 없다고 생각한 때에도… 저는 고티에와 있을 때 희망을 경험했고, 병원에서 환자들의 가족에게서도 그것을 봤어요. 절망에도 불구하고, 희망은 결코 죽지 않아요. 그것은 우리가 버틸 수 있게 해 주죠. 그런데 의혹 역시 언제나 조금은 남아 있어요."

"예… 그 유명한 의혹. 저는 시간이 지나면서 그것이 사라진다고 생각해요. 그것은 우리의 두 가지 뇌 사이에서 일종의 균형이 이뤄질 때 생겨납니다. 애도는 이성적인 물음의 길을 따라가면서, 독서나 탐구를 통해 우리의 질문에 대답하기를 시도하면서, 우리가 보살필 수 있는 상처입니다. 그리고 여기서 의혹이 필요해요, 왜냐하면 그것이 우리를 보호해 주니까요. 이어서 다른 길이 있습니다. 앞서 언급한 길과 비슷하지만, 보다 내밀하고, 영적이고, 진정으로 각자에게 고유한 길입니다. 그런데 신호나 미묘한 감각에 대해 수용력을 갖추기 위해서는 아마도 그러한 것들이 가능하다는 것을 받아들이는 일이 필요할 겁니다. 그리고 의혹은 '증거'뿐 아니라 심정의 변화와 함께 없어진다는 걸 이해하는 것도 필요할 겁니다."

"그러니까, 기쁨이나 희망에 가득 차 있는 어떤 상황에서, 무슨 일이 일어나고 있다는 걸 아는 순간을 이용할 필요가 있다는 거죠?"

"정확합니다. 당신이 그의 죽음 이후로 매우 빈번하게 느꼈다고 말한 고티에의 존재감을 증명할 수 있는 건 아무것도 없을 겁니다. 그럼에도 그 존재감은 당신의 경험 과정에서 중요했습니다. 비록 당신이 일부 의혹을 계속 지니고 있다 하더라도 말입니다."

"예. 제 의혹은 저에게 질문을 하고, 또한 모든 것을 의심하고 아무것이나 믿지 않도록 하는 데 도움을 줬어요. 하지만 저는 그것이 정신적인 차단이 되어선 안 된다고 생각해요… 제 의혹에도 불구하고, 제 안의 무언가는 고티에가 제 옆에 있다는 걸 알고 있어요."

올리비에와 이야기를 나눌 때, 그녀 안의 무엇이 나를 놀라게 만든다. 나는, 비록 고티에가 죽은 지 2년 이상이 되었지만, 그녀와 그의 관계가 현재에 각인되어 있다는 느낌을 받는다. 그렇다고 이 살아 있는 관계가 그녀에 대해 죽음의 부정, 죽음의 거부를 의미하는 건 아니다. 반대로, 올리비아는 연인의 떠남을 수용한 동시에 생명력을 발산한다. 비록 그녀의 시선이 이따금 조금 우울한 빛을 띠더라도 말이다.

24살에 죽음을 겪어 보았다는 건 그 흔적을 남긴다. 그런데 이 젊은 여인 안에는 죽음의 문턱에까지 가까운 이를 동반한 사람들에게서 고유하게 찾아볼 수 있는 성숙함과 부드러움, 현실에 대한 완전하고도 솔직한 수용의 태도가 동시에 있다. 그녀의 내면에는 기쁨, 감동, 젊음, 찬양도 있다. 또한 무구한 사랑의 관계에서 나오는 힘이 있다.

현재에 존재하는 사랑. 살아 있는 젊은 여인과 다른 곳의 영적 존재가 된 젊은 남자 사이의 사랑.

현재, 올리비아는 병원을 떠났다. 그녀는 파리에서 다시 공부를 시작했다. 그녀는 과자 만드는 법을 배우고 있다.

16
죽음을 수용하기

실비 우엘레와 함께 본 대로, 일단 자신의 죽음이 발생할 때 그것을 의식하는 것이 첫 번째로 중요한 단계가 될 것이다. 우리는 영혼 — 이것을 '우리 존재의 미묘한 차원'이라고 부르자 — 이 몇 달 앞서서 죽음을 준비한다는 사실로 인해, 죽음을 의식하는 데 있어 도움을 받을 수 있을 것이다. 그런데 육체적인 측면에서 죽는다는 것을 의식하는 일이, 일종의 자동 제어를 받듯이, 반드시 죽음을 수용하는 태도로 이어지는 걸까? 죽음에 동의하지 않을 수도 있을까? 집착으로 인해 사랑하는 사람, 배우자, 특정한 장소 등을 떠나길 거부한다는 말이 있지 않은가?

자신의 죽음을 수용한다는 건 무엇을 의미할까?

그런데 대개 우리는 우리에게 가장 중요한 것으로 보이는 몇 가지를 나중에야 도로 가져가는 데 매우 많은 시간을 보낸다. 이런 우리가 후회, 그 유명한 후회, 생애 말기에 그렇게나 빈번하게 표현되는 후회를 안고 저 반대편에 도착하는 거라고 상상하는 것이 합당하지 않을까? 아마도 감정적인 측면이 우월한 이런 요소들이 우리의 새로운 상태를 수용하는 — 어느 정도 비중이 큰 — 우리의 능력에서 어떤 역할을 담당하고 있을 것이다.

죽음의 순간과 그 직후의 의식 상태가 결정적인 것은 아닐 거라는 사실을 염두에 둘 필요가 있다. 우리는 무의식적인 상태에서 저 반대편에 도착할 수 있고, 몇 초간, 심지어 며칠간 그러한 상태로 남아 있을 수 있지만, 변경할 수 없는 것은 전혀 없다. 어떤 순간에 계기가 생겨나 우리가 다른 편 지도로 건너왔다는 것을 깨닫게 한다. 이때 우리는 일을 시작할 수도 있고, 변화를 시작할 수도 있고, 우리를 기다리는 '길'을 따라가기 시작할 수도 있다. 마찬가지로, 우리는 죽었다는 걸 의식할 수도 있고, 다양한 시기에 걸쳐 죽음을 거부할 수도 있다. 계속 거부하는 한 나아가지 못하겠지만, 그렇다고 영원히 고정된 자세로 남아 있는 벌을 받는 건 아닐 것이다. 살아 있을 때, 앞으로 나아가지 못하게 하는 시련 때문에 고통이나 불안을 겪는 것과 다소 비슷하다. 문제를 인지하지 못하는 한, 문제의 역동성을 이해하지 못하는 한, 문제를 해결하지 못할 것이고, 더 심하게는 변화를 하지 못할 것이다.

죽음 이후에 일어나는 일은 이 세계에서의 삶의 방식의 연장인 듯 보인다.

하나: 이 세계에서 우리의 길을 차단하는 것의 본성을 이해하기.

둘: 궁극적으로는 앞으로 나아가기 위해 그 본성을 수용하기.

실비 우엘레가 보기에, 우리가 죽는다고 해서 위대한 현자가 되는 건 아니다. 죽음 이후에 그런 상태를 획득하기 위해서는 한 평생 내내 그런 방향으로 작업을 해야 할 것이다. 죽음 그 자체는 '단지' 우리가 건너가는 통로일 뿐이다.

그녀는 분명하게 말한다. "우리는 우리의 물질적인 육체를 버리지만, 처음에는 우리의 내면 세계, 우리의 감정, 우리의 생각이 정확하게 그대로 남아 있어요. 저는 이해를 돕기 위해 자주 다음의 예를 드는데, 이 예는 메커니즘을 예증하는 것으로 봐야지, 상황에 대해 심판을 내리는 것으로 보면 안 됩니다. 알코올중독으로 죽은 사람이 저 반대편에 도착하면, 일반적으로 곧장 빛을 찾지 않고 술집을 찾기 시작해요⋯."

"그것은 우리의 영혼이 몇 개월 앞서서 죽음을 준비한다고 말하는 것과 모순되는 것 아닌가요? 그리고 우리는 저 반대편에서 도움을 받을 수 없나요?"

"도움을 받을 수 있어요, 그런데 그렇게 하기 위해선, 우리를 도우러 오는 사람들을 봐야 해요. 그런데 술을 마시고 싶거나, 재산이나 사람에게 과도하게 집착하게 만드는 감정적인 충동들이 우리의 생각을 방해하고, 모든 외부의 도움에 눈감게 만들 수 있어요."

이 관념은 『티베트 사자의 서(書)』의 핵심 내용이다. 우리의 감정 — 이것의 영향은 물질적인 육체의 부재로 인해 죽음 이후에 악화된다 — 은 일시적으로 우리를 눈멀게 하는 사고 체계를 만들어 낼 수 있다. 티베트 사람들에게 죽음은 우리의 감정이 우월성을 얻게 되는 변신, 해체의 순간이다. 우리의 지상의 삶에서 진정시킬 수 없었던 분노, 욕망, 두려움은 삶에서 죽음으로 이행할 때 마법에 걸린 듯 사라지는 것이 아니고, 저 세상에 우리가 첫발을 내딛을 때 중심적 역할을 담당할 것이다.

"제가 잘 이해하고 있다면, 우리는 죽는 순간에 심리적으로 동일한 존재로 남지만, 변화하지 않는 건 아닙니다."

"물론, 그래요, 영원한 것은 없어요. 알코올중독자는 충동적인 의존 성향 때문에 판단력이 흐려져 술집을 찾지요. 그런데 저 반대편에 더 이상 술은 없어요, 그래서 그는 의존 성향 때문에 고통을 겪게 되죠, 그 욕구를 채울 수 없으니까요. 따라서 한동안 그는 알코올중독자들의 에너지와 결합할 겁니다. 그는 이런 식으로 대리로 술 마시기를 시도하다가, 그의 내면에서 어떤 계기가 생겨납니다. 이 순간에, 그는 자신의 문제를 비판적으로 보게 되고 알코올중독의 메커니즘을 의식하게 될 겁니다… 저는 알코올에 대해서 말하지만, 우리는 온갖 종류의 욕망에 의해 판단력이 흐려지고, 우리의 감정을 투사하는 행위 속에서 악순환을 맞을 수 있어요."

이 혼란의 시기가 얼마나 지속되는지는 우리를 고통스럽게 하는 충동의 강도에 따라 달라진다. 지상에서 우리를 잡아 두었던 집착, 욕망, 믿음에서 점차 벗어나는 데에는 시간이 필요하다. 그런데 『티베트 사자의 서』의 이 가르침은 임사 체험 (Expérience de Mort Imminente)에 관한 이야기와 다르며, 나는 이 문제를 실비에게 솔직하게 말한다.

"임사 체험을 한 사람들은 예외 없이 죽음을 절대적 행복의 공간, 사랑의 빛처럼 묘사해요. 알코올중독자건, 배관공이건,

변호사건 할 것 없이 말이죠….”

"경험의 본성이 전적으로 다르기 때문이에요. 긍정적인 임사 체험은 우리에게 육체를 벗어나 변화된 어떤 의식의 상태에 이를 수 있는 가능성을 제시해요. 만일 그 주체가 집착을 벗어나 수용하는 단계에 있다면, 죽음 이후에도 그 상태에 도달할 수 있어요. 그런데 임사 체험은 죽음 이후에 체계적으로 일어나는 일을 전부 드러내는 건 아니에요. 미묘한 차이는 수없이 많아요. 그리고 수용을 하고 집착을 벗어난 사람들에게 임사 체험은 죽음 이후에 일어나는 일의 어떤 현실에 상응할 수는 있지만, 일어나고 있는 일을 의식하지 못하는 사람이나 죽음을 거부하는 사람에 대해선 경우가 그렇지 않아요.”

"당신이 말한 바에 의하면, 임사 체험은 죽음을 잘 보여 주는 것이 아닌가요?”

"아니에요. 에너지의 목적과 과정이 달라요. 임사 체험은 의식이 열리게 하고, 이어서 경험의 주체가 삶에 대해 변화된 시각을 갖고 지상으로 돌아오도록 하기 위해 영혼에 의해 '일어나는 거예요.' 죽음으로 말하면, 결정적으로 '지상'을 떠나게 합니다. 죽음은 육체와 물질로부터의 이탈이 이뤄지도록 에너지를 지닌 육체가 긴 준비를 하게 해요. 임사 체험에는 이런 준비 과정이 없어요. 그 목적이 육체에 그대로 머무는 것이니까요.”

"죽은 자와 접촉한 영매의 이야기와 임사 체험을 겪은 사람의 이야기가 이따금 현저하게 다른 것은 그런 이유 때문이군요.”

"정확해요. 영매들은 이따금 임사 체험의 빛나는 분위기와는 거리가 아주 멀어 보이는 상황을 언급해요."

사실, 이런 차이는 나를 수없이 놀라게 했다. 그런데 실제로는, 만일 임사 체험이 저세상에서 일어나는 일의 핵심 시나리오가 아니라는 걸 고려하면, 그런 차이는 설명될 수 있을 것이다. 그런 차이는 몇몇 연구가, 의사, 심리학자의 생각과 일치할 뿐 아니라, 불교, 심지어 샤머니즘의 가르침들과도 일치한다. 이 가르침들에서는 임사 체험을 저세상에 대한 표준화된 시각을 갖게 해 주는 경험이라기보다는 영적인 깨어남의 경험인 것처럼 간주한다. 임사 체험은 죽음에 대한 결정적이고도 공통된 묘사를 제시할 수 없을 것이다. 우선, 죽음이 불가역적인 현상인 반면에, 임사 체험에서는 증인이 이 세계로 되돌아오기 때문이다. 그렇다면 어째서 돌아오지 않는 사람들 ― 죽은 사람들 ― 이 같은 경험을 한다고 가정할 수 있을까? 비슷한 의미를 띠는 다른 요소가 있다. 심장마비를 경험한 사람 중 20퍼센트만이 임사 체험을 경험했다고 보고한다. 이것은 심장마비를 경험한 사람, 따라서 잠재적으로 죽어 가기 시작한 사람 중 80퍼센트는 상황이 다르다는 것을 의미한다. 그들에게는 기억도, 빛도 아무것도 없다. 단지 무의식적 상태에 있었을 뿐이다. 어떤 경험을 했다 하더라도, 그에 대한 기억이 남아 있지 않다. 우리가 매일 밤 꾸지만 어떤 의식적인 흔적도 남기지 않는 그 수많은 꿈처럼.

따라서 아마도 다음과 같이 전제하는 것이 보다 공정할 것이다. 곧 우리는 삶 속의 모습 그대로 죽음에 이르고, 인간 존재가 다양한 만큼이나 그 특징은 다양하다. 죽음 직후에, 우리는 한동안 죽음을 의식하지 못할 수도 있다. 혹은 의식은 하지만 거부하거나, 갑자기 죽은 것에 분노할 수 있다. 혹은 혼란을 겪거나 길을 잃었다고 느끼거나 어디로 가야 할지 모를 수 있다. 혹은 죽음은 수용할 수 있지만 새로운 길로 나아가기를 원하지 않을 수 있다. 혹은 매우 피곤함을 느껴 잠의 필요성을 경험할 수 있다. 끝으로, 임사 체험을 한 사람들이 보고하는 것과 같은 빛나고 사랑으로 가득한 상태에 이를 수 있다. 심리적 조건만큼 많은 수의 시나리오가 있다.

모든 사람에 대해 빛나고 사랑으로 가득한 유일한 유형은 존재하지 않는다. 죽음이 순진한 사람들의 천사 같은 세계로 자동적으로 들어가는 걸 의미하지 않는다.

그런데 다음의 사항을 강조하는 것이 중요하다. 곧, 무슨 일이 일어나건 간에, 아무것도 영원히 고정되어 있지 않다. 우리의 행복한 순간과 우리가 대면하는 도전이 보다 큰 평정심에 필요한 변화로 이끄는 통로가 되는 지상의 모습과 똑같다. 삶의 어떤 경험에서건 간에, 죽음에 이르는 방식이 어떠하건 간에, 항상 자신의 실수를 의식하고 변화할 수 있는 것과 같다.

죽음은 변신, 곧 물질적인 상태로부터 비물질적인 상태로 이행하는 순간이다. 이때 우리의 장점과 단점을 지니고 이행한다. 혼돈 속에서 사는 사람들이 있는 것처럼, 죽은 자들은 혼돈에 빠진 채 저 반대편에 도착한다. 어떤 사람들은 자신들의 지상의 삶 속에서 명석하고 기쁨에 차 있다가, 죽음과 동시에 호기심에 차고 흥분된 채로 태어난다. 매 경우가 유일하고 시간에 따라 변화한다.

"아기가 태어날 때와 비슷해요, 처음 순간에 그 아기가 반드시 훌륭한 삶을 살 거라고 확언하는 것은 불가능하죠. 그것은 삶의 여정에서 마주치는 일의 선택에 달렸어요. 반대로, 자신을 상대로 작업을 하면, 열린 태도와 희망을 가지면, 아이가 커 가며 자신의 안내자와 연결되는 법과 현실의 본질을 아는 법을 배울 수 있게 될 거라고 말할 수는 있어요. 예, 이런 조건에서는 그 애의 삶이 빛을 향해 있을 수 있을 겁니다. 하지만 태어나는 모든 아기에 대해서는 아무것도 자동적이지 않고 동일하지 않아요."

"예, 그런 관점에서 보면 명백한 일이죠."

"내적인 평화, 평정심, 빛을 마련해 주는 건 죽음이 아니라고 염두에 두는 것이 중요해요. 일반적으로, 이런 존재의 상태는 삶 전체에 걸쳐 발달을 하죠. 정말로 사멸하는 유일한 것은 육체에요. 우리의 생각과 감정은 현재의 상태 그대로 남아 있어요. 그것들은 죽는다는 단순한 사실에 의해서가 아니라 의식적인 노력을 통해서만 변화해요."

내게는 이 지적이 가장 중요한 것으로 보인다. 우리는 죽는다는 단순한 사실에 의해서가 아니라 의식적인 노력을 통해서 변화한다.

이 주제와 관련해, 나는 사람들이 삶의 선택에 대한 해답을 죽은 자들에게서 얻을 희망으로 영매를 찾는다는 사실에 항상 놀라워했다. 내가 아는 대부분의 영매는 나의 이런 태도를 알면 절규한다. 죽음은 죽은 자를 영적인 안내자로 바꿔 놓지 않는다. 영적인 안내자에 이르는 길은 길고 험난하다. 만일 당신이 아버지가 살아 있을 때 규칙적으로 아버지에게 조언을 구했고 그분이 당신에게 양식 있고 지혜로운 대답을 해 주셨다면, 죽음 이후에도 계속 그렇게 해 주실 것이다. 이때 그분의 조언이 당신에게 이르는 방식에 주의를 기울일 필요가 있다. 만일 영매를 통한 것이라면, 주의하라! 영매는 중개자, 인간, 과오를 범하기 쉬운 사람이다. 그는 잘못 생각하거나, 죽은 자가 말하는 것을 잘 이해하지 못하거나, 잘못 해석하거나, 심지어 그런 사실을 이해하지 못하고 자신의 무의식을 투사할 수 있다. 따라서 신중해야 한다. 모든 것을 간단히 믿어 버리지 마라. 만일, 반대로, 살아 있을 때 항상 훌륭한 조언자라고 말할 수 있는 사람이 아니었다면, 죽음이 그 사람을 반드시 더 통찰력 있는 존재로 만들지는 않을 것이다. 그는 죽기 전에 그랬던 것과 마찬가지로 안개 속에서 헤매며 여러분에게 빛을 발하는 대답을 하는 데 무능할 것이다. 죽음은 우리를 우주의 모든 지식에 전면적으로 접근하도록 만들지 않는다. 그리고 만일 당신이 이전에 가까운 이와 이런 종류의 토론을 하지 않았다면, 일단 그 사람이 죽은 지금 왜 그에게서 해답을 얻으려고 하는가?

우리의 죽은 가족은 수호천사, 우리를 보호하는 혼령이 될 수는 있지만, 발전을 거듭한 끝에 그렇게 될 수 있다. 그들이 성숙해진 후에, 곧 상당한 감정적 집착에서 벗어나는 데 이르러서야 그런 역할을 할 수 있다. 그들이 진정으로 우리에 대해 거리를 두고, 그리고 이런 방식을 통해 우리를 가르칠 수 있도록 하기 위해선, 그들이 '상승하도록,' 지상의 삶과 연관되어 있던 심리적 양식에서 벗어나도록 놔두는 것이 필요하다. 환자를 책임지는 정신과 의사가 자신의 감정과 욕망, 그리고 자신을 찾아오는 사람의 그것들을 혼동하지 않기 위해서는 자신에 대한 진정한 치료 작업을 수행해야 하고, 그리고 이런 식으로 자신의 무의식적 충동에 따라 조언을 하지 않아야 하는 것과 같은 이치다.

"저는 죽은 사람들이 어떤 변화를 완성한 이후에야 우연적으로 수호천사나 영적 안내자가 된다고 생각해요. 죽은 사람들이 자동적으로 우리를 보호하는 혼령이 된다고 믿는 건 잘못이에요. 죽음 이후에, 그들의 역할은 우리의 그것과 동일한 것으로 남아 있어요. 즉, 의식을 열기 위해 계속 노력해야 한다는 거죠. 우리와 마찬가지로, 그것이 그들의 아주 중대한 관심사입니다. 이런 역할은 그들이 지상에서 우리와 관련해 갖고 있던 역할과 다르지 않아요. 그들은 자신들의 능력 범위 안에서 일시적으로나마 분명히 우리를 도울 수 있지만, 그들의 일은 언제나 우리의 요구에 따라 움직이는 것이 아닙니다."

"그러면 천사나 영적 안내자가 존재한다는 건가요?"

"예, 하지만 그들은 훨씬 더 높은 의식의 차원에서 존재하고 육화된 존재를 돕는 일을 의무로 삼고 있어요. 이 영적 안내자들은 육화를 경험하였지만, 그들에게 이 단계는 끝났어요. 그들은 더 이상 사고적이고 감정적인 세계와 관련되어 있지 않아요. 따라서 그들은 훨씬 더 방대한 시각을 지닐 수 있어요. 어느 정도 높은 곳에 있는 사자(死者)도 이를 수 없던 차원이죠. 한 무리의 안내자와 천사가 항상 우리를 도우면서 동반하고 있어요. 종종, 사람들은 가까운 이가 죽을 때 그들의 실재를 깨닫는데, 이때 그들의 존재와 죽은 자의 존재를 연관시켜요. 그런데 제 생각으로는, 비록 죽은 자들이 우리를 돕는다고 해도, 그들을 영적 안내자나 수호천사로 여기는 일은 피해야 해요. 그런 역할은 그들이 가야 할 길과 상응하지 않아요. 그런 잘못된 생각은 우리가 우리 자신에게로, 우리의 영적 안내자와 우리의 내적 잠재성에게로 향하는 걸 방해할 수 있어요. 반대로, 죽은 자들이 한동안 미묘한 의미에 눈을 뜨게 하는 존재로서 역할을 하는 경우는 빈번해요. 그렇게 하는 건, 우리로 하여금 내적 지혜에 마음을 열도록 우리를 부드럽게 자극시키기 위해서죠."

영적 안내자라기보다는 눈을 뜨게 하는 존재, 이 차이는 중요하다.

죽은 우리의 가족들이 우리를 보살피도록 하기 위해, 그들을 떠나보내야 한다. 만일 그들을 붙든다면, 예를 들어 중단 없이 그들의 죽음을 슬퍼한다면, 우리 자신을 돌보지 않는다면, 이때 지속되는 관계는 슬픔과 결핍감으로 강화되는 감정적인 의존의 관계이고, 그들에 대해서나 우리에 대해서나 차분하게 변화하도록 만드는 현명한 사랑의 관계는 아니다.

17
유혹

안느 마리와 페르낭은 막 사춘기를 벗어난 연인이다. 가볍지만 과장된 말다툼, 일시적인 것에서 결정적인 것으로 변해가는 이별. 곧 각자가 따로 제 갈 길을 가게 된다. 안느 마리는 머릿속에서 페르낭을 지운다. 페르낭은 가까운 사람들에게 계속 그녀 이야기를 하며 결코 안느 마리를 잊지 못한다. 삶은 그들을 각각 다른 길로 데려간다. 그들은 두세 번 마주쳤지만 서로가 대화할 기회를 결코 갖지 않는다. 그들은 각자 다른 연인을 찾아 결혼한 다음 아이들을 갖는다. 아이들은 성장하고, 성인이 되어 집을 떠난다. 그러자 그 둘은 종국에는 삶이 너무 빨리 지나갔다는 걸 깨닫는다. 그들은 향수와 추억으로 이뤄진 이상한 고독의 세계로 들어간다. 머리카락은 세고, 삶을 결산할 시기가 온다. 지나가는 날들은 우울한 당혹감으로 채워진다. 그리고 그들의 마음 깊은 곳에서 젊은 날의 아름다운 이야기에 대한 향수 어린 추억이 떠오른다. 우리가 가는 길에 놓여 있던, 원래 우리 자신이 지니고 있던 장애물이 마침내 없어졌을 때 찾아오는 그 명확함으로, 각자는 마음 한 구석에서 아마도 그 사랑이 자신의 삶에서 유일하게 진정한 사랑이었다는 것을 깨닫는다.

페르낭은 안느 마리를 다시 찾지 않았다는 후회를 안고 떠나게 된다. 그는 자식들에게 그녀에 관해 말했지만, 그들 중 아무도 그녀를 찾아 나서지 않는다. 이때 그는 병들게 된다. 혼자인 페르낭은 투병할 의지를 잃는다. 몇 주간 고의적인 혼수상태[환자가 고통이 클 때 안정적인 치료 등을 목적으로 의사나 간병인이 고의적으로 일으키는 혼수상태]에 빠진 그는 다시는 깨어나지 못한다.

65세의 안느 마리가 이런 소식을 들은 건 이로부터 1년밖에 지나지 않았을 때였다. 매우 이상한 방식을 통해서였다. 그런데 그 전에….

"제 첫 번째 경험은 2013년 4월 초에 일어났어요."

"말씀해 주세요."

"나무 문이 파손이라도 된 것처럼 삐걱거리는 소리를 내는 순간부터 일이 일어나기 시작했어요. 밤이었죠. 무엇이 제 방문으로 들어왔어요. 저는 이 소리를 들었고, 이어서 호흡을 감지했어요. 저는 '누군가가 내 방에 있다!'라고 생각했어요. 저는 계속 숨소리를 들었죠. 이어서 그 사람이 가까이 와서는 제 곁에 눕는 것이었어요. 그래요, 저는 누군가가 방에 있다고 확신을 했어요. 저는 정말로 그 사람의 허벅지가 제 허벅지에 닿는 걸 느꼈어요! 무릎 아래서부터 위까지, 골반까지요. 차가운 느낌이었는데… 이 차가움에 대해 모르겠더라고요, 너무 특별해서요."

"어떻게 반응하셨나요? 제가 당신의 입장이었다면 패닉에 빠졌을 텐데…."

"솔직히 말씀 드려서, 저는 제 자신에게 묻기도 했지만 두렵지는 않았어요. 제 자식들이 제게 두려움이 없다고 말하곤 하는데, 그것이 저의 비극적인 면이에요, 저는 어떤 것에도 결코 두려움을 느끼지 않아요."

"그렇지만… 그러고는 어떻게 하셨나요?"

"저는 누가 제 옆에 누웠나 생각했어요, 그래서 그 사람을 만져 보기 위해 손을 살짝 움직였는데, 거기에는, 더 이상 아무것도 없었어요…."

"'더 이상 아무것도 없다,' 무슨 말씀이죠?"

"더 이상 아무것도 없었어요, 아무런 감각도, 빈 공간만이… 저는 숨소리도 더 이상 듣지 못했고, 제 방에서 어떤 움직임도 더 이상 감지하지 못했어요."

"그래서 꿈을 꾸었다고 혼잣말을 하시지는 않았나요?"

"아니에요, 저는 꿈을 꾼 것이 아니라는 걸 확신해요. 저는 아주 작은 소리에도 잘 깨어나요, 제게 경고를 하고 저를 매우 주의하게 만든 건 우선 문소리였어요. 그동안에 특히 제가 완전하게 깨어 있다는 걸 의식하고 있었어요. 이때 방에서 걷는 소리를 들었어요, 누군가가 있었던 거예요. 아니에요, 저는 꿈을 꾸고 있지 않았어요… 수 주일 동안 제 자신에게 끊임없이 질문했어요. 그런데 저는 꿈을 꾸지 않았어요!"

"그때는 페르낭이 죽었다는 걸 알지 못하고 있었나요?"

"예, 전혀 모르고 있었어요! 6개월 뒤인 10월에야 그 사실을 알게 됐어요."

"그가 죽은 지 4개월이 지났을 때 그 경험을 하셨죠?"

"예, 저는 무슨 일이 일어났는지 알기 위해 오랫동안 속으로 질문을 했어요…."

"페르낭이 죽었다는 걸 어떻게 아셨나요?"

"제가 이따금 통화하는 친구를 통해서요. 그녀는 노르망디에 계속 살고 있었는데, 우리 둘 모두를 알아요. 저는 2013년 10월 초에 그녀와 통화를 하며 소식을 들었어요."

"무슨 이유 때문에 이 경험과 페르낭의 죽음을 연관시키게 됐나요?"

"곧장 그렇게 했던 것은 아니었어요. 저는 물론 그날 밤에 제게 무슨 일이 일어났는지 자문을 했죠. 그 일도 제 정신을 흐리게 만들지는 못했어요. 그런 일은 단 한 번밖에 일어나지 않았어요. 그런데 제가 그의 소식을 듣고 3주가 지났을 때, 그가 묻힌 묘지에서 정말로 믿을 수 없는 일을 경험했어요. 그때 거기서 두 사건을 연관시키게 됐죠."

안느 마리가 거의 1년 전에 일어난 페르낭의 사망 소식을 듣는 순간에, 그녀 안에서는 모든 것이 찢어지는 듯하다. 그녀는 자신을 덮친 감정적인 대재앙으로 몸이 얼어붙는다. 갑자기, 모든 것이 끝나고, 모든 것이 이미 너무 늦었다… 폭발하듯 올라오는 후회의 감정. 그녀는 그 사실을 믿을 수 없다. 갑자기 그녀 안에서 모든 것이 죽어 간다. 안느 마리는 모든 논리에 반대하며, 그것은 잘못된 소식이고 페르낭은 죽지 않았다는 희망에 매달리게 된다. 아니야, 그것은 진실이 아니야… 하지만 아무리 미친 듯이 부정을 해도 슬픈 현실에 대해서는 광기에 빠지는 것 이외에 계속 저항할 방법이 없다. 이때, 비록 안느 마리가 거의 3주 동안 그 죽음을 받아들이지 않으려해도, 이성으로 말미암아 그녀는 결정을 내리게 된다. 곧, 페르낭이 묻힌 묘지에 가 보는 것이다. 심장이 슬픔으로 찢어지는 한이 있더라도, 사실에 대한 확신을 얻고 싶은 것이다. 무엇이든 경험을 해보는 것이 불확실성 속에 있는 것보다 낫다.

그녀는 사춘기를 보낸 노르망디로 돌아간다. 지금까지는 파리에서 살았다. 그녀는 혼자서 들어간 그 큰 묘지에 관해 아는 것이 없다. 그녀는 페르낭의 무덤이 어디에 있는지도 모른다. 망설이는 그녀는 중앙의 큰 길로 나아간다. 그녀는 왼쪽의 옆길로 들어섰다가, 다시 되돌아온다. 망설임. 그녀는 숨이가쁘고, 감정에 휩싸인다. 수천 개의 무덤이 있는 이 미로에서어떻게 페르낭의 무덤을 찾지?

그녀는 의기소침해지고 현기증이 난다. 안느 마리는 멈추어서서 잠시 동안 움직이지 않는다. 그녀는 정신을 차리기 위해숨을 한껏 들이마셨다가 내뱉는다. 그녀는 처음 보는 이 큰묘지의 한가운데 서 있다. 매우 슬퍼하며. 오로지 혼자서. 그녀의 삶의 사랑… 그녀는 어느 방향에서 그를 찾아야 할지 모른다.

그녀는 다시 탐색을 시작하기로 마음먹는다. 그녀가 앞으로나아가자마자, 그녀는 갑자기 어깨에서 압력을 느낀다. 당황한 그녀는 몇 걸음 움직이다가 다시 멈춘다.

"저는 제게 일어난 일을 이해하지 못하고 있었어요. 마치 누군가가 저를 멈추게 하기 위해… 제 어깨를 붙든 것 같았죠."

조금 전에, 그녀는 어떤 무덤 앞에서 묵상을 하던 남자를 지나쳐 왔었다. 그녀에게서 자동 반사적으로 떠오른 생각은 이 사람이 하는 말은 들리지 않지만 자기 가까이에 있다는 것이었다. 그녀는 뒤돌아본다, 그런데, 아니, 그 남자는 뒤쪽으로 멀리 있다.

그녀는 '누군가가 있군!'이라고 생각한다. 그녀 옆에서 소리가 들린다. 조약돌이 깔린 길을 걷는 어떤 사람의 소리다. 그녀는 갑자기 고개를 왼쪽으로 돌렸다가 오른쪽으로 돌리고, 그 다음에는 완전히 몸을 돌려 뒤를 돌아본다. 다시 처음 위치로 돌아온 그녀는 그 자리에서 몸을 한 바퀴 돌린다. 아무도 없다.

그런데…

어떤 숨소리. 안느 마리는 어떤 숨소리를 듣는다. 그녀의 숨소리는 아니다. 누군가가 있다. 누군가. 그녀가 더 이상 움직이지 않을 때 들리는 이 조약돌 소리, 이 숨결… 너무 놀란 그녀는 그 자리에 굳은 채로 가만히 망을 본다. 공포가 어린 그녀의 두 눈만이 사방을 관찰한다.

그리고 그녀는 **웃음소리**를 듣는다.

"저는 웃음소리를 들었어요… 마치 제 눈동자의 움직임을 보고 웃는 소리 같았어요. 너무나 이상해서 저는 '꿈을 꾸었나'라고 생각했죠. 저는 다시 떠나려고 하는데, 그 자리에서 다시 두 어깨를 누르는 압력을 느꼈어요. 그 압력이 너무 강해서 저는 왼쪽으로 돌아볼 수밖에 없었는데, **그쪽에서 그가 저를 안았어요**…."

"다시 말씀해 주시겠어요?"

"그가 저를 안았어요. 그러고는 제 귀에 대고 말했어요. '난 여기 있어.'… 두 번에 걸쳐 그가 제게 말했어요. '난 여기 있어.'"

"그런데 누가 당신을 껴안은 거죠? 누군가가 그랬다는 걸 어떻게 아시죠?"

"그의 목소리, 우리가 사귀던 시절의 그의 목소리였어요…."

"페르낭요?"

"물론이죠, 저는 그를 알아보았어요, 저는 천 개의 목소리가 들려도 그의 목소리를 구분할 수 있을 거예요, 심지어 그의 웃음소리도요… 그 순간 저는 구름 위에서 그와 함께 있었어요. 말 그대로예요. 우리 주위를 구름이 감싸고 있었어요. 제 앞에 있는 무덤이 계속 보이긴 했지만, 우리 둘은 일종의 안개 속에 있었어요…."

"그가 당신을 껴안았다… 정말로 그렇게 느끼셨나요, 확신을 하세요?"

"아, 예… 그는 저를 껴안고는 제게 말했어요. '난 여기 있어.' 이어서 그는 제 왼손을 붙잡았어요. 제 오른손에는 그의 무덤에 놓으려고 가져왔던 장미가 들려 있었어요. 그는 제 왼손을 붙들고 길이 있는 곳으로 갔어요…."

"그가 안내를 한 건가요?"

"이어서 저는 숫자를 셌어요, 우리는 함께 손을 잡고 17미터를 걸었어요. 저는 그가 제 손을 붙든 사실에 대해 매우 행복하다고 느꼈어요. 저는 그의 손바닥과 손가락들이 누르는 압력을 느꼈어요, 그는 손이 컸죠, 페르낭요. 이어서 우리는 길로 이어지는 곳에서 멈추었어요. 그는 제 손을 놓았어요. 저는 계단을 내려간다는 인상을 받았는데, 사실 계단은 없었어요….”

“진짜 계단이 없었다고요?”

“예… 저는 계단에서 내려오는 것처럼… 구름에서 내려와야 했어요… 그런데 결국에는 어떻게 말씀 드려야 할지 모르겠네요. 저는 그의 무덤을 보았어요.”

“페르낭의 무덤요?”

“예, 그의 무덤요.”

“그리고 ‘그’는요?”

“더 이상 아무도 없었어요. 그는 거기에 있지 않았어요. 떠난 거죠. 저는 매우 감동 받았어요.”

안느 마리는 페르낭의 무덤 앞에서 자신이 방금 꿈을 꾸었는지 자문한다. 어떻게 그녀가 정확히 그의 무덤 앞에 왔을까? 정말로 그의 무덤일까, 아니면 새로운 환상인가?

그녀는 상당히 당황한 채로 장미를 비석 앞에 놓고는 그녀의 가방에서 카메라를 꺼내 여러 각도에서 여러 번에 걸쳐 무덤을 찍는다. 마치 그런 구체적인 행위가 그녀로 하여금 이 순간의 현실성에 대해 확신하도록 만들어 준다는 듯이. 그리고 이 순간의 기억을 간직하도록 만들어 준다는 듯이.

그녀 안에서 현기증이 일 듯 세찬 자극을 받는다. 아니다, 그녀는 꿈을 꾼 것이 아니다. 페르낭은 방금 그녀를 껴안고 말을 했다, 그녀는 확신한다. 명백한 감각, 어깨를 누르던 압력, 그녀의 손을 붙들었던 손… 거의 1년 전에 죽은 페르낭.

죽었지만 방금 "난 여기 있어"라고 속삭이던 페르낭. 그가 맞고, 그의 목소리가 맞다.

페르낭이 여기에, 그녀와 함께 있다. 이러한 명백함은 논쟁의 여지가 없다. 어떤 의혹도 없다.

그녀가 페르낭의 것이라고 이해하는 무덤 앞에 있다는 슬픔, 그리고 그가 여기에, 살아서 자신 옆에 있다는 걸 아는 마음을 동요시키는 기쁨, 이 두 감정 사이에서 안느 마리는 그녀의 내면에 환상 같은 희망이 살아 있다는 걸 느끼며 잠시 묵상을 한다. 감히 마술 같은 이 순간을 깨트릴 수 없는 그녀는 결국 파리로 다시 떠나야 한다고 결심하기 전까지 긴 시간 동안 이 묘지에 남아 있는다.

그날 평소보다 조금 늦게 아파트로 돌아온 그녀는 카메라 배터리가, 바로 그날 아침에 완전히 충전을 했음에도 불구하고, 완전히 방전되어 있는 걸 발견한다. 사진이 한 장도 없다.

이상한 소리 같지만, 배터리가 방전되어 있다는 사실은 페르낭이 그녀에게 온 일과 연관이 있는 걸까?

에너지…

이후 몇 주 동안, 6개월 전의 '방문'이 페르낭의 방문이었다고 추론을 한 그녀는 무슨 일을 해야 할지 모른다. 질문, 의혹, 자신에게 일어난 일의 그 놀라운 성격에도 불구하고, 그녀는 페르낭이 여기에, 그녀 곁에, 그녀를 위해 있다는 것을 안다. 무엇보다도 분명하고 명백한 사실이다. 무언가가 그녀를 노르망디로 부른다. 크게 흔들린 그녀의 삶의 결과로서 일어난 일이다. 그녀는 더 이상 남아 있어야 할 이유가 없는 파리를 떠나, 페르낭의 마을에 자리를 잡고 싶다는 생각이 갑자기 든다. 그의 무덤 곁에 있는 것. 지체 없이 다시 모습을 보이곤 하던 페르낭 곁에 있는 것.

그날, 안느 마리는 컴퓨터 앞에 앉아 여론조사에 답을 하고 있는데, 갑자기 몸이 흔들리더니 어떤 에너지가 그녀 안으로, 그녀의 육체 속으로 파고들어 온다는 걸 느낀다. 다시 찾아온 페르낭, 그녀의 육체 속으로 스며든 페르낭이다. 이 순간에 그녀는 깊이 생각하지 않는다. 그녀는 즉각 무슨 일인지 이해한다. 이런 **침입** 다음에, "사랑해, 내 사랑"이라고 그녀 안에서 울리는 페르낭의 목소리가 동반한다.

그리고 갑자기 그녀의 머릿속에서 사진들이 나타난다. 기념사진들이 아닌 어떤 광경. 마치 그가 그녀로 하여금 과거의 앨범을 보도록 하는 듯이. 그들의 사진. 그들이 함께했던 시절의 장면들. 이런 경험은 마음을 흐트러뜨리지 않는다. 이것은 진정한 사랑의 고백이다. 안느 마리는 페르낭과 함께 있는 자신을 본다. 둘 모두 젊었을 적, 자동차를 타고 바캉스를 떠났을 때. 마치 그들이 르망[프랑스의 관광도시이다]의 '24시'에 갔던 그날처럼. 매우 오래 전의 일이다.

"우리는 그 주말에 무척 행복했어요, 저는 모든 것에 감탄했어요, 저는 젊었고, 삶을 발견하고 있었어요."

"머릿속으로 사진들을 본다고요?"

"제 머릿속으로 사진들을 보게 한 건 그예요. 그 사진들, 그 광경들… 그는 제게 사랑의 고백을 하며 그 순간들을 다시 살게 해 줬어요. 결국, 그는 제 육체 안에서 흐느껴 울기 시작했어요. 제가 운 것이 아니었어요, 저는 그런 식으로 오열하지 않아요… 제 안의 그였어요. 어떻게 말씀 드려야 할지 모르겠네요… 하지만 저를 믿으세요, 그 모든 일을 제가 실제로 경험했어요! 그토록 아름다운 일이에요."

안느 마리는 결정을 내렸다. 그녀는 분별력이 있는 여자이고, 2014년 2월, 곧 묘지에서의 초현실적인 '만남' 이후 거의 3개월이 지났을 무렵에, 그녀는 노르망디로 이사를 간다. 그녀는 심지어 두 자식으로부터 지지를 받았다. 그들은 그녀가 노쇠해지고 몸무게가 줄어드는 걸 보며 그 길로 가도록 용기를 준다.

그녀는 새로운 아파트에서도 무수한 경험을 한다. 그녀는 우선 물건들의 위치가 바뀐 것처럼 보이는 사실에 주목한다. 이런 경우에 사람들은 계속 의혹을 품는데, 안느 마리는 매우 세심하다. 자신이 어떤 장소에 놓았다고 확신하는 이런저런 물건들이 세 번에 걸쳐 다른 장소에서 발견되자, 의혹은 더 이상 남아 있지 않게 된다.

누군가가 그녀의 물건들을 옮긴다.

이런 사실을 알게 된 그녀는 감사한 마음이 가득 들었다. 분명히 페르낭이다. 그가 그녀 앞에 몇 번에 걸쳐 나타난 것이다.

그것은 간단한 일, 언제나 너무 짧은 시간 동안 일어나는 일이지만, 동시에 매우 명백한 일이다. 어느 대낮에, 일종의 구름 가운데서 열린 문 앞을 지나가는 어두운 형상이 출현한다.

온통 검은 옷을 차려 입고 그녀를 향해 내려오는 어떤 사람의 실루엣. 그 실루엣은 안느 마리를 알아보며, 머리를 그녀의 측면에 댄 다음 그녀를 일으켜 세운다.

여전히 그리고 항상 공포는 부재한다.

다른 때, 안느 마리는 욕실에 들어갈 준비를 하며 그녀의 방쪽으로 돌아설 때, 갑자기 투명하고 흐릿한 하얀색을 띤 페르낭의 옆모습을 본다. 분명히 그다. 그 검은 머리, 그 얼굴. 그는 그녀를 보자마자 미지의 세계 속으로 모습을 감춘다.

한밤중에 담배 냄새를 풍기며 진행된 방문도 있었다. 페르낭은 그들의 관계가 단절된 이후부터 담배를 피우기 시작했다. 그 존재감, 그 가벼운 스침, 그 촉각의 경험에다가, 그녀의 몸 일부가 갑자기 차가워진다는 인상.

물건들은 계속해서 자리 이동을 한다. 특히 화분이 그렇다.

"나는 편집광적이라, 어떻게 물건들을 정돈하는지 매우 잘 알아요. 그리고 그는 그것들을 옮기고요."

안느 마리는 상식을 벗어난 일을 경험하고 있다는 걸 의식한다. 그녀에 대해, 페르낭과의 관계의 실재성에 대한 모든 의혹은 걷히지만, 그녀는 자신이 이상한 사람으로 비치지 않을까 걱정된다. 그래서 내가 하는 일이 무엇인지 알기 때문에, 나에게 말하는 것을 받아들였다.

"저는 제게 일어나기 전에는 이런 일을 믿지 않았어요!"

"이전에 이런 현상에 관해 말하는 걸 들어 보시지 않았나요?"

"저는 다른 사람들과 똑같았어요, 텔레비전에서 이런 내용에 관한 프로그램을 보긴 했지만, 저는 회의적인 성격이라 믿지는 않았어요."

"그러면 지금은요?"

"저는 경험을 했고, 계속 경험하고 있어요. 일상적으로 경험하는 건 아니지만 자주 경험해요. 그리고 저는 제가 꿈을 꾸는 것이 아니라고 말씀 드릴 수 있어요, 저는 아무 말이나 하는 것이 아니에요. 저는 소중한 제 자식들의 목숨을 걸고 맹세할 수 있어요, 제가 말씀 드린 모든 것이 진실이라고요… 저는 그가 항상 제 곁에 있다는 걸 알고 있어요…."

"계속해서 그와 많은 접촉을 하시나요?"

"이제는 접촉의 순간이 더 짧아졌다는 느낌이 들어요. 저는 이따금 그를 느끼는데, 이전보다 횟수가 조금 줄었어요. 시간적 간격이 커졌어요. 그가 피곤하고 에너지를 덜 갖고 있는 게 틀림없어요. 저는 저를 통해 재충전하러 오라고 그에게 말해요… 그는 제 앞에 나타나기 위해 너무 많은 에너지를 소비해서, 이제는 더 이상 충분한 에너지가 없을 거예요."

여전히 에너지가….

그리고 내가 그녀에게 이번 경험에서 얻을 수 있었던 교훈에 관해 질문을 하자, 갑자기 우리의 대화는 예상하지 않은 양상을 띠게 된다.

"지금 저는 더 이상 죽음을 두려워하지 않아요, 저는 얼마 전에 제가 70세라는 사실을 자축했어요. 저는 지상에서 해야 할 모든 일을 했어요, 저는 제 자식들을 잘 키웠고, 그 애들에게 좋은 교육을 시켰어요. 그 애들은 행복하고 더 이상 저를 필요로 하지 않아요… 저는 지금은 행복을 조금 더 경험하고 싶고, 그 행복이란 그 사람의 옆에 있는 거예요. 저는 그가 있는 곳으로 떠나고 싶어요… 그는 저를 기다리고 있어요, 저는 그가 저를 기다리고 있다는 걸 알아요….”

안느 마리의 목소리 톤이 바뀌었다. 감지하기 힘든 무엇이 내게 위험을 알린다.

“그래요, 그가 당신을 기다리고 있겠죠, 안느 마리, 그런데 일단 이곳에서 당신이 해야 할 일을 하고 난 다음이 어떨까요?”

“저는 아무도 안 만나고 있어요, 제게는 다소 먼 마을에 친구가 있긴 하지만, 서로 거의 안 보고 있어요. 제 삶은 더 이상 많은 의미가 없어요… 저는 더 이상 아무것도 바라지 않고 있어요. 저는 심지어 되는 대로 살아가려는 경향이 있는 것 같아요. 그래서 저는 냉정을 되찾을 필요가 있다고 생각해요. 그 사람에게 좋은 사람이 될 필요가 있다고요. 저는 매일 페르낭과 살고 있어요… 제가 지금 하고 있는 모든 일은 오직 그 사람을 위한 거예요.”

갑자기, 나의 모든 주의력이 깨어나며 내게 경고를 한다. 급격하게, 내 안에서는 삶에서 그토록 자주 마주친 질문이 울려온다. 무슨 이득이 있다고 그런 고생을 할까? 이런 모든 것이 무슨 의미가 있을까? 이 부조리한, 미친, 부당한 세상… 하지만 절망이 나를 삼키려고 위협할 때마다, 내 마음 가장 깊은 곳에서, 삶의 시련은 가르침의 공간이라고 느끼도록 작은 불꽃이 항상 충분한 빛을 내고 있다. 그리고 내게는 그 시련과 대면할 힘이 있다고 느끼도록. 여러분은 이런 일에 대해 고독 속에서 난관을 지나고 우리의 힘이 떨어질 때는 좋은 것이라고 쉽게 말하지만, 나는 그것을 **진실로 안다**.

우리의 삶은 의미가 있다. 시련은 학교이다. 심지어, 우리가 들어오기 전에 그 교육 프로그램을 **우리 자신이 선택**한 학교일 것이다.

그런데 지금 어떻게 이런 것을 안느 마리에게 말해야 할까? 어떻게 적합한 표현을 찾을 수 있을까? 나는 더 이상 단순한 인터뷰를 하고 있는 것이 아니다. 내 앞에는 후회가 사람을 맹목적으로 만드는 삶의 비탄에 빠진 이가 있다. 사랑이 더욱더 큰 혼돈을 만들어 내고, 다음과 같은 실존적인 질문, 곧 만일 죽음이 우리를 기다리고 있고 저세상이 아름다운 것이라면, 왜 재회를 미루어야 하는가라는 질문과 대면해 이성을 무력화하는 삶의 비탄.

실제로, 페르낭과 다시 만나는 것, 그것도 빨리 만나는 것이 안느 마리가 끊임없이 생각하는 것이다.

결정적으로, 그녀의 모든 경험은 그를 만나려는, 요컨대 그 큰 사랑을 경험해 보려는 그녀의 욕망만을 키웠을 뿐이다. 매우 커다란 후회로 바뀐 적이 있는 그 큰 사랑.

결국, 그녀는 어두운 욕망을 털어놓는다.

"저는 그것을 생각하고 있어요, 당신에게는 숨기지 않을게요. 이따금 저는 잠을 자기 위해, 망각에 빠지기 위해, 정상을 초과하는 분량의 약을 먹지만, 깨어나면 모든 것이 다시 돌아와요. 그래서 저는 그것을 생각해요… 저는 매일 그것을 하지 않으려고 싸우고 있어요. 이어서 자식들과 손자손녀들을 생각해요, 저는 무척 많이 그 애들을 생각하고, 이렇게 하는 것이 저를 붙들어 두고 있어요. 저는 또한 신자에요, 교회는 자살을 단죄하죠, 하지만 이제 저는 더 이상 참을 수 없어요…."

"제가 이해하기로는…"

"저는 그 사람과 다시 만나고 싶어요. 비록 헤어진 지 50년이 되었다 해도…."

"죄송합니다만, 당신이 생을 끝맺는다 해도 곧장 그와 만날 수는 없을 겁니다. 벌이나 심판의 문제가 아닙니다. 저는 이런 문제에 관해 영매들과 얘기를 한 적이 있는데, 자살하는 자들은 저세상에 이르면 단죄되지는 않지만 모두가 자신들의 행위를 후회하게 된다고 말합니다. 그리고 죽음이 막 회피한 문제에서 그들을 벗어나게 해 주지 않는다고 합니다. 단지 시간만 잃을 뿐이죠. 그들은 보다 쉽고 빠르게 빛에 이르게 된다고 생각하지만, 실제로는 그 순간에 뒷걸음만 칠 뿐이에요. 당신은 그와의 사랑을 끝까지 경험해 보지 못했다는 감정 때문에 만나려고 서두르고 있습니다. 하지만 당신이 생을 끝맺는다면, 그와 재회하는 순간을 늦추게 될 수 있습니다. 문제는 아마도 평생 서로 멀어지게 한 것을 이해하는 것일 겁니다. 오늘날 당신들의 사랑이 그렇게 명백한 것이라고 한다면, 당신들로 하여금 서로 만나지 못하게 한 그 50년 동안에 무슨 일이 일어난 겁니까? 어떻게 사랑이 당신 내면에 있는 죽음의 욕망을 키울 수 있을까요?"

"그가 제게 말을 했어요, 그가 제 손을 잡았어요, 그가 제 몸속으로 들어왔어요…."

"당신이 지금 겪고 있는 일은 중요합니다. 당신이 경험하고 있는 것에 관해서는 배울 점이 있어요. 이해해야 할 것도 있고요. 만일 당신이 의도적으로 생을 끝낸다면, 그런 질문에 대한 답을 찾지 못할 것입니다. 아마도 그 질문은 페르낭과의 관계에서 피어난 행복의 한가운데에 있을 겁니다. 행복은 영원히 고정시킬 수 있는 상태가 아니에요. 행복은 우리 존재를 비추는 빛으로, 우리로 하여금 행동하게 하는 깊고 무의식적인 동기를 비추는 빛으로 더 커집니다. 그리고 당신과 페르낭의 관계의 본질을 이해하는 것은 아마도 당신들의 이별이라는 이상한 단계를 이해하는 길을 거쳐야 할 겁니다. 당신들이 서로 빨리 만나야 한다는 환상을 갖고 있다는 이유로 두 사람 모두의 삶에서 중요한 이런 국면을 포기한다면, 역설적으로 당신들 사이의 관계는 더 멀어질 겁니다. 그리고 당신들은 서로에게 더 이상 접근할 수 없게 될 겁니다…."

"예, 무슨 말씀을 하시는지 이해하겠어요."

"당신이 삶을 선택한다면 일시적으로 그와 떨어져 있게 될 겁니다, 그리고 이것은 손해가 될지도 모르겠습니다, 그럼에도 당신은 지금 강렬한 무엇을 경험하고 있어요. 삶은 당신들을 오랫동안 떼어 놓았지만, 죽음이 당신들을 훨씬 더 오랫동안 떼어 놓지 않도록 하세요…."

"당신도 아시겠지만, 그것은 힘든 일이에요."

"예, 삶은 이따금 우리로 하여금 어려운 시련을 겪게 하지만, 저는 그 시련이 아무런 의미도 없는 것이 아니라는 확신을 지니고 있어요. 저는 우리가 삶에서 마주치는 어려움은 어떤 의미를 갖고 있다고 생각합니다. 그것은 우리가 더 나은 사람이 되도록 만들어 줍니다. 그리고 우리는 그것과 대면하기 위한 도구를 갖고 태어나요."

"하지만 저는 그 사람이 저를 필요로 한다는 인상을 받았어요, 제가 떠나고 싶은 것도 바로 이런 이유 때문이에요. 그가 죽었다는 걸 알게 된 지도 4년이 되어 가고, 매번 그가 저를 보러 올 때마다, 저는 그가 나를 필요로 하기 때문이라고, 제가 그에게 가야 한다고 생각해요…."

"왜 그가 당신을 필요로 한다고 생각하시죠?"

"그는 혼자서만 있지 못해요, 그는 저의 존재를 필요로 해요. 저는 그가 저 없이 떠나기를 원치 않아요…."

"당신이 반드시 필요한 존재라고 느끼는 것은 당신들의 과거의 사랑에 대한 기억을 인위적으로 유지하는 방법이라고 생각하지 않나요? 당신도 아시겠지만, 당신은 그를 만나러 가기보다는 여기에 있으면서 그를 도울 수가 있어요. 왜냐하면 지금 그는 당신을 만날 수 있는 장소를 알기 때문입니다. 그리고 그가 당신에 대하여 갖고 있다고 생각하는 그 의존성과 관련해선, 아마도, 그가 무엇을 이해하도록 당신이 도와줘야 하지 않을까요?"

"무엇을요?"

"어쩌면 그에게 필요한 건 무슨 일이 일어났는지 당신이 설명해 주는 것일 겁니다. 예를 들어, 그가 죽었다는 사실을 말해 주는 겁니다. 그리고 당신들의 관계도 변했다고 말해 주는 겁니다. 당신들은 더 이상 예전처럼 젊은 두 사람이 아니에요. 그때의 상황으로 되돌아가려고 하는 건 환상이고, 결정적으로 당신들 두 사람에 대해 고통, 그러니까 육체적 결핍의 고통, 부재의 고통만이 지속될 수 있습니다. 당신들 두 사람은 모두 똑같은 이미지로 고정된 채로 남겠다는 듯이, 당신들의 삶을 고정된 것으로 만들겠다는 듯이 하려고 해요. 조금 거칠게 말한 점 죄송하게 생각합니다. 하지만… 당신들 두 사람 모두가 후회라는 감정에 매달리고 있다는 생각이 안 드시나요?"

"모르겠어요, 하지만 저는 매일 그 질문을 하고 있어요."

"그에게 설명하세요. 그에게 그가 죽었다고 말하세요."

"그 말을 들으니 고통스러워요."

"그 말을 하는 것이 중요하다고 생각하지 않으세요?"

"고통스러워요…."

안느 마리는 감정에 사로잡힌다.

"저는 그 말을 하는 것이 고통스러울 거라고 생각해요, 하지만 그것이 현실입니다. 그는 죽었습니다. 당신들의 관계는 변하게 되어 있었어요. 당신이 말을 하면 두 사람 모두에게 도움이 돼요. 그렇게 하면 당신들은 멀어지기보다는 관계가 더 강화될 겁니다… 당신은 도움을 받습니까?"

"'도움' 요?"

"정신요법 의사로부터요. 당신은 지금 애도의 과정을 겪고 있습니다. 눈에 보이지 않을 뿐이지, 당신은 상처를 입어요. 심리적 상처이고, 지금부터 치료를 시작하는 것이 중요합니다. 이 과정에서 때로는 누군가가 동반해 주는 것이 필요해요."

"예, 하지만 저는 그가 저 없이 떠날까 봐 큰 두려움을 갖고 있어요." "당신이 페르낭과 맺고 있는 관계는 변질되지 않아요. 당신 스스로를 돌본다 해도 그가 사라지지는 않을 겁니다. 그 반대일 거예요. 페르낭도 그런 사실로부터 평안해 할 겁니다. 삶은 움직임이고 변화에요. 당신의 슬픔은 그에게 전염이 될 겁니다. 그리고 당신의 기쁨은 그에게 빛과 같은 것이 될 거예요. 당신은 이 세상에서 배울 것이 여전히 많습니다. 그 역시 자신의 변화된 길을 따라가게 될 겁니다. 당신들의 사랑은 상자에다 넣어 둘 수 있는 작은 보석이 아닙니다, 그 사랑을 해방시키는 걸 두려워하지 마세요. 저는 당신들이 혼돈을 경험하고 있고 후회를 하고 있다고 느낍니다. 이제부터 페르낭은 다른 세계에 있다는 사실과, 당신들의 관계는 더 이상 당신이 그와 함께 경험하고 싶어 했던 것과 비슷하지 않을 거라는 사실을 받아들이세요, 이로부터 당신들의 사랑은 더 강화될 거예요."

"그래요?"

"저는 확신합니다."

"저는 바라고… 무척 바라고 있어요. 하지만 저는 더 이상 죽음이 두렵지 않아요. 저는 죽음 이후에 아름다운 삶이 우리를 기다리고 있다는 인상을 갖고 있어요."

"예, 만일 우리의 삶이 아름다웠고 우리가 쓸쓸한 마음이

나 후회 없이 제때 삶을 떠난다면, 죽음 이후에 아름다운 삶이 우리를 기다리고 있을 겁니다. 그리고 제가 다시 말하건대, 혼자서 어떤 시련의 시기를 건넌다는 건 어려운 일이에요. 그래서 도움을 요청할 필요가 있습니다. 저는 제 동생이 죽은 이후에 정신요법을 받았는데, 그 때문에 마음이 더 평화로워졌어요. 오늘날 훨씬 더 평화로운 저는 보다 쉽게 동생의 존재를 느끼고 있다고 당신께 확실히 말씀 드릴 수 있어요. 제 동생은 저 반대편에서 자신의 삶을 살고 변화를 겪고 있다고 확신합니다."

"예…."

"안느 마리, 지금 저는 내세가 있다고 확신해요. 또한 우리가 사는 동안 경험하는 시련과 어려움이 어떤 의미를 지니고 있다고 확신해요. 삶의 끝까지 살아 볼 필요가 있어요. 시련을 통해 더 나은 사람, 더 명석한 사람이 된다는 걸 받아들이는 일이 중요합니다. 지금 페르낭과 당신은 당신들의 관계에 관해서 근본적인 무엇을 이해할 수 있는 기회를 갖고 있어요. 당신들의 사랑은 순수하고, 지금 당신의 역할은 아마도 페르낭을 돕는 것일 겁니다. 페르낭도 보답으로 당신을 위해 그렇게 할 겁니다. 당신들의 사랑의 힘과 위력은 진실로 제게 깊은 인상을 남깁니다. 당신이 스스로를 돌보고, 당신이 당신의 삶을 살고 그가 그의 삶을 산다고 해서 그 관계가 끊어지지는 않을 겁니다. 반대로, 때가 오면 당신은 그와 강도 높게 결합된 상태에 있게 될 겁니다. 페르낭은 사라지지 않을 겁니다. 당신의 행복을 추구하면서, 당신은 그에게 다시 자신을 바로 세울 수 있는 자유를 제공하게 되고, 당신은 훨씬 더 그와 가까워지게 될 겁니다. 현재 그는 자신의 변화를 따르기 위해 당신과 멀어져야 한다는 생각에 근심을 하거나, 심지어 어떻게 따라가야 하는지를 모르고 있음에 틀림없습니다. 그에게 말하세요. 그에게 당신이 그를 사랑한다고 말하세요. 그리고 혼자서 멀지 않은 길을 가도록 놔두세요. 그가 자신이 있을 장소를 탐색하고 '위치를 알려' 주도록 하세요. 당신이 이 세상에서의 임무를 실제로 끝내고 그를 다시 만나게 될 때 당신들 두 사람을 위해서 말이죠."

안느 마리의 증언은 내게 충격을 줬다. 그 증언은 특히 삶과 죽음의 심리적 메커니즘을 잘 이해하는 것의 중요성과 관련해 내게 경고를 했다.

우리의 삶은 의미가 있고, 우리의 죽음 역시 그렇다. 자신의 삶의 의미를 안다는 것은 자신을 돌보고, 우리로 하여금 우울감에 빠져 꼼짝하지 못하도록 만드는 후회와 관련된 모든 감정에서 벗어나기 위해 애쓰기를 요구한다.

우리를 덮치는 그 감정들을 상대로 어떻게 작업할 수 있을까? 그것들이 우리의 상처의 발현이라는 걸 이해하면서 작업할 수 있다. 그리고 그것들을 돌보면서 작업할 수 있다.

삶은 움직임이고 희망이다.

우리의 고통에 대한 무지에서 실망이 횡행한다.

18
자살

왜 사람은 자살을 원할까? 보다 고요하고, 빛이 넘치고, 안락한 다른 세계에 대한 희망 때문일까? 참을 수 없는 고통을 진정시키기 위해서일까? 슬픔 때문일까? 매혹적인 멜랑콜리한 감정 때문일까? 비록 우리의 삶과 죽음이 어떤 의미가 있다 하더라도, 비록 우리의 영혼이 의도적으로 삶의 사명을 선택했다 할지라도, 태산 같이 많은 일 앞에서 느끼는 의기소침함이 때로는 우리의 마음을 사로잡을 수 있다. 기진맥진함. 삶의 논리가 판독 불가능한 것이 됐을 때의 삶의 부조리함. 희망으로는 충분하지 않을 때….

포기의 결정은 무엇을 함축하는 걸까?

"실비, 자살의 문제에 접근할 수 있을까요?"

"그렇고 말고요! 제 흥미를 강하게 돋우는 주제에요. 자살과 죽음에 대한 잘못된 이해 때문에 발생하는 고통이 여전히 많이 있어요! 제가 시행한 연구와 죽은 자들과 가진 대화에 따르면, 자살은 영혼이 아니라 제가 '인격(personality)'이라고 부르는 것이 초래한다는 측면에서 다른 형태의 죽음과는 달라요. 이 '땅'을 떠나겠다는 결정은 우리 존재에서 '자아

(ego)'라고 부를 수 있는 차원에서 나오는 거예요. 그 '자아'
가 너무나 큰 고통, 맹목, 믿음, 무의식적 상태 때문에, 혹은
도피를 하거나 앞으로 나아가기를 거부할 때, 죽기를 원해요.
그런데 내재적으로 영혼은 죽음의 충동을 갖고 있지 않아요,
그것은 현실을 다른 관점에서 보기 때문이에요. 영혼에 대해
선 죽음이 존재하지 않아요. 영혼은 불멸하기 때문이죠. 요컨
대, 죽음의 욕망은 자아가 바라는 것이에요. 곧 자신을 고무
하던 것으로부터 멀어지고 실망에 압도당해서 이 세상에서의
삶을 끝내기를 바라는 건 인격이에요."

"그런데 우리는 때로 고통 속에 빠지고 계속할 힘이 더 이
상 없을 때가 있어요. 영혼이 아니라 자아가 죽음을 욕망한다
는 건 어떤 차이가 있는 거죠?"

"자아의 차원에서 작동하는 선택은 개인적인 감정이나 욕
망과 연관이 있어요…."

"그래서요?"

"제가 당신께 말씀 드렸죠. 영혼은 다른 관점에서, 보다 넓
은 의식의 수준에서 현실을 본다고요. 그런 의식의 수준이 영
혼으로 하여금 죽음의 충동을 겪지 않도록 만들어요. 고통이
현실에 대한 불완전한 시각 때문에 발생하는 경우가 자주 있
어요. 제가 완전한 시각을 갖는 것이 쉬운 일이라고 말하는
건 아니에요. 하지만 영혼은 우리가 겪는 고통을 중단시키기
위해, 삶이 우리에게 대면하도록 만드는 고통스런 경험의 깊
은 의미에 관해 인격이 알도록 끊임없이 시도를 해요."

"그러면 자살에 의한 죽음이 내포하는 건 무엇이죠?"

"자살에는 죽음에 대한 준비 단계가 없어요. 그 떠남을 바라는 건 인격이기 때문에, 다른 세계로의 이행을 지탱하는 에너지와 관련된 모든 과정이 시작되지 않아요. 반면에, 영혼은 그 과정을 정확하게 측정하죠. 의식이 아무런 준비 단계 없이 육체 밖으로 갑자기 내던져지기 때문에, 이행이 (일반적인 죽음과) 동일하게 이뤄지지 않아요. 이 선택에 어떤 벌이 연관되어 있다고 볼 필요는 없고, 대신에 죽음이 준비되지 않았다는 사실에서 기인하는 자연스런 결과를 볼 필요가 있어요."

따라서 자살은 구체화를 이루기 전에 그것을 종결짓는 것이 된다. 준비되지 않은 이러한 중지 때문에, (삶과 죽음의) 여정의 연속에 핵심적인 어떤 요소들이 획득되지 않을 것이다.

"그것은 심각한 일인가요?"

실비는 다음과 같이 주장한다.

"아니에요! 의식이 바라본 '심각성'의 관점에서는 아무것도 보이지 않아요! 모든 것이 시험이에요. 자살한 사람은 지상에서의 삶과 관련된 심리적인 기능 모드에서 벗어나기 위해 더 많은 시간을 필요로 할 거예요. 그는 자신의 영적인 본성과의 점진적인 재결합에 걸리는 시간에서 혜택을 받지 못했기 때문에, 자신의 집착, 욕망, 감정적인 충동, 그를 굳세게 붙들어 두었던 믿음을 점진적으로 버리는 일이 필요하고, 그리고 이 절차는 준비 과정 없이 시작되기 때문에 보다 긴 기간에 걸쳐 진행될 수 있어요."

모든 죽은 자들과 마찬가지로, 자살로 떠난 사람은 사랑,

자신의 이야기를 들어 줄 사람, 용서, 평화를 필요로 한다. 우리는 진심 어린 '함께 있음,' 수용, 연민으로 그를 도울 수 있다. 실비에 의하면, 이것들은 우리가 소유하고 있는 가장 강력한 도구이다.

19
뉴욕에서의 만남

아버지는 25일 전에 돌아가셨다. 나는 아직까지 현실감이 들지 않는다. 그런데 나는 죽음의 문턱까지 아버지를 동반하고, 생명이 그분의 육체를 갑자기, 눈 깜짝할 사이에 버리는 것을 보았다. 빛깔을 잃고 굳어지는 피부… 아버지의 죽음은 비록 예견된 것이라 해도 완전히 재앙 같은 일이다.

아버지의 죽음 이후에는 장례식이 있었다. 시간은 다시 가기 시작한다. 7월 초, 나는 오래 전에 계획한 여행을 위해 딸과 함께 떠난다. 우리 둘이서만 외국으로 나가기는 처음이다. 먼 곳으로.

뉴욕. 맑음.

아침부터 습한 열기가 거리를 덮치고 있다. 우리가 묵고 있는 호텔은 센트럴파크에서 서쪽으로 두 블록 떨어진 79가(街)에 있다. 내 딸은 두 달 뒤면 16번째 생일을 맞을 것이다. 그 애는 우리가 3일 전에 도착한 이후부터 영어 실력을 능숙하게 발휘해 나의 마음을 자긍심으로 가득 채운다.

아버지가 된다는 것. 막 아버지를 잃은 나. 딸과 함께 있는 매 순간이 행복의 근원이고, 내가 이런 역할에 대해 갖고 있는 관점을 강화시킨다. 명령하기보다는 안내하기. 아무리 어려운 일이 있어도 항상 동반해 주기, 들어주기, 믿음을 주기, 힘을 일깨워 주기, 자율성, 독립 정신을 장려하기. 핵심적인 가치들인 존중하는 마음과 희망을 배워서 전달하기.

뤼나의 웃음. 감탄하는 두 눈.

브로드웨이의 간이식당에서 풍성한 아침식사를 한 후, 우리는 이 아침에 센트럴파크의 반대편에 있는 메트로폴리탄 미술관을 방문하기로 계획을 세웠다. 배가 한껏 부른 우리는 동쪽으로 가다가, 교통이 혼잡한 마지막 거리를 건너 공원 안으로 들어선다. 커다란 나무들의 그림자 안으로 들어서니 더위에 대한 부담감이 가신다. 도시의 윙윙거리는 소음이 잦아들다가 마침내 사라진다. 그동안에 우리는 꼬리를 강렬하게 움직이며 사방으로 돌아다니는 회색 다람쥐들 때문에 때로 속도를 늦추며 걷는다. 우리는 천천히 여유를 갖고 공원을 가로지른다. 숨쉬는 땅으로부터 느껴지는 신선함.

차들의 소음이 다시 들리고 더욱 커진다. 우리는 반대편에 왔다. 어퍼 이스트사이드이다. 메트로폴리탄 미술관은 거대하다. 무엇을 선택할까? 조각, 그림? 고대? 우리는 영감이 우리를 안내하도록 할 것이다. 얼마나 매혹적인 일인가. 우리 세계의 역사는 얼마나 아름다운가.

우리는 이리저리 거닐다가, 얼마 지나지 않아, 19세기 인상파와 다른 여러 화가들의 그림이 있는 갤러리로 들어선다. 첫 번째 전시관이다. 그리고 나는 갑자기 동요된다.

내 앞에 블라맹크의 그림 〈사투의 센강〉이 있다. 강렬하고 따뜻한 느낌의 빛깔, 물의 푸른색은 빛이 나고, 떨리는 배경에 있는 두 그루 나무의 초록색. 블라맹크의 왼쪽에는 마티스의 정물화가 있는데, 파스텔로 그린 동일한 색조가 강렬함을 품고 있다. 조금 더 떨어진 곳에는 소품인 〈앙드레 드랭의 초상〉이 있다. 이것도 블라맹크의 작품인데, 대담한 색으로 그려졌다.

나는 열기를 느끼며, 딸과 함께 방문한 미술관에서 나를 덮친 내적인 동요로 인해 당황스럽다. 뤼나는 갑작스럽게 서툴러진 내 행동을 눈치 챘을까?

우리는 다음 갤러리로 나아간다. 나의 동요는 지속된다. 다른 전시관에서도 마찬가지다. 전시관을 옮겨 다닐 때마다 나의 동요는 계속해서 커진다. 그것은 내 온몸을 덮치고, 나를 소유한다. 나는 고개를 숙인다. 내 배는 부어오르며 폐를 압박한다. 눈물이 계속 흐를 것 같지만, 동시에 나는 나의 본래 태도로 돌아가기 위해 애를 쓴다.

"어디가 안 좋으세요?"

뤼나는 나의 이상한 상태를 알아차렸다. 그 애는 불안한 마음으로 나를 바라본다.

"아니야, 아니야… 이 그림들이 매우 감동적이어서그래."

그 애는 나의 반응이 다소 과장되었다고 생각할 것이 분명하다. 그 애는 결코 이러한 나를 본 적이 없다. 그런데 그 애에게 무슨 말을 하지? 내 자신이 내게 일어나고 있는 일을 이해하지 못한다. 그럼에도 내 딸은 더 이상 질문을 않는 섬세한 태도를 보인다. 그리고 우리 두 사람이 걸어가는 동안, 우리 눈앞에 새로운 그림들이 끊임없이 나타나는 동안, 내 심장은 동요한다. 이 모든 작품들! 가치를 측정할 수 없는 이 보물들. 이렇게나 많은 역사적인 그림들. 우리 눈앞의 이 유명한 화가들. 나는 감동을 받고 마음이 흔들린다. 각 갤러리마다 새로운 놀라움을 안겨 준다. 매 순간마다, 시선이 닿는 곳마다, 그 유명한 수많은 그림들. 르누아르, 마네, 모네, 드가, 세잔….

나는 뤼나가 내 얼빠진 모습의 증인이 될 거라는 사실에 당황스럽고, 그 애 역시 불편한 기색이다. 나는 예민하지만 그림에 관한 한 아마추어인데, 여기서 무슨 일이 일어나고 있는 걸까? 나의 이해력을 넘어서는 일이다.

반 고흐의 〈사이프러스 나무가 서 있는 밀밭〉.

주위에 있는 다른 사람들의 눈을 멀게 할 만큼 눈부신 이 그림 앞에서 나는 더 이상 눈물을 참지 못한다. 내 배에서 생겨난 큰 물결이 몸을 따라 올라와 목구멍 안으로 밀려든 다음 눈에서 바깥으로 솟아오른다. 나는 다가간다. 캔버스 위에다 두껍게 사용한 물감, 터치의 흔적, 단호하고 심지어 약간 미친 움직임 속에서, 신들린 상태의 에너지 속에서, 멈춰 버린 시간 속에 남겨 둔 두껍고 긴 자국들을 보면서 딸꾹질을 한다. 내 눈물은 통제 불가능하다. 이해할 수 없는 일이다.

하늘에, 밀밭에 분노 어린 삶이 있다. 몇 센티미터 떨어진 곳에서 보니 그림은 생생하게 살아 있다. 마치 현실처럼 존재한다. 얼마나 인상적인지!

내 얼굴이 그림에서 몇 센티미터 떨어져 있다. 그리고 이때 나는 이해한다.

"아버지…."

나의 아버지가 여기에 있다, 우리와 함께. 내가 그분을 이끌고 있다. 그분은 나의 눈을 통해 세상에서 가장 감탄하는 그림을 보고 있다. 아버지는 나를 통해 반 고흐의 그림을 본다.

아버지는 내 안으로 스며들어 왔는데, 나는 이를 예상하지 못했다. 나는 내 몸을 죽은 사람과 공유하고 있다.

아버지는 자신이 무슨 일을 하는지 알까? 내게 침투해 들어온 사실을 의식하고 계실까? 경험에 따를 때, 나는 그럴 거라고 생각하지 않는다. 내가 첫 번째 전시관인 갤러리 904에 들어간 순간에 생겨난 감정의 에너지가 우리의 영혼이 결합되도록 했다.

부조리한 일이긴 하지만, 아무튼 이 순간에는 자명한 일이다. 아버지가 우리와 함께, 내 안에서, 메트로폴리탄 미술관을 방문하는 중이고, 당신의 친구인 이 많은 미술가들에 의해 감동된 당신은 살아생전에 가장 위대한 화가 — 원래 아버지는 오랫동안 첫 번째 자리에 폴 세잔을 앉혔었다 — 로 간주하던 사람의 그림 앞에서 스스로를 억누를 수 없었다. 아버지는 내 눈으로 거장의 삶, 움직임, 풍부한 재료를 발견한다. 춤추는 밀밭과 하늘의 구름을 위해서는 두터운 선을 사용했다. 반 고흐의 손길이 보여 주는 힘은, 비록 1세기 전의 것이라 해도, 캔버스 위의 울퉁불퉁한 물감을 통해 여전한 생명력으로 빛난다.

완전히 새로운 영적 삶의 소용돌이 속에서, 격렬한 흥분의 움직임에 의해, 아버지는 모든 안전성을 상실하고, 지금 고양

된 감정에 따라 움직인다.

물질의 경계는 사라지고 있다. 비현실적인 당신의 육체는 살(肉)로 이뤄진 내 육체 안으로 들어오고, 당신의 영적인 눈은 나의 동의 없이 내 눈으로 들어온다. 그리고 내 홍채를 통해 본다.

그리고 아버지는 당신의 현기증 안으로 나를 끌고 들어간다.

내가 영매, 감정의 공간이 되기 위해서는 훌륭한 그림들, 밀밭, 사이프러스 나무, 과거의 하늘이 필요할 것이다.

나는 아버지가 돌아가신 지 25일 만에 이 미술관에서 아버지를 만났다. 나는 사랑이 가장 중요한 거라는 걸 알고 있었다. 나는 아름다움이 사랑과는 별개의 것이라는 사실을 발견한다….

20
조르주 백부의 방문

2000년 10월, 레이몽의 어머니 마리 마들렌은 심각한 폐색전증 때문에 다급히 병원을 찾았다. 그녀는 79세이다. 집중치료를 받은 후에 그녀는 병원에 입원하게 되고, 비록 여전히 몸 상태는 매우 안 좋지만, 원기는 어느 정도 되찾는다.

이후에, 아들을 포함한 가족은 매일 그녀를 방문한다. 레이몽은 어머니에게 강한 애착을 갖고 있는데, 자기가 어머니를 얼마나 사랑하는지 반복해서 말하며, 그녀가 기력을 회복할 수 있도록 하기 위해 둘만이 있는 순간을 이용한다. 그는 어머니가 분명하게 기력을 회복하는 것을 보고 안심한다. 희망이 생긴다.

매일 해 왔던 것처럼 어머니의 방으로 들어가는 어느 저녁, 그는 두 눈을 뜬 채로 침대에 누워 1인용 안락의자를 뚫어지게 바라보고 있는 그녀를 발견한다. 마치 누군가와 대화에 빠져 있는 듯했다.

그런데 안락의자는 비어 있다.

방에는 레이몽과 그의 어머니 두 사람뿐이다.

레이몽은 다음과 같이 토로한다.

"그 장면 때문에 놀랐지만, 저는 어머니의 행동을 멈추게 하지는 않았어요. 저는 이야기를 들으면서 미동도 없이 몇 분간 있었어요."

"그 장면을 묘사해 주실 수 있나요?"

"독백 같지는 않았어요. 정말로 어머니가 누군가와 대화 중이라는 인상을 받았어요. 어머니는 질문을 한 다음 얼마간 아무 말도 안 했는데, 마치 대답을 듣는 것 같았어요. 저는 어머니가 웃고, 심지어 이따금씩 폭소를 터트리는 걸 보았기 때문에, 실제로 누군가가 어머니에게 대답을 한다는 느낌을 갖게 됐어요."

"어머니는 뭐라고 말하던가요?"

"어머니는 젊었을 적의 추억을 떠올리거나, 과거의 재미있는 에피소드를 얘기했어요… 그런데 얼마 안 있어 저를 정말로 놀라게 만든 건 어머니가 몇 번에 걸쳐 존댓말을 써 가며 '대화 상대자'의 이름 조르주를 불렀다는 것이에요."

"조르주라는 이름이 당신에게 특정한 누군가를 떠올리게 하나요?"

"예, 아버지의 형이었어요, 조르주 백부지요. 저는 그 장면의 현실감 때문에 너무 놀랐어요. 저는 단 한순간도 어머니가 제정신이 아니라는, 혹은 허공에 대고 말하는 거라는 느낌이 들지 않았어요. 그 반대였어요, 어머니는 침착하고, 그 목소리는 차분했어요. 당신은 어떤 질문을 받은 것처럼 보였는데, 거기에 대답을 했어요… 마치 현실 속 대화에서처럼 말이죠. 이따금 어머니는 수긍을 하셨어요. 그러니까 당신의 입술에 미소를 띠었어요… 저는 더 이상 기억이 안 나 이후에 아버지에게 질문을 했어요. 아버지는 제게 어머니가 백부가 살아 계실 때 '부(vous)'['당신'을 뜻하는 프랑스어. 존칭이나, 거리감이 있는 사람에게 쓰인다]를 사용해 불렀다고 확인시켜 주셨어요…."

"그런 장면이 얼마나 오랫동안 가나요?"

"제가 방에 들어간 다음 몇 분간요, 언제부터 시작되었는지는 모르겠어요… 이어서 어머니는 인사도 하고 다시 찾아오라고 부탁도 하며 조르주 백부와 헤어졌어요. 이때 어머니는 제게 고개를 돌리고는 '떠나시기 전에 백부님께 인사 드려라'라고 말씀하셨어요."

레이몽의 첫 반응은 다음과 같은 것이었다. 즉, 방에 아무도 없고, 대신에 무언가가 시간을 멈추게 하고 자신을 붙들어 둔 것 같다고 어머니에게 말하는 것이었다. 이때 그의 어머니는 조르주를 규칙적으로 보게 돼서 행복하다고 매우 자연스럽게 털어놓는다. 어머니는 백부와 함께 있는 것이 좋다고 말한다. 그는 어머니의 말에 반박할 기분이 들지 않는다… 그는 소용없는 일이라고 생각한다.

"제 백부는 몇 해 전에 돌아가셨어요. 어머니도 그 사실을 알고 계셨지만, 백부가 어머니를 방문하러 입원실에 찾아오고 있다고 확신을 하고 계셨어요…."

"당신은 그 점에 대해 어떻게 생각하나요?"

"저는 모르겠어요. 그것이 정말로… **정상적인 일**처럼 보여요. 어머니는 입원한 이후로 권태감과 우울의 징후를 보여 주신 반면에, 그분과 대화를 해서 행복하신 듯 보였어요. 저는 어머니가 경험하는 이러한 평온함을 깨트리고 싶지 않았어요, 어머니의 얼굴이 다시 평온한 기색을 띠는 걸 보고 저는 마음의 부담을 훨씬 덜었어요."

겉으로 보기에 무해하고 완화 치료를 받는 수많은 환자와 간병인이 증언하는 이 경험은 레이몽에게 깊은 인상을 남겼다. 무슨 일이 일어났는지를 이해하고 싶은 그는 그것에 대해 반복적으로 생각하지만, 해답을 찾지는 못한다. 그의 이성적인 부분은 방에는 둘만이 있었고 어머니는 허공에 대고 말한 것뿐이라고 알고 있다. 그런데 어머니는 매우 자연스럽고 차분한 듯 보였다… 그리고 대화도 매우 일상적인 것으로 느껴졌다….

곧이어 마리 마들렌은 깊은 혼수상태에 빠지고, 이어서 2000년 11월 1일에 사망한다. 백부 조르주와 나눈 대화의 비밀을 지니고서. 아마도 그녀는… 다시 만났을 것이다.

레이몽의 증언은 도스토옙스키의 소설 『죄와 벌』의 한 대목을 연상시킨다. 작중인물 스비드리가일로프가 라스콜리니코프에게 다른 세계가 실제로 존재한다고 설득하는 대목이다. "유령들은 말하자면 그것들의 근원인 다른 세계에서 나온 조각과 파편들입니다. 건강한 사람은 물론 그것들을 볼 필요가 전혀 없습니다. 왜냐하면 건강한 사람은 지상에 가장 잘 어울리는 사람이고, 다른 사람과 조화를 잘 이루고 질서를 잘 지키기 때문에, 이 세상의 삶만을 살아야 합니다. 하지만 그 사람이 어떤 병에 걸리자마자, 지상의 정상적인 질서에 문제가 생기자마자, 곧 다른 세계가 존재할 가능성이 그에게 명백해지기 시작하고, 그가 많이 아플수록 다른 세계와 접촉하는 횟수도 많아지고, 그 결과로 그가 죽을 때, 그는 곧장 그 다른 세계로 옮겨 갑니다."[11]

---

11. Fédor Dostoïevski, *Crime et Châtiment*(죄와 벌), Le Livre de poche, 2008, p. 361-362.

21
"영원의 약속"

클레르의 남편 뤼뤼는 6년 전 28살밖에 되지 않은 나이에 암으로 죽었다. 병에 걸린 5년 동안, 클레르와 그는 결코 죽음을 주제로 대화를 나누지 않았고, 심지어 의사와의 대화에서도 마찬가지였다.

오늘날 그녀에게는 이런 일이 양식 없는 일로 보인다. 과거에는 그렇지 않았다. 그녀가 더 이상 식사를 할 수 없는 상태에 이른 그를 응급실로 데리고 갔을 때, 그리고 당직 인턴이 그녀에게 더 이상 희망이 없다고 설명했을 때, 그녀는 자신의 세계가 막 전복되었다는 걸 곧장 이해하지는 못했던 것이다.

뤼뤼가 죽을 수도 있다는 생각을 한 번도 하지 않은 그녀는 실제로 잠을 자거나 음식을 먹을 수 없는 그 끔찍한 방에 머무르며 그 옆에서 일주일간을 보냈다. 7일째 되는 날, 기진맥진한 그녀는 조금 쉬기 위해 집으로 돌아왔다. 오전 8시 무렵에, 그녀는 지금도 믿을 수 없을 만큼 정확히 기억나는 꿈을 꾸었다. 그녀는 공항 로비처럼 보이는 곳에 있다. 몇 개의 좌석과 보안장치가 된 문이 있다. 이 문 너머에서, 매우 강렬한 흰색 빛으로 빛나는 벽 전체가 보인다. 빛은 부드러운 동시에 강렬하지만 눈이 부시지는 않다. 그녀의 남편이 그녀를 기다린다. 그녀가 오자 그는 일어나 그녀를 껴안는다. 그는 머리를 아주 짧게 깎았지만(화학요법의 흔적이다), 그의 몸은 튼튼하고 병의 흔적도 남아 있지 않다. 그는 그녀에게 떠나야 한다고 말하고, 또한 그녀를 사랑한다고 말한다.

이 순간은 슬프지 않다. 이 만남에는 사랑, 존경, 감사하는 마음이 가득 배어 있다. 클레르는 남편에 대해, 그의 눈에서 알아본 것에 대해 크나큰 사랑을 느끼고, 그 역시 같은 감정을 느끼고 있다는 걸 안다. 이 사랑은 그녀에게는 새로운 것이다. 집착, 질투, 이기심에서 자유로워진 사랑이다. 이런 사랑은 가장 순수한 형태의 사랑과 비슷하다. 마지막 포옹을 한다음, 뤼뤼는 문을 나서더니 한 번 뒤돌아보고는 그녀에게 마지막 손짓을 한다.

클레르는 깜짝 놀라며 잠에서 깬다. 그녀는 '빨리 병원에 가야 해!'라고 생각한다. 하지만 그녀가 깨어난 지 몇 분밖에 지나지 않았을 때, 그녀의 아버지가 그녀에게 뤼뤼가 30분 전에 죽었다고 알린다.

"그가 마지막 호흡을 하는 순간에 그의 곁에 있지 못했다는 죄책감이 어떤 것이었는지 아무도 상상하지 못할 거예요."

클레르는 당시에는 그 꿈에 중요성을 부여하지 않았다. 그러나 그녀는 지난 몇 년간 연구를 해서 자신의 것과 동일한 다른 이야기들을 발견한다. 이것은 그녀에게 더 나은 이별을 바랄 수 없었다는 걸 깨닫게 해 주었다.

"저는 지금은 그 꿈을 있는 그대로 봐요. 우리의 육체와 고통 받는 정신으로부터 멀리 떨어져 일어난 영혼과 영혼의 접촉이에요. 영원의 약속이에요."

22
죽음의 의미를 이해하기

죽음은 우리를 변화로 이끄는 이행 과정이다. 이 변화가 '지상'에 남아 있는 사람과 협력하며 이뤄질 수 있다고 강조하는 일은 중요하다. 그런데 죽은 사람들이 자신들의 새로운 상태를 의식하고, 받아들이고, 기생하는 감정에서 벗어나도록 어떻게 도울 수 있을까?

가까운 이를 잃었을 때 가질 수 있는 초기 반응 중 하나는, 그가 그런 사실을 알지 못할 경우를 위해, 그가 죽었다고 말하고 설명하는 것이다. 단순히 그에게 다음과 같이 말할 수 있다. "그런데 어떤 중요한 일이 막 일어났어요. 당신이 육체를 잃은 겁니다. 당신의 의식의 지도가 바뀌었어요. 이제부터 당신의 삶은 지상이 아닌 다른 곳에서 진행돼요. 당신의 리듬에 따라, 지상에서 멀어져야 합니다. 만일 도움이 필요하다면, 제가 여기에 있어요. 당신의 말을 들으면서 말이죠. 어딘가에 틀림없이 빛이 있을 것이고, 당신을 돕기 위한 사람들이 존재할 거예요. 그들을 만나려고 해 보세요."

죽은 이들에게 말하기 위해 반드시 영매가 하는 것과 같은 커뮤니케이션을 할 필요는 없다. 상황이 허락한다면 시신 앞에서 큰 목소리로 말할 수 있지만, 이것도 절대적인 것은 아니다. 집에서 혼자 그들에게 말을 거는 것도 가능하다. 사실, 우리에게 적합하다면 어떤 상황과 장소라도 괜찮다. 또박또박 말을 할 수도 있고, 아니면 단순히 속삭이듯 말을 할 수도 있다. 큰 소리로 말하는 것은 우리의 말을 보다 잘 분절하여 전달한다는 이점 — 적어도 나에 대해서는 그렇다 — 이 있지만, 우리의 생각을 그들에게 정신적으로 보내는 것 역시 효과가 있다.

만일 우리가 그들에게 말을 한다면, 그들이 듣는다는 사실을 염두에 두어야 한다. 우리가 그들과의 **관계**를 추구하는 데에는 수많은 방법들이 있다. 그것들 중 우리에게 명백해 보이는 방법을 선택하는 것으로 충분하다.

반대로, 그들이 이 세상으로 **돌아오는** 데에는 많은 에너지가 소모된다. 우리의 죽은 친지들에게 의미가 있고 쉽다고 생각되는 커뮤니케이션 코드를 만들자고 제안할 수 있다. 우리의 꿈을 매개로 해서, 혹은 하루 중 여러 가지 일이 벌어질 때 공시성을 수단으로 삼아, 메시지를 전달해 달라고 그들에게 제안하는 것도 가능하다. 그들에게는 이렇게 할 수 있는 무수한 방법이 있지만, 결코 쉬운 일이 아니라는 걸 염두에 두어야 한다. 반대로, 내가 반복해서 말하듯이, 그들은 우리의 말은 쉽게 듣는다. 그들의 말에 주의를 기울이도록 하라, 그리고 당신이 말해야 할 것을 말하라.

실비 우엘레는 구체적으로 다음과 같이 말한다.

"우리의 기대가 메시지를 들을 수 있는 능력을 방해할 수 있어요. 그때에는, 가능한 한, 신호를 받겠다는 욕망을 포기하고, 대답은 늦어질 수도 있고, 심지어 없을 수도 있다는 것을 받아들일 필요가 있어요. 죽은 사람들이 항상 우리와 커뮤니케이션을 할 수 있는 건 아니에요. 특히 그들이 반대편에 막 도착했을 때, 그들이 신경 써야 할 일이 무척 많을 수 있어요. 만일 우리가 이런 순간에 커뮤니케이션을 시도한다면, 우리의 메시지가 전달되더라도, 항상 즉각적인 대답을 받을 수 있는 건 아닙니다."

실비에 따르면, 죽은 다음에 모습을 나타내지 않는 것이 반드시 사랑의 결여를 의미하는 건 아니다. 죽은 자의 표면적인 침묵은, 정확히 말해, 심지어 상당한 애정을 갖고 있다는 표식일 수 있다. 실제로, 어떤 사람과 강한 유대 관계를 맺고 있던 죽은 자의 경우에, 신호를 보낸다는 건 어려운 일이 될 수 있다. 그렇게 하려면 그 사람에게 다가가야 하는데, 죽은 자는 자신을 '지상'에 꽁꽁 묶어 두던 집착에서 벗어나야 하기 때문이다. 이때, 그 죽은 자에게 있어선, 진정한 사랑은 일시적인 무관심으로 표현된다. 이 무관심은 죽은 자가 변화를 하는데, 그리고 이 세상에 머물러 있는 사람들이 변화를 하는 데 필요한 것이다.

사랑한다는 것은 떠나도록 내버려두는 것이다.

무수한 커뮤니케이션 사례에서, 모습을 보이는 일은 사후(死後) 얼마 지나지 않아서 발생한다.

실비는 내게 묻는다.

"만일 당신이 서둘러 여행을 떠나야 하는데 가족에게 연락

할 시간이 없었다고 한다면, 당신은 목적지에 도착해 가장 먼저 무엇을 하게 될까요?"

"가족에게 전화를 걸겠습니다."

"정확한 대답이에요. 죽은 사람들도 그와 같은 충동을 갖게 될 겁니다. 죽음 직후에는 그들이 우리와 다르지 않다는 걸 잊지 마세요. 살아 있는 동안에 영적 안내자, 수호천사, 혹은 빛의 존재들과 커뮤니케이션을 해 본 일이 없는 사람은 반대편에 도착하더라도 그 존재들과 커뮤니케이션을 하려는 생각을 하지 않고, 지상에 있을 때처럼 가까운 이와 커뮤니케이션을 하는 데 관심을 가질 거예요. 만일 그가 죽음 이후에는 아무것도 없다고 믿고 있었다면, 친지들과 접촉하려는 욕망이 훨씬 더 강렬할 겁니다. 그가 죽은 뒤에도 계속 살고 있다는 것을 확인하며 느끼게 될 놀라움을 당신은 상상할 수 있을 거예요! 그는 반대편에 도착한 다음, 매우 놀랍게도 삶이 계속 진행된다는 걸 발견하는데, 무슨 일을 하고 싶어 할까요? 그 사실을 친지들에게 말하고 싶을 겁니다! 더구나 이런 현상을 대상으로 진행된 연구를 볼 때, 죽은 자로부터 신호를 받은 대부분의 사람들이 죽음 직후에 그것을 받았다고 말합니다."

"예, 실제로 그렇습니다."

"왜일까요? 죽은 자가 끔찍할 만큼 자기를 표현하고 싶고, 가까운 이들을 안심시키고 싶고, 그들에게 다음과 같이 말하고 싶기 때문이에요. '나는 아직도 여기에 있어, 내 죽음을 슬퍼하지 말고 내 육체의 죽음을 슬퍼해, 왜냐하면 나는 잘 살고 있으니까!'"

실비의 눈에, 죽음은 우리가 육화되어 경험하러 온 것의 일부를 이룬다. 죽음은 우리의 삶에서 우연히 일어나지 않는다. 비록 그 의미가 우리 인간의 눈에는 대개 보이지 않는 것일지라도, 죽음은 깊은 의미를 띠고 있다. 우리는 시각을 결여하고 있고, 우리가 사랑하는 사람을 잃었다는 고통이 우리로 하여금 현실의 깊고 미묘한 의미를 보지 못하게 만든다. 하지만 만일 우리가 힘을 되찾으면, 만일 애도의 과정에서 변화가 일어나 우리가 보다 안정된 상태에 이르고, 이것이 우리의 시각을 바꾸도록 만들면, 그때는 사랑하던 존재의 죽음이, 결핍과 슬픔을 넘어, 우리를 다른 사람, 곧 비극적인 일이 없었다면 변화하지 않고 그대로였을 사람과는 다른 사람으로 만들어 준다는 것을 깨닫는 일이 이따금 가능해진다. 보다 풍요로운 마음을 지닌 사람이 되는 것이다. 현실의 어떤 차원에 보다 열려 있는 사람이 되는 것이다. 자신의 영적인 부분에 보다 귀를 기울이는 사람이 되는 것이다.

죽음에서 비롯되는 깨달음은, 우리의 삶에 있어서나 우리 주변 사람들의 삶에 있어서나, 이따금 현기증을 일으킨다. 우리가 이제 살펴볼 몇몇 증언에서 보듯이 말이다.

23
세 명의 의사들

그들은 믿을 수 없을 만큼 큰 사랑으로 맺어진 삼 형제이다. 그들의 아버지는 건축가이고 어머니는 실용 외국어 분야의 D.E.A.[박사 논문 제출 자격증] 소지자인 반면에, 이들 삼 형제는 의학을 선택했다. 34살인 막내 클레망은 외과의가 됐고, 지금은 암 전문 병원에서 일하고 있다. 둘째인 조나탕도 목과 얼굴 부위를 치료하는 외과 분야에서 일하는 의사이다. 장남인 37살의 다비드는 정신의학 쪽에서 열정적으로 일하고 있다.

세 명 모두 매우 현실적이다. 그리고 이성을 중시하는 경력을 밟아 왔는데, 이들의 이성에 대한 신념은 어떤 것에도 흔들리지 않았다. 내가 만난 건 클레망이다. 그는 강연이 끝날 무렵에 내게 질문하기 위해 은밀히 찾아왔다. 그의 아버지도 함께 왔다. 두 사람 모두 큰 슬픔에 빠져 있었다. 나는 그들의 고통에 충격을 받았다. 이상한 일이 일어나고 있었다. 몇 주 후, 나는 파리의 중심가에서 클레망을 다시 만난다. 이때 그는 가을 이후로 그의 가족을 덮치며 그들을 커다란 공포에 몰아넣은 일을 내게 자세히 전한다.

"그 사건 전에 우리는 그런 종류의 현상에 정말로 익숙하지 않았습니다. 하지만 우리는 상대적으로 이교 문화에 익숙했어요. 충실한 가톨릭 신자가 아니었던 부모님이 다른 여러 종교들을 타협하듯 받아들이셨기 때문이지요."

모든 것은 2017년 9월 중순의 어느 이른 아침에 시작된다. 다비드가 일하러 가기 위해 거리에 주차한 자신의 자동차로 간 다음, 갑자기 심장마비를 경험했을 때다. 한 목격자가 응급구조대원들을 부른다. 이들은 도착하자마자 다비드의 심장이 다시 뛰도록 만드는 데 성공한다. 그는 안정을 찾았지만 혼수상태로 병원에 실려 간다.

다비드는 막 아버지가 되었다. 아버지가 되는 것은 수년 전부터 그에게 일종의 강박관념이었다. 마치 생명을 주는 것이 위급한 일이라도 되는 듯이 강렬한 욕망이었다. 하지만 아버지가 되었다고 해서 그가 과중한 업무를 줄인 건 아니다, 오히려 그 반대다. 그는 쉼 없이 일한다. 클레망은 그의 맏형의 노력에 감탄하지만, 그럼에도 그는 몇 번에 걸쳐 너무 긴장된 생활 리듬에 대해 형에게 주의를 주는 걸 잊지 않는다. 다비드는 언제나 똑똑했다. 매우 예민한 감수성을 타고 난 그는 영성에 호기심을 느끼고, 그중 어떤 것에도 동조하지 않으면서도 모든 종교에 관심을 갖고 있다. 많은 친구들로부터 높은 평가를 받는 그는 강도 높은 활동에도 불구하고 자신의 일을 계속하는 데 주저하지 않는다. 이런 상황은 그가 대학생 시절에 경험한 일과 연관이 있는 걸까? 사실, 2001년 봄에 다비드와 그의 동생 조나탕 그리고 한 여자 친구가 연쇄 추돌 사고를 겪었다. 이 사고가 일어났을 때, 다비드는 그의 전(全) 생애가 눈앞에 지나가는 걸 보았다고 말했다. 이날 이후로, 그의 삶은 더 이상 예전 같지 않았다. 그는 자신이, 주위의 모든 사람에 앞서, 젊은 나이에 이 세상을 떠날 거라고 확신했다.

다비드는 심장마비를 일으킨 이후에 집중 치료를 받아야 하는 심각한 상태에 이른다. 삼 형제와 같은 시기에 공부를 했고 당직을 맡았던 그의 친구 중 한 명이 다비드를 알아보지만, 놀란 가슴에 그라는 사실을 쉽게 믿지 못한다. 그런데 곧 다비드를 아는 다른 동료들이 치료실로 들어오고 병원에 소식이 퍼진다.

그의 동생 조나탕도 연락을 받는다. 이어서 막내인 클레망은 거의 300킬로미터 떨어진 곳에서 전화로 소식을 듣게 된다.

시간이 멈춘다.

"저는 성형외과 시험문제를 재검토하고 있었는데, 모든 것을 중단하고 즉시 출발했어요."

다비드 곁에 온 두 형제는 그의 상태가 위중하다는 걸 알게 된다.

저녁이 되자, 그들은 프랑스의 반대편 끝머리에 살고 있는 부모님께 알려야 한다는 사실을 체념한 채 받아들인다. 그러나 클레망과 조나탕은 전화 상으로 최소한의 사실만 말하고 자세한 언급은 피한다. "다비드가 쓰러져서 병원에 입원해 있어요. 상태가 꽤 심각해요."

부모님은 밤이 깊었지만 길을 떠난다. 이곳까지 오려면 5시간이 걸린다. 부모님의 집에 있던 다비드의 아내와 아들도 같이 길을 나선다. 서쪽을 향해 빠른 속도로 달리는 차 안에서 모두가 뜨거운 눈물을 흘리며 운다. 그러고는 침묵이 찾아든다.

"이 여정 동안, 어머니는 다비드와 일종의 텔레파시로 소통에 들어갔어요."

"그는 그 순간에는 여전히 살아 있었나요?"

"예…."

"'텔레파시로 소통에 들어갔다'라는 표현이 의미하는 바는 뭔가요?"

"어머니는 제게 일종의 거품 안에 있었다고 말씀하셨어요. 어머니가 선생님을 위해 쓴 글을 읽는 것이 아마도 제일 나은 방법일 것 같아요. '새벽 2시경, 다비드가 위중한 상태라는 소식을 듣고 우리가 병원을 향해 차를 몰고 있을 때, 저는 그 애와 텔레파시로 "대화"를 나누었습니다. 그 애는 평상시에 하던 것처럼 많은 애정과 부드러움이 담긴 태도로 제게 말했습니다. 그 애는 자신이 이 세상을 떠날 거라고, 자신을 붙잡아 두어선 안 된다고, 자신은 혼수상태에서 빠져나오지 못할 거라고 말했습니다. 그리고 그렇게 되는 것이 가장 낫다고 덧붙였어요. 왜냐하면 자신이 깨어난다 해도 식물인간으로 살게 될 것이기 때문입니다. 그렇게 되면 자신에게나 우리 모두에게 불행한 일이 될 거라고 말했습니다. 그 애는 주위 사람들에게 부담이 되기를 원치 않았습니다. 저는 다른 가족들이 눈치채지 못하게 울었어요. 저는 그 애에게 만일 식물인간으로 있는다 해도, 내가 받아들일 거라고, 가족이 돌보아 줄 거라고,

나는 네가 떠나는 걸 원치 않는다고 말했습니다… 저는 신에게 그 애를 우리에게 다시 돌려 달라고, 그 애를 데려가지 말라고 간청했어요. 저는 "그분에게" 만일 다비드가 계속 살 수 있다면, 나는 평생을 다른 사람을 돌보며 살 거라고 말했어요. 다비드와 저 사이의 대화는 차를 타고 병원으로 가는 내내 계속되었고, 저는 결국에는 받아들였습니다. 저는 다비드에게 떠나는 것을 받아들인다고 말했습니다. 이 대화는 다른 곳에서, 다른 공간에서, 그 애와 저밖에 없는 공간에서 이루어지는 듯 보였어요. 저는 정말로 차에 있는 다른 가족을 더 이상 의식하지 못했습니다….'"

"믿을 수가 없네요… 참으로 신비한 대화군요!"

"예. 이어서 일어난 일에 비추어 볼 때, 이 대화는 어머니를 깊이 동요시켰습니다. 어머니의 이야기는 다음과 같이 계속 이어집니다. '다비드는 제게 미리 알리려고, 제게 너무 큰 충격을 주지 않으려고 애썼습니다. 제가 그 애가 떠나는 것이 더 나은 일이라는 걸 이해하고, 그런 상황을 받아들이는 것이 그 애에게는 중요했습니다. 그 애의 말을 다시 생각한 저는 제가 마음의 준비를 하길 그 애가 바랐다는 걸 이해하고는 감동했습니다. 이런 끔찍한 상황에서 그 애는 자기만 생각하지 않았어요. 대신에, 그 애가 평생에 걸쳐 항상 그랬듯이, 자기가 그렇게나 사랑하는 가족만을 생각했습니다. 이때부터 저는 그 애가 여기에 나와 함께 있고, 다른 곳에 있지만 언제나 함께 있다는 확신을 갖게 됐습니다. 우리를 연결하고 있던 끈은 끊어지지 않았고 앞으로도 끊어지지 않을 겁니다. 저는 항상 죽음 이후에는 무언가가 있다고 생각했고, 다비드가 떠난 이후로는 기도를 하고 싶은 마음, 제 영성을 계발하고 싶은 마음, 선을 행하고 싶은 마음, 매일 나아지고 싶은 마음, 본질적인 것에 매달리고 싶은 마음이 들어요. 저는 너무 오랫동안 제 영혼을 잠자게 놔두었다는 걸 깨달았고, 이제부터는 제 영혼을 키우고 깨우고 싶은 다급한 필요성을 느낍니다… 소중한 제 아들이 떠났다는 사실로 말미암아, 제게 좋은 질문을 하고, 제 인생 여정에 관해 숙고하고, 매 순간을 충분히 경험하고, 제 가족과 함께 보내는 매 순간을 고맙게 생각하지 않을 수 없게 됐습니다.'"

나는 이 어머니의 증언을 듣고 매우 감동한다. 나는 다음의 문장을 떠올리며 눈물을 흘린다. "저는 너무 오랫동안 제 영혼을 잠자게 놔두었다는 걸 깨달았습니다." 얼마나 큰 용기이고, 얼마나 큰 힘인가!

대화를 계속 이어 가던 클레망은, 이 경험은 자연스럽게 이루어졌고 전혀 예상하지 못했던 것이라고 내게 강조한다. 어머니는 차에서 차분하게 있었다. 다비드와의 '소통' 이후, 그녀는 궁극적으로 아들의 떠남을 받아들였다.

"어머니는 일단 형 곁으로 오니 놀라울 만큼 차분해졌다고 제게 말씀하셨어요."

밤이 아주 깊었을 무렵, 가족은 상봉을 한다. 다음 날, 가까운 친구들이 집중 치료를 받고 있는 다비드를 계속 찾아와 가족을 포함한 방문객 대열에 합류한다. 외과의사인 삼형제의 삼촌은 외국에서 찾아온다. 그는 내세의 가설을 결코 믿지 않는 과학자이다. 그럼에도 그는 어머니에 이어 설명할 수 없는 에피소드를 겪게 된다. 클레망은 다음과 같이 떠올린다.

"우리가 모두 슬퍼하는 동안, 저는 삼촌이 빛나는 얼굴에 환한 미소를 보란 듯이 짓고 있는 것에 주목했어요."

"그 순간에 그분에게 말을 걸었나요?"

"예, 그리고 놀랍게도 '나는 그 애를 느낀단다. 그 애는 여기에 있어, 다비드는 우리와 함께 있어'라고 제게 말씀하셨어요."

"그분이 자신이 보던 것을 당신에게 말했나요?"

"삼촌은 형을 보지 않으면서도 형을 느끼고 있었어요. 그분은 보지 않고 있었지만 매우 강하게 형의 존재를 감지했어요. 그때는 제가 제 슬픔에 못 이겨 이런 현상에 아무 관심도 두지 않았어요. 저는 최근에야 삼촌과 함께 그 순간에 관한 이야기를 했는데, 그분은 그런 느낌을 가졌었다고 제게 확실히 말씀하셨습니다. 그 경험은 삼촌에게는 전혀 예상하지 못한 것이었지만, 동시에 매우 강렬해서, 지금은 내세의 존재를 믿고 계세요."

"아, 그래요?"

"그토록 회의적이고, 그토록 데카르트적이고 유물론자였던 사람이 단 한 번의 경험 이후에 삶에 대한 시각을 완전히 바꾸는 것을 보고 저는 크게 동요했습니다. 병원에서 모든 사람이 슬퍼했는데 그분은 행복해했어요."

클레망은 비교(祕敎)에 대한 지식도 전혀 없고 종교적인 교육도 받은 적이 없다. 그의 가족이 겪은 재앙의 한가운데서 발생한 이 "작지만 호기심 어린 사건들"은 그의 지적 세계와는 어울리지 않는 것이었다. 여전히 충격을 받고 있던 그는 스스로에게 질문을 제기하지 않는다. 그가 이런 것에 관해 다시 생각하게 된 것은 몇 주가 지나서였다. 어머니는 무슨 일을 겪으셨나? 그리고 삼촌은 그렇게 동요된 상태에서 다비드를 느낀다고 확언했을 때 무엇을 의미하려고 했던 걸까? 클레망은 말할 수 없는 사별의 고통이 자신 안에서 타오르던 때와 같이 해, 이데올로기적인 해석 없이 급격하게 미지의 것 속으로 빠져든다. 그리고 그 타오르는 고통은 한데 모인 가족 구성원들도 불태우게 된다. 왜냐하면 30여 시간의 혼수상태에 빠져 있던 다비드가 곧 죽기 때문이다.

"형이 죽었을 때가 저녁 8시였어요. 우리 각자의 애도 작업이 시작되었어요, 아무도 우리에게 이런 일에 대해 준비를 시키지 않았지만…."

클레망과 부모님은 조나탕의 집에 머무른다. 모든 사람이 녹초가 된 상태다.

다음 날 아침 클레망은 욕실에 갈 때, 전등이 고장 난 듯이 이상하게 반짝이는 것에 주목한다. "그것은 아주 잘 작동해." 조나탕이 클레망에게 단언한다. 이어서 조나탕은 그에게 혼자 있게 해 달라고 부탁한다. "내게 다비드가 하는 말이 들려. 집중할 수 있도록 나를 내버려 둬." 클레망은 놀란다. 이 순간 조나탕의 얼굴은 일어나고 있는 일에 대해 어떤 의혹도 없는 표정이었다. 하지만 클레망은 자신이 너무 고통스러워 조나탕의 말에 더 이상 아무런 주의도 하지 않는다.

잠시 뒤, 어머니가 놀랄 만큼 평온한 얼굴로 형제들에게 다가와 둘 모두를 껴안는다. 그녀는 깨어나면서 끔찍한 현실을 깨닫고 눈물이 흐르면서 가슴이 무너져 내렸다고 설명한다. 그런데 슬픔으로 온몸이 젖어들 때, 그녀는 전날 밤 차 안에서 그랬던 것처럼, 갑자기 다비드가 자신에게 말하는 것을 들었다. "어머니, 죄송하지만 울지 마세요. 저는 잘 있고 행복해요, 저는 으젠느(어머니의 증조부)와 함께 있어요. 곧장 서로를 보게 됐어요. 죄송하지만, 조나탕과 클레망을 보살펴 주세요, 좋은 아이들이에요. 저보다 그 애들을 몇 배나 더 사랑해 주세요, 제가 떠난 지금 그 애들은 훨씬 더 많은 사랑을 필요로 하고 있어요." 그래서 그녀는 온몸으로 두 아이들을 껴안으며 다비드가 말한 것을 전했다. 클레망은 의심하는 마음이 든다.

"저는 그런 일이 믿기지 않았습니다, 저는 어머니가 미쳐 간다고 생각했어요. 하지만 어머니는 매우 평온한 표정이었어요."

이런 순간에 우리는 살아남기를, 고통 참기를 시도한다. 몇 개월이 지나고, 클레망은 많은 연구와 다른 경험들을 한 이후에야, 다비드가 심장마비가 일어나자마자, 이어서 **죽음 이후**에, 모든 수단을 동원해 주변의 사람들을 안심시키고 메시지를 전달하고자 능숙하게 시도한 사실을 이성적으로 고찰하기 시작한다.

다비드가 죽은 지 이틀 뒤, 클레망의 약혼녀인 뤼실이 클레망을 찾아온다. 디자인을 공부하는 이 젊은 여학생은 종교교육을 받은 적이 없고 완전한 불가지론자[신의 존재는 알 수 없다는 논리를 지지하는 사람]이다. 그녀는 한 번도 다비드를 만난 적이 없다. 그녀가 도착한 날 저녁, 그녀는 조나탕의 집에서 모든 가족이 함께 하는 저녁식사 자리에 참석한다. 클레망의 친한 두 친구 역시 테이블에 앉아 있다. 대화의 주제는 마침내 그 이상한 경험으로 옮겨 간다. 다비드가 죽음 이후에 커뮤니케이션을 시도했다는 이상한 가설을 두고 서로가 질문을 한다. 뤼실은 회의적이다.

그런데 그녀는 식사를 하는 중에 갑자기 온몸에 힘이 빠지는 걸 느낀다. 동시에, 그녀는 누군가가 그녀 왼쪽의 비어 있는 의자를 스치며 그녀 뒤를 지나간다고 지각한다. 뤼실은 통행이 쉽도록 자신의 의자를 앞쪽으로 당기며 뒤를 돌아보는데, 그녀 뒤에는 아무도 없다. 놀람은 공포로 변한다. 이어서 그녀는 기력을 되찾은 다음, 자신의 피곤한 상태를 탓하며 논리적인 설명을 찾으려고 애를 써 본다.

뤼실은 저녁식사 내내 혼란스러운 상태이다. 매우 예민해진 그녀는 마침내 사람들이 여러 감정을 토로하는 이 아파트를 떠나며 마음의 부담을 덜어 낸다. 클레망과 그녀는 친구 집에 자러 간다.

한밤중에 뤼실은 자신이 실제로 깨어났는지, 아니면 깨어 있는 꿈을 계속 꾸고 있는 것인지 모른 채로 깨어난다. 대신에, 그녀는 조나탕의 아파트에서 지각했던 그 힘을 다시 느낀다. 조나탕이 그녀에게 클레망을 잘 돌봐 달라고 여러 차례 간곡하게 부탁을 해서, 뤼실은 진심으로 그러겠다고 약속했다. 이때 그녀는 커다란 감사의 정이 내면에 가득 차는 걸 느낀다. 비약하는 사랑의 감정이 그녀를 감싸 오고, 이 때문에 그녀는 글을 쓰기 위해 일어나고픈 생각이 든다. 이러한 감정으로 인해 그녀는 온전히 자신에게로 돌아오고, 지금 일어나고 있는 일을 완전하게 깨닫는다. 꿈이건 꿈이 아니건 간에, 그녀의 데카르트적인 정신은 기운을 되찾지만, 그녀는 불안에 찬 급격한 위기에 처한다.

클레망은 내게 설명한다.

"그녀는 죽을까 봐 공포를 느꼈어요. 그녀는 언제나 죽음과 연관된 불안감을 지니고 있었어요."

뤼실은 평정을 되찾고 다시 잠들게 된다. 다음 날 아침, 그녀는 침대 맞은편의 테이블 위에 한 뭉치의 편지와 펜이 있는 걸 발견하고는 깜짝 놀란다. 무슨 일이 일어난 걸까? 여기저기에 부분적인 현실이 있는 꿈, 두 세계 사이의 꿈? 클레망은 뤼실의 이야기를 들으며 강한 인상을 받는다.

"그녀가 이런 종류의 경험을 한 것은 처음이었습니다. 이후, 그녀는 제게 어떤 형태의 내세를 믿는다고 고백했어요. 그녀는 본질적인 것은 물질만이 아니라는 걸 이해하고, 조금씩 영적인 삶을 영위하려고 노력하고 있어요."

"그 두 경험 **직후**에요?"

"예, 그 두 경험의 사실성과 강도에 의해 그녀는 깊이 동요되었어요."

몇몇 사람들이 다시 이런 존재감을 환기시키게 된다. 다비드를 매장한 날 저녁, 그의 아버지는 슬픔으로 쓰러졌지만, 어떤 거대하고 뜨거운 힘이 자신의 몸을 감싸고, 절대적인 행복감이 기나긴 몇 초 동안에 자신 안에 내재해 있다고 느낀다. 이것은 그에게 힘과 용기를 되돌려 준다. 그는 아들이 이런 식으로 자기에게 나타나고 있다는 걸 알고 있는 것이다.

동시에, 논쟁적인 현상이긴 하지만, 어머니도 다비드가 팔로 자신의 몸을 두르고는 부드럽게 껴안는 것을 느낀다. 그녀는 이 육체적 접촉의 실재성을 확신하고, 밤마다, 이때 경험한 것에 매우 감동되어 잠을 못 이룬다. 평온하고, 평화롭고, 행복하고, 사랑을 받은 것이다.

조나탕의 경우도 마찬가지다. 매장 이후 10여 일이 지난 어느 저녁, 형의 사망 이후 초기에 일어난 모든 일에 매우 놀랍지만 여전히 단호하게 의혹을 품고 있던 그는 신호를 보내 달라고 부탁하기 위해 형에게 말을 건다. 주의를 기울이던 그는 갑자기 왼쪽 어깨에 강렬한 육체적 접촉이 일어나는 걸 느낀다. 이어서 어떤 힘이 그를 관통해 그의 내부로 흘러 들어온다. 몇 초간, 그의 몸 이곳저곳에서 매우 강렬하게 진동하는 어떤 흐름이 느껴진다. 그는 몸을 떨지 않고, 몸 깊은 곳에서 행복한 감정을, 안심하는 감정을 느낀다. 그러고는 다비드에게 큰 소리로 자신이 얼마나 그를 사랑하는지 말한다.

경험들이 누적되자, 커다란 내적 갈등을 겪고 있던 클레망의 내면에서는 모든 것이 흔들린다. 너무나 많은 사건들이 연이어 나타난다. 불가능하고, 그의 세계관을 흔들지만, 그럼에도 여지없이 존재하는 사건들.

"그렇게나 데카르트적인 사고방식을 지니고 있던 조나탕이 그 경험에 관해 제게 말했을 때, 저는 매우 큰 충격을 받았어요."

"그것이 다비드와 연관되어 있는 것은 확실하나요?"

"예! 저는 조나탕에게 느낀 것에 대해 확신하느냐고 물어보았어요. 한기가 아니었는지, 피곤이나 다른 것과 연관된 몸의 진동이 아니었는지도 물어보았어요. 형은 그런 경우들이 아니었다고 제게 단언을 했습니다. 항상 의혹을 품고 있던 형이 그때부터는 자신이 경험한 것이 정말로 실재한다고 확신하게 됐어요. 형은 행복하고 매우 안정돼 보였어요."

"당신은요, 클레망."

"저요?"

"그런 종류의 일들이 당신에게도 일어났나요?"

"제 생각에는… 다비드가 죽은 지 며칠 뒤, 저는 일터로 돌아갔어요. 일은 저에게 다른 사람들이 암을 극복하도록 도와주면서 제 비극을 이겨 내도록 해 줬습니다. 어느 날 아침, 저는 제 방에, 침대 발치에 믿을 수 없을 만큼 강력한 존재가 있다고 느꼈어요. 하지만 저는 피곤 탓으로 돌렸어요, 저는 확신을 하지 못했어요…."

"무슨 뜻이죠?"

"저에 대해 확신을 하지 못했어요… 저는 의심했죠. 이런 걸 만들어 내는 것은 내가 아닐까? 저는 꿈을 꾸었어요… 특히 한 가지 사건이 아주 생생하게 떠오르네요. 이번에도 새벽에 일어났어요. 아파트에 있는데, 창문에서 다비드를 봤어요. 슬프지만 차분한 표정이었어요. 저는 다비드가 죽었다는 걸 알고 있고, 다비드 역시 알고 있었어요. 저는 다비드에게 다가가, 조카를 위해 사 두었지만 비극적인 일 때문에 건네주지 못했던 선물을 주었어요. 이때 다비드는 매우 행복한 듯 보였죠. 이어서 저는 다비드를 껴안았어요. 저는 이 포옹을 육체적으로 분명하게 느낀 걸 기억해요, 저는 절망감에 울면서 형에게 간청했어요. '다비드, 미안하지만, 떠나지 마, 머물러 있어!' 이 말이 형을 슬프게 만들었죠. 다비드는 저를 안심시키려고 제 귀에 대고 속삭였어요. '삶은 지상에만 있는 것이 아니야.' 그 뒤 저는 눈물에 젖은 채 깨어났어요. 이 꿈이 그렇게나 생생했던 거죠."

클레망은 눈물을 억제하지 못한다.

"이 꿈에 대해 말할 때마다, 저는 눈물을 흘려요. 다른 꿈들은 이 문제와 전혀 상관이 없어요."

삶은 지상에만 있는 것이 아니다.

몇 주 후에, 클레망은 조나탕이 경험한 것과 유사한 일을 겪게 된다. 이번에도 매우 이른 아침 시간에, 잠과 깨어남의 순간 사이에 있을 때, 그는 갑자기 몸 전체로 일종의 강렬한 진동을 느낀다.

"그것은 정말로 마음을 평안하게 해 주었어요, 고통스러운 데라곤 전혀 없었습니다."

"무엇을 느끼셨나요?"

"마치 무언가가 제 몸 전체를 돌아다니는 듯한 느낌이었어요. 저는 이전에 그런 걸 느껴 본 적이 한 번도 없었어요. 그러고는 다시 잠들었습니다! 깨어 있는 상태를 계속 유지할 수 없었어요. 마침내 일어났을 때, 저는 약간 멍한 느낌이었어요. 저는 결코 믿을 수 없는 어떤 일이 일어났다는 걸 알았고, 이상한 꿈속에 있는 듯한 느낌이었어요. 그런데 저는 여전히, 명백하게, 무수한 질문과 의혹을 품고 있었습니다….”

“무슨 뜻이죠?”

“만일 우연 때문이라면? 단지 내가 감기에 걸렸기 때문이라면? 만일 이 '커뮤니케이션'이 슬픔과 연관된 집단적인 환상이라면?”

“당신은 그 질문들에 대한 답을 얻었나요?”

“저는 이 현상들 — 부모님, 형, 몇몇 친구들, 그리고 나 자신이 이 현상들의 증인이죠 — 에 의해 심각한 동요를 경험했기 때문에 많은 책을 읽었습니다. 그래요, 몇몇 책들은 그 믿을 수 없는 현상에 관해 적어 놓았더군요. 저는 이 일에 관해 저의 정신과 의사에게도 말을 했습니다. 그녀는 엄격한 과학적 교육을 받았고, 세르방-슈레베르(Servan-Schreiber)[오랫동안 정신과 의사로 활동했고 인지신경학 연구의 권위자로 인정받고 있다] 박사 아래서 공부를 했어요.”

“그녀가 무슨 말을 하던가요?”

“그녀는 저를 안심시켜 줬어요. 그녀 자신이 VSCD를 경험했다더군요. 그녀는 제게 환상이 아니라고 분명히 말해 줬어요. 저는 그런 모든 일이 상상력의 산물이 아니라는 걸 매우 천천히 받아들이기 시작했어요.”

클레망은 또다시 그 이상한 현상을 경험한다. 이때 그는 형의 존재감이 자신을 감싸 온다는 느낌을 받는다. 의사인 그는 이번에는 일어나고 있는 일을 경험하는 동시에 분석하려고 시도한다.

"저는 몸이 떨리지 않았다는 걸 확신하고 싶었어요. 그것은 강렬한 진동이었지만 제 몸에는 전혀 움직임이 없었습니다. 마치 제 영혼이 형의 의식에 의해 유발된 진동 국면으로 들어간 것 같았죠. 그래요, 제게는 사실 이 가설이 지금 가장 논리적이고 가장 이성적이에요. 다비드는 저를 안심시키고, 자신이 잘 지내고 있고, 다른 형태로 언제나 이곳에 있다는 걸 내게 말하려고 시도했어요. 저는 형이 매우 급작스럽게 죽었기 때문에 다른 몇 가지 수단을 통해 메시지를 전달하려 한다는 인상을 받았습니다. 형은 우리에게 자신이 잘 지내고 있고 다른 세계가 존재한다는 걸 말하고 싶어 합니다. 특히 우리가 그만 슬퍼하기를 바라고 있어요. 그리고 우리가 행복하고 아름다운 삶을 살기를 바라고 있습니다. 저로 말하면, 그런 일은 항상 새벽에, 깨어 있는 상태와 잠자는 상태 사이의 순간에 일어났어요. 아마도 제가 수용력이 있는 유일한 순간이라서 그럴 겁니다."

"지금은 의사로서 그 경험들에 관해 어떤 의견을 갖고 있나요?"

"저는 우리 가족이 경험한 것이 우리에게만 일어난 유일한 것이 아니라는 걸 알게 되었습니다. 그런 일은 터부시 되어서는 안 되고, 그런 일을 축소하는 일 없이 말할 수 있어야 합니다. 예전에는 그런 일을 두고 '마법'이라고 불렀고, 오늘날의 과학에서는 '환영'이라고 말할 테지만, 둘 모두 진실이 아니에요. 그 일상적이지 않은 경험은 단순한 손짓 한 번으로 지울 수 있는 것이 아닙니다. 이런 이유 때문에, 우리는 증언하는 일을 받아들였습니다. 이 증언이 애도의 과정을 겪는 사람들을 도울 수 있다면, 아주 훌륭한 일일 거예요."

24
우리는 이미 경계선을 넘었어요

왜 사람들은 이런 경험들을 규정하면서 아직도 경멸적인 의미로 "초자연적인"이라는 용어를 사용하는 걸까? 왜 존재감, 지각, 만남의 꿈 등을 환기하는 이야기들이 아직도 거의 전적으로 의심스럽게, 불안하게, 가소롭게, 교만하게 받아들여지는 걸까? 진지하게 받아들여질 필요가 있다. 왜일까?

나는 항상 경계를 좋아했다. 특히 그것을 넘어서는 일을 좋아했다. 나에게 그것이 결정적이 된 첫 번째 사건은 30살이 조금 안 됐을 때였다. 파키스탄 부족 지대의 중세적인 바자[중동이나 근동 지방의 전통 시장을 가리키는 표현]를 은밀히 떠나는 나는 어떤 고개를 오른다. 일단 이 고개 꼭대기에 다다르면, 전시(戰時)의 아프가니스탄으로 가게 된다. 목이 마르고 관자놀이가 세차게 뛰는 나는 지옥 같은 잡동사니 창고 한가운데로 나아가며 땀을 흘린다. 전투병, 무기 등 아프간 저항군 소속 무장 단체로 가는 모든 것이 이곳을 지나쳐 간다. 곧 나는 고개의 정상에 이르고, 풍경이 장엄하게 펼쳐진다. 하얀 산들로 이뤄진 지평선, 새로운 땅의 야생적인 광활함. 나의 눈은 파키스탄과 아프가니스탄의 경계를 나타내는 표식도 없는 이 넓은 땅을 두루 살펴본다. 그럼에도 그 경계는 여기에, 언덕들 사이 어딘가에 보이지 않는 채로 있다.

인생에서도 종종 이와 같은 일이 벌어진다. 우리는 하나의 세상에 살고 있다고 생각하기 때문에 경계를 보지 않는다. 나중에야 경계를 넘어섰다는 걸 깨달을 뿐이다. 오늘날 죽은 자와 접촉하는 그 경험이 우리에게 상당수의 사이비 과학적인 선입견의 경계를 넘어설 것을 권한다. "현실은 단지 물질적이다," "육체적 죽음 이후에는 모든 의식 활동이 멈춘다," "죽음 이후에는 아무것도 없다." 등. 이런 단언들은 오늘날 진지하게 의문의 대상이 되고 있다. 그것들에 매달리는 것은 과학적인 태도가 아니라, 비이성적인 도그마주의를 보여 준다.

의식의 영역에서 무엇이 근본적으로 바뀌었다. 전 세계에 걸쳐 매우 놀랄 만큼 많은 수의 사람들이 결국에는 동일한 의미로 수렴되는 몇 가지 유형의 경험을 증언한다. 곧 죽음 이후에 어떤 형태의 의식이 유지된다는 것이다. 죽음 이후의 접촉에서, 우리는 환각이 문제되는 것도 아니고 상상의 심리적인 메커니즘이 문제되는 것도 아니라는 사실을 보았다. 우리는 실재적인 무엇과 관계를 맺는다.

그러면 왜 사람들은 아직도 "초자연적인," "상식을 벗어나는"이라는 표현을 쓰는 걸까? 왜냐하면 그들이 '저항하기' 때문이다. 우리의 습관이 급격한 변화를 맞고 설명할 수 없는 것이 나타날 때 생기는 자동적인 반응이다. 이 저항은 통제의 의지를 숨기고 있다. 예기치 않은 것은 불편하기 때문에, 일종의 유지 본능이 우리로 하여금 그것과 대면해 자연 발생적으로 폐쇄적이고, 거부하고, 도망가고, 두려워하는 태도로 반응하도록 만든다. 그럼에도 예기치 않은 것은 우리의 거울, 우리의 공포를 드러내는 것, 우리의 확신의 대체물이 될 수 있다. 통제는 우리가 매달리는 하나의 환상이다. 이 때문에, 비록 미지의 것이 선한 것이라 해도, 그것은 처음부터 공포를 느끼도록 만든다. 마치 기름이 유출된 바다에서 그것을 뒤집어쓴 새가 자기를 구해 주려는 구조원을 두려워하듯이 말이다.

우리 주위에는 보이지 않는 거대한 세계가 쉴 새 없이 움직이고 있다. 이 세계는 온갖 존재의 영혼, 에너지, 안내자, 수호천사, 우리를 떠난 사람들로 가득하다. 이 존재들 중 어떤 존재들은 우리에게 말을 걸지만 우리는 듣지 않는다. 그럼에도 그들은 계속해서 말한다. 그들은 우리에게 도움을 제공하거나 우리의 도움을 요청하지만, 이런 아주 미묘한 속삭임에 우리는 귀를 막은 채로 있다. 우리는 꿈에, 직관에, 난데없는 감각에 저항한다. 왜냐하면 우리는 삶의 제어장치를 잃을 것 같은 유아적인 인상을 지니고 있기 때문이다. 마치 삶의 제어장치를 쥐는 것이 행복한 삶을 보장하는 길이라도 되는 듯이 말이다.

그런데 오히려 반대라고 한다면?

우리를 덮치는 것으로부터 스스로를 보호하는 건 확실히 중요한 일이다. 하지만 우리는 구별 없이 모든 것을 거부한다. 기생충과 마찬가지로 천사도 거부하려고 한다. 우리가 그 둘을 분간하지 않기 때문이다.

정신의학자 다비드 세르방-슈레베르 — 나는 이 사람과 가깝게 지낼 수 있는 기회를 가졌었다 — 는 우리 사회 전반이, 특히 의학이 대체 의학에, 에너지 의학에 문을 열면 얼마나 얻을 것이 많은지를 몇 번에 걸쳐 내게 토로한 적이 있다. 그는 그런 기술이나 의학의 메커니즘을 이해하지 못해서 비전통적인 기술에서 도움을 얻을 수 있는데도 그것을 막아서는 안 될 거라고 말한다. 그는 〈비일상적인 것에 관한 앙케트〉[12]를 위해 인터뷰를 했을 때 내게 재차 확언했다. 이때 우리는 어떤 병원들을 주제로 이야기를 했는데, 그 병원들에선 의사들이 환자에게 열 조절 치료(barreurs de feu)의 사용을 권고했다. 사실, 특히 암 치료의 경우에, 방사선치료는 화상 같은 심각한 부작용을 일으킬 수 있다. 그런데 열 조절 치료를 이용한 수많은 치료에서는 일상생활에 장애를 줄 수 있는 부작용을 상당히 감소시킨다는 매우 긍정적인 결과가 나왔다. 다비드는 이런 유형의 개방적인 태도를 조언한 방사능치료사 친구들 중 한 명의 실제 행위에 관해 말하며 결론을 내렸다.

"만일 당신이 의사인 저를 보러 온다면, 당신은 저에게서 무엇을 바라겠습니까? 당신은 제가 당신에게 어떤 것을 추천해주기를 원할 텐데, 그것은 당신에게 유익함을 줄 거라고, 치료 과정 중에 당신에게 피해를 주지 않을 거라고 제가 매우 타당하게 생각하는 것입니다. 어쨌든 피해보다는 유익함을 더 많

---

12. "Enquêtes extraordinaires," M6, 2011-2013.

이 줄 거라고 생각하는 것입니다… 이 계약에서는, 제가 당신에게 추천하는 것이 어떻게 작용하는지 알아야만 한다는 것이 어디에도 명시되어 있지 않습니다. 하지만 저는 그것이 당신에게 피해보다는 유익함을 더 많이 줄 거라는 것을 확신하고 있어야 합니다. 이것이 당신이 제게서 바라는 것입니다. 그 방사능치료사는 모든 것을 이해한 겁니다. 만일 열 조절 치료가 전체적으로 그의 환자에게 효과가 있다면, 만일 그것이 어떤 부작용도, 따라서 어떤 부정적인 측면도 없다면, 그것은 가능한 가장 좋은 치료법이고 가장 이성적인 치료법입니다. 저는 그 치료법이 과학적인지는 알지 못합니다. 하지만 그 치료법은 확실히 가장 이성적이고, 가장 지적이고, 가장 논리적일 것이고, 많은 사람들이 자신의 의사에게서 바라는 것이 바로 이 치료법일 겁니다."

실제적인 이성적 치료법.

이런 태도가 죽음 및 애도와의 관계로 옮겨질 수 없을까?

죽음을 둘러싸고 일어나는 비일상적인 경험들의 거대한 물결과 대면해 실제적인 이성적 태도는 정확히 말해 "상식을 벗어나는"이라는 말을 더 이상 하지 않고 그 경험들을 애도의 과정에서 잠재적으로 나타날 수 있는 성공의 수단으로 간주하는 것이 아닐까? 비록 우리가 그 메커니즘을 이해하지 못하고 있다 하더라도 말이다.

그 경험들에 주의를 기울인다고 해서 위험할 것은 없다. 정신과 의사 크리스토프 포레가 VSCD에 대해 말하며 분명하게 언급하듯이, 이 경험들은 일관성 있게 마음을 진정시키는 영향을 미친다.

'그 경험들이 환자에게 피해보다는 유익함을 더 많이 가져다준다는 걸 확신하기.'

그런데 이 말을 어떻게 받아들여야 할까? 그리고 이 말을 염두에 두고 어떻게 작업해야 할까? 이 경험들을 애도의 과정에서 어떻게 영리하게 사용해야 할까? 나는 크리스토프 포레에게 질문한다.

"정신과 의사의 역할은 환자를 현실로 다시 데려오는 건가요?"

"예, 정신 건강은 현실에 있습니다."

"그러면 VSCD 경험들을 기반으로 작업하는 것이 가능할까요, 정의상, 주관적인 경험들인데요? 애도의 과정에서 그 경험들을 어떻게 사용해야 할까요?

"저에게 가장 중요한 기준은 그 경험들이 체험자에게 유익한가 그렇지 않은가를 아는 데 있어요. 그것들이 체험자를 앞으로 나아가도록 도울까요? 그리고 저는 장기적인 안목에서 본 유익함을 말하는 겁니다. 알코올은 알코올중독자에게 유익한 것으로 보이지만 장기적으로는 독이 됩니다. 질문은 다음과 같습니다. 이 경험들이 애도의 체험에 긍정적인 영향을 미치는가? 이에 대한 대답은 '예'입니다. 그 경험들은 애도의 과정을 체험하지 않고 넘어가는 걸 못하도록 하지만, 그 영향은 마음을 진정시킨다는 것입니다. 이는 부정할 수 없는 사실이에요."

"'애도의 과정을 체험하지 않고 넘어가는 걸 못하도록 한다'는 것은 무슨 뜻인가요?"

"우리는 VSCD를 경험할 수 있지만, 일주일 후에도 계속해서 사랑하는 사람의 부재라는 결핍 상태에 있을 수 있습니다. 체험자는 그 자신을 놀라게 하는 경험을 했지만, 이 경험은 애도의 과정이 자연적으로 전개되는 현상을 막지는 못해요."

우리가 지금까지의 증언들에서 이미 본 것처럼, 실제로 하나나 여러 가지 경험들을 겪는 것이 마술에서처럼 모든 것을 해결하는 건 아니다. 하지만 그것들을 잘 받아들이고 그 본성을 이해하면 어려운 애도 과정의 어떤 순간을 완화시킬 수 있다.

"정신과 의사의 역할이 환자를 현실로 데려오는 것인 한, 환자가 그런 경험들을 이야기할 때, 우리는 그가 더 이상 이 현실에 없는 위험한 상태에 있다고 간주할 수 있지 않을까요?"

"아닙니다, 그는 위험한 상태에 있는 것이 아닙니다. 저는 왜 그 경험들이 환각이나 조현병, 즉 일시적인 광적 감정의 움직임에 속하는 것이 아닌가를 이미 말했습니다. 그 경험들에는 병적인 것이 전혀 없어요. 그래서 환자는 일어나고 있는 일로 인해 놀랄 수는 있지만 위험에 처해 있는 건 전혀 아니에요. 게다가, VSCD 때문에 약을 처방하는 경우는 전혀 없습니다. 왜냐하면 이 경험들은 고통처럼 체험되는 것이 결코 아니기 때문이죠. VSCD에 친숙하지 않거나 그것과 관련해 준비가 되지 않은 정신과 의사의 경우, 만일 그가 환자의 현실을 인정한다면, 그리고 그 경험들이 마음을 진정시키는 데 기여를 하고, 상호작용을 하며 환자의 고통을 어느 정도 줄인다면, 비록 그 영향이 정상의 범위를 넘어서지 않고 어쨌든 애도의 과정이 계속 진행될 거라는 점을 확인한다 해도, 제가 생각할 때 가장 나은 태도는 그 경험들의 본성과 관련해 아는 것이 없다는 것을 인정하고 환자에게 질문을 하며 그 경험들에 관해 자유롭게 말하도록 하는 데 있다고 봅니다. 질문은 '이 경험들을 어떻게 보세요?' '이 경험들이 당신에게 긍정적인 무언가를 가져다주나요?' 등이 될 수 있겠죠."

"왜 이 경험들은 신호가 없는지 자문하는, 애도의 과정에 있는 사람에게 당신은 어떻게 대답하시나요?"

"제 대답은 매우 간단합니다. '저는 정말로 그것에 관해 아무것도 모릅니다.' 하지만 곧이어 저는 제 경험에 비추어 볼 때 애정 관계의 강도가 VSCD의 결정적인 요인은 아니라고 분명하게 말합니다."

"왜 그런 말을 하시는 거죠?"

"왜냐하면 사람들이 VSCD의 경험을 애정 관계의 강도와 연관시키려는 경향이 있기 때문입니다. 그런데 그렇지 않아요. 죽은 자와 심리적으로 강도 높게 연관되어 있던 사람들, 그러니까 부모나 배우자가 반드시 VSCD를 겪는 건 아닙니다. 반면에, 특한 애정 관계가 없던 사람들이 그런 경험을 합니다. 저는 이 점을 강조합니다. VSCD를 겪지 않는 것과 죽은 자가 당신을 더 이상 사랑하지 않는다는 생각을 연관시키지 말 것을 말이죠. 그렇지 않아요. 우리는 왜 어떤 사람은 그 경험을 하고, 다른 어떤 사람은 그 경험을 하지 않는지 모르고 있습니다…."

이 단계에서, 판단하지 않고 받아들이는 것과 선의의 마음으로 들어주는 것이 열려 있는 관대한 태도의 성격을 지닌다는 것을 기억해 두자. 그러한 태도는 정신과 의사의 상담실을 넘어, 우리의 가족, 우리의 친구, 우리의 직장 동료에 대해서까지 넓혀져야 한다. 나는 어느 정도는 이런 현상이 몇 해 전부터 일어나고 있다는 느낌을 갖고 있다. 심지어 가장 우둔한 사람들의 말일지라도 진실하게 귀를 기울이다 보면, 이야기를 듣던 중에 하고픈 질문이 생겨난다.

실제로 죽음과 대면할 때 이런 경청을 필요로 하는 사람들이 너무나 많다. 심지어 우리 공화국 대통령의 부인까지도….

25

다니엘르 미테랑의 지각과 의혹

2010년 6월, 프랑수아 미테랑 전 대통령의 미망인은 그녀와 죽음과의 관계 문제를 다루기 위해 나와 만나기로 했다. 아르트 방송사에서 내보낼 프로그램을 위해 그녀를 1년 이상 따라다니며 그녀의 모든 것을 카메라에 담은 연출가 티에리 마카도는 나를 소개하면서, 특히 나의 진지한 작업 방식을 강조하며 그녀를 안심시켰다. 나와 티에리는 채널 M6의 〈비일상적인 것에 관한 앙케트〉 첫 번째 시즌의 5개 다큐멘터리 중 하나 ─ 민간요법 치료사를 위해 만든 프로그램이다 ─ 를 막 촬영한 상태였다. 우리 둘은 촬영 중에, 특히 죽음과 관련해 시련을 겪는 동안 비일상적인 일이 일어나는 문제에 관해 오랫동안 이야기를 나누었다. 그때 티에리는 내게 다니엘르 미테랑이 같은 종류의 경험을 했다고 털어놓았다. 그녀는 그 경험에 관해 공개적으로 말하는 데까지 갈까? 그것은 이번 만남에 달려 있다.

대부분의 프랑스인들처럼, 나는 그녀의 남편이 죽음의 문제를 철학적으로 탐구하는 데 흥미 있어 했다는 걸 알고 있다. 그의 말은 유명하다. "저는 영혼의 힘을 믿습니다, 그리고 저는 여러분을 떠나지 않을 것입니다." 1994년 12월 31일, 그가 프랑스 국민을 상대로 마지막 신년사를 발표할 때 한 이 말은 이 인물의 신비한 측면을 증언한다. 10년 이상의 시간을 병과 함께, 그리고 죽음에 대한 전망과 함께 살아온 프랑수아 미테랑은 영적 영역에 대해 자신이 갖고 있는 관심을 결코 숨기지 않았다. 그러나 비록 그의 내적인 의견이 형성되었다고 해도, 의혹이 오랫동안 그의 사유의 기반으로 남아 있을 것이다. 그는 다음과 같이 썼다. "내 주위에서 사람들은 삶, 죽음, 세상의 기원, 신과 저세상과 무의 존재에 대해 말한다. 두 진영에서는 강경한 싸움이 붙는다. 두 상대, 이 무슨 확신인가! 사람들은 증명한다. 사람들은 결정을 내린다. 사람들은 단언한다. 나는 듣는다, 그리고 내가 생각하기에, 나는 스스로 질문하는 사람을 좋아한다면, 해답을 찾은 사람은 불신한다."[13]

크리스토프 바르비에가 이 프랑스 대통령의 마지막 나날을 담은 책에서 보여 주듯이, 실제로 그의 생각은 시간이 흐르고 병이 악화되어 감에 따라 확연히 변화했다. 그 자신의 죽음이 매일의 명상 주제가 됐을 때, 지적인 완곡어법의 말로는 더더욱 표현할 수 없는 감정적인 완성 단계가 겹쳐진다. 이 단계는, 비록 문학적 묘사의 범위를 벗어나기는 해도, 어떤 의혹들을 잠재우는 그의 능력에 있어 핵심을 이루는 것이다. 이런 단계는 이성적인 분석이 허용하지 않는 것이다. 그래서 빨간색 스카프를 두른 그 논설위원은 다음과 같이 말한다. 말년에

---

13. François Mitterrand, *L'Abeille et l'Architecte*(꿀벌과 건축가), Le livre de poche, 1980, p. 130.

"프랑수아 미테랑은 내세의 존재를 굳게 믿었고, 사실 그 형식에 대해서밖에 자문하지 않았다."[14]

그의 부인 다니엘르는 어떨까?

나는 티에리와 토론을 하는 중에, 다니엘르 자신이 죽음에 의해 깊은 영향을 받은 사실을 발견했다. 우선 전쟁이 있었고, 이어서 아들과 부모님의 죽음이 있었다. 질병도 있었다. 우리가 만났을 때 — 이때 그녀는 85세였다 — 에는, 아마도 그녀 자신의 사라짐에 대한 생각이 그녀에게 반향을 일으키고 있었을 것이다. 그녀는 1년 반 뒤인 2011년 11월 22일에 죽게 된다. 그녀가 설립한 재단의 건물에서 인터뷰를 시작할 때, 그녀는 존재에 대한 그녀의 시각의 합리성을 나에게 확신시키면서, 나의 첫 번째 질문에 대해서는 다음과 같이 대답한다. "저는 영혼은 죽지 않고, 우주의 어떤 장(場)으로 되돌아간다고 생각해요." 그녀 남편의 생각이 반영된 말이다. 이 두 사람은 영적 실재에 대해 동일한 시각을 공유하고 있었을까? 우리는 대화를 계속 이어 간다. 나는 다니엘르 미테랑이 양식 있고 신중하다고 느낀다.

나는 그녀에게 묻는다.

"여사님께서는 하루 중에 보다 특별하게 자신의 죽음에 대해 생각하는 순간이 있습니까?"

"선생님께서 죽음에 대해 말하고 있기 때문에 지금 그것을 생각하고 있어요, 이런 경우가 아니라면 아니에요. 혹은 어쩌

---

14. Christophe Barbier, *Les Derniers Jours de François Mitterrand*(프랑수아 미테랑의 마지막 나날), Grasset, 2015, p. 341.

면 밤이 있을 수 있겠군요. 잠을 못 이루며 드러누워 있을 때, 시선은 허공으로 향하고, 예, 이런 때 그것이 생각에 떠올라요. 하지만 강박관념은 아니에요. 어느 날 죽음이 올 것이고, 이어서 모든 것이 끝나겠죠. 저는 죽음이 조용히 찾아오길 바라고, 제 주위가 요란해지는 것은 원치 않아요. 조용한 가운데, 저는 잠이 들고 이어서 깨어나지 않겠죠. 이런 경우라면 참 괜찮죠."

"주위에서 당신에게 깊은 영향을 준 죽음은 누구의 죽음입니까?"

"제 자식들 중 한 명의 죽음이 제 인생을 급격히 변화시켰어요. 아이들의 죽음은 비정상적인 죽음이죠. 부모는 자식이 죽는 것을 보아서는 안 돼요. 프랑수아의 죽음도 제 인생을 갑자기 변화시켰어요. 부모님의 죽음도 마찬가지고요. 그런데 이 죽음들 중에서, 어떤 것들은 유효한 것이 아니었습니다. 제 어머니와 프랑수아는 항상 여기에 있는 사람들이에요. 제 어머니는 1971년에 돌아가셨지만, 언제나 여기에 있어요. 프랑수아도 언제나 이곳에 있어요, 그의 육체가 존재해요, 그는 저를 떠나지 않아요."

그녀의 말에는 확신이 있다. 나는 일상적이지 않고 동시에 매우 자연스런 방식으로 전달되는 이 속엣말에 놀란다.

"그 감각의 자세한 부분으로 조금 더 들어갈 수 있을까요?"

"제가 정면을 바라보고 있을 때, 제 뒤에 어떤 존재가 있다는 느낌이 들어 재빨리 뒤돌아볼 때가 가끔 있습니다. 저는 제 뒤에 주의를 기울이고 생각합니다. '자, 그가 여기에 있어.' 프랑수아는 죽어서 땅에 매장됐지만 자신의 존재를 표현하고 있어요. 더구나 그 자신이 마지막 신년사에서 '저는 영혼의 힘을 믿습니다, 그리고 저는 여러분을 떠나지 않을 것입니다'라고 말했어요."

"여사님은 그가 어딘가에 존재하고 있다고 생각한다는 의미인가요?"

"프랑수아… 저는 그에 대해 아무것도 모르겠어요… 그의 영혼은 어디에 있을까요? 그는 주위에 있어요, 그는 어디에나 있어요. 이따금씩 어떤 곳에 집중적으로 있는 것 같아요."

내가 감각 — 여기서는 그녀의 어머니나 남편의 존재감 — 의 명백함과, 지성이 그 감각을 글자 그대로 강하게 신뢰하는 것의 어려움 사이에서 느끼는 이런 종류의 양가성을 관찰하기는 이번이 처음은 아니다. 다니엘르 미테랑은 방금 내게 프랑수아의 존재를 분명하게 느낀다고 털어놓지 않았는가? 그리고 내 질문이 확실성을 요구하는 쪽으로 가자, 의혹이 우리의 이성적인 정신을 덮치는 듯 보인다. 그런데 매우 자연스러워 보이는 감각을 느끼는 것과, 그 감각이 암시하는 현실을 인정하는 것 사이에는 어떤 차이가 있을까? 이 순간, 다니엘르가 표현하는 의혹은 수년간 나를 그렇게나 괴롭힌 의혹이나, 내가 무수한 증인의 입에서 듣는 의혹과 다르지 않다.

"저는 사람들이 죽은 사람과 맺고 있는 관계를 정의하기 어렵다는 것을 자주 관찰하곤 합니다. 여사님은 남편의 죽음 이후에 그와의 관계를 다시 만들었다는 감정을 갖고 계시지 않습니까?"

"아닙니다. 저는 관계를 새롭게 만들지 않아요, 즐겁든 불쾌하든 저는 그것을 겪고 있는 것이지, 그것을 조종하지 않습니다. 저는 그럴 수도 없어요. 무언가를 새로 만들 때, 그 무언가에는 영향이 미치기 마련이에요. 그런데, 여기서, 저는 확인을 해요, 제 뒤에 어떤 존재감이 있다는 인상을 받았기 때문에 갑자기 제가 뒤돌아선다는 것을 확인해요. 그리고 그 존재를 저는 프랑수아라고 불러요."

"그러면 여사님은 그에게, '그 존재에게' 말을 하십니까?"

"아니요, 저는 여전히 매우 이성적입니다. 저는 전혀 비교(秘敎)적이지 않고, 매우 데카르트적이에요."

"삶의 의미는 죽음 이후 우리 존재의 연속성에 달려 있다고 생각하시나요?"

"저는 끝이 없다고 믿어요. 저는 삶과 죽음은 어떤 순환에 속한다고 생각해요. 태어나는 것도 죽는 것이 될 수 있어요. 어쩌면 우리가 아직 육화(肉化) 되지 않고, 이 육화가 일종의 죽음 ― 우리가 '태어남'이라고 부르는 것이죠 ― 일 때보다 행복한지도 몰라요."

"죽음은 여사님이 남편과 함께 접근하던 주제인가요?"

"아닙니다. 게다가 프랑수아는 죽음 앞에서 상당히 침착했어요. 반면에, 고통이 그의 강박관념이었어요. 고통과 어떤 박탈에 대한 생각, 곧 자신의 위엄을 잃을 거라는 전망. 그는 이런 것들을 참지 못해 했어요. 저도 참지 못할 거예요."

"남편이 영혼의 삶을 믿었다고 말씀하시는 건가요?"

"예, 그는 말했어요. '나는 영혼의 힘을 믿는다'라고. 그리고 그는 자신의 죽음을 결정했어요. 이제는 끝났다고 생각한 날에, 그는 악착스럽게 치료에 매달리기를 원치 않았고, 먹는 일도 멈추었어요. 그는 더 이상 참을 수 없던 화학요법도 중단해서, 8일 만에 그 치료가 끝났어요.

"지금은 남편의 의식이 깨어 있었다고 생각하시나요?"

"그것은 중요한 질문입니다. 저는 아무것도 모르겠어요. 저는 제가 가졌던 감각을 언급했는데, 감각은 종종 비현실적이고 상상의 산물이죠… 저는 확신이 없어요. 저는 항상 의혹을 두죠."

마음의 확신과 이성의 거부가 대립할 때.

26
슬픔을 지우기

에블랭 엘사에세르는 죽음을 둘러싸고 일어나는 경험, 특히 임사 체험에 관한 전문가이다. 그녀는 그것을 주제로 몇 권의 책을 썼다. 그리고 몇 해 전부터 그녀는 열의를 다해 VSCD를 연구하는 중이다.

내가 2007년 7월에 INREES[15]를 창설할 때, 에블랭은 우리의 과학위원회에 합류하는 것을 즉각 받아들였다. 다음 해, 그녀는 『비일상적 경험에 관한 의료 매뉴얼』[16] 집필 프로젝트를 위해 구성된 그룹의 일원이 되어, 그 책의 주요한 부분인 세 개 장(章) ― 이 중 한 장은 VSCD 경험을 다룬다 ― 을 작성했다. VSCD라는 명칭은 이때 정해졌다.

널리 퍼져 있고 중요한 이 경험을 어둠과 부정하는 태도에서 끄집어내는 것이 에블랭의 사명 중 하나다. 이런 이유로, 그녀가 최근에 펴낸 『죽은 자들이 우리에게로 올 때』[17]는 뛰어

15. Institu de recherche sur les expériences extraordinaires(비일상적 경험 연구회). www.inrees.com
16. Stéphane Allix, Paul Bernstein, *Manuel clinique des expériences extraordinaires*, InterEdition, 2009.
17. Evelyn Elsaesser, *Quand les defunts viennent à nous*, Exergue,

난 연구 작업의 결실인 동시에, 오늘날까지 이 분야에서 가장 많은 자료에 근거해 쓰인 책으로 남아 있다.

"많은 증언이 알려지지 않고 있는 것 같습니다."

"네… 말하기를 두려워하고 있어요. 심리적인 문제가 있거나, 우울증에 걸렸거나, 소중한 사람을 잃은 뒤 어찌할 바를 모르는 사람으로 비춰지는 것에 대한 두려움이 항상 문제랍니다. 저는 제가 접하는 무수한 증언을 통해 그런 사실을 보아요, 매우 널리 퍼져 있는 두려움이죠. 그런데 사실 그것들은 대단한 경험들이에요."

"말하기를 두려워한다. 그런데 자신을 의심하는 경우도 있을까요?"

"아니요, 증인들은 당장에는 자신도, 접촉한 일의 진실성도 의심하지 않아요, 이 경험에 명백한 무엇이 있기 때문이죠. VSCD의 경우, 그들은 고인이 실제로 자신들과의 접촉을 선택했다고 확신하고 있어요. 이 섬광 같은 짧고도 강렬한 재결합에는, 비록 순간적인 일이긴 하지만, 재회를 한다는 기쁨만이 있어요. 숙고 후에, 그리고 특히 주위 사람들이 자신들의 경험담을 회의적으로 받아들이거나, 심지어 부인을 하면, 어떤 이들은 실제로 자신들의 지각 능력을, 나아가서는 정신 상태를 의심할 수 있어요. 이런 일이 발생하는 건 명백히 이 경험들이 우리 서구사회의 물질주의적인 관념과 어울리지 않는다는 이유 때문이에요. 비웃음의 대상이 될 거라는 두려움 역

2017.

시 어떤 사람들로 하여금 자신들에게 매우 중요한 VSCD 경험에 대해 함구하도록 만들어요. 만일 회의적인 주위 사람들에게 모든 수단을 동원해 ─ 그리고 성공하는 일 없이 ─ 체험의 진실성에 대해 설득하려고 한다면, 바라지 않았던 나타남을 경험했다는 즐거움은 비탄으로 바뀔 수도 있어요."

우리는 크리스토프 포레 박사와 함께 왜 VSCD가 환각 또는 애도에서 기인하는 심리적 취약성과 관련된 방어기제, 심지어 일종의 정신의학적 병리가 아닌지를 보았지만, 나는 왜 애도의 과정에 있는 모든 사람들이 그것을 경험하는 것은 아닌지를 자문해 본다. 우리는 죽은 자와의 접촉을 바랄 때는 접촉이 일어나지 않는다는 것을 이해했다. 에블렝은 심지어 절망적인 상태가 더 클수록, 신호를 접하기를 원하는 마음이 더 클수록, 그런 일이 일어날 가능성이 더 적어진다는 걸 확인했다. 왜일까?

"떠나 버린 사랑하는 사람을 그리며 슬퍼할 때, 마지막으로 한 번 더 접촉을 경험하는 것보다 더 큰 위안이 무엇일까요? 그 사람이 잘 지낸다는 메시지, 그 사람이 새로운 형태의 존재를 통해 행복해한다는 메시지, 그 사람이 육체의 죽음 이후에도 살아남고 동일한 운명이 우리 모두를 기다리고 있다는 메시지를 받는 것입니다. 애도의 과정을 겪고 있는 누구든 이런 중요한 정보를 받는 걸 좋아할 테지만, 그렇게 간단한 일은 아니에요. 이런 이유 때문에, 저는 죽은 자가 나타나지 않더라도 그를 원망해서는 안 된다고 항상 말합니다. 저는 이런 사실에 확신을 갖고, 자주 반복해서 말합니다. 사후에 나타나거나 나타나지 않는 것을 고인이 우리에게 품고 있는 사랑의 질과 강도의 척도로 여기지 말라고 말이에요."

"크리스토프 포레 박사도 같은 의견입니다."

"연구에 따르면, 프랑스인의 24퍼센트가 애도의 과정에 있을 때 한 차례 또는 여러 차례의 VSCD를 경험했다고 합니다.[18] 미국의 경우, 연구자들은 20퍼센트에서 45퍼센트 사이인 것으로 추정했어요. 배우자나 연인을 잃은 사람들은 특히 높은 비율로 VSCD를 경험하는 것으로 보이는데, 그 비율이 50퍼센트까지 올라간다고 해요.[19] 의미가 있는 수치에요. 그 빈도수를 보면, VSCD는 중요한 사회현상이지만, 다른 한편으로는 완전히 침묵의 대상이 돼요. 그럼에도, 모든 애도자가 마지막 신호로부터 위안을 받는 혜택을 누리는 건 아니라는 사실에 대해 질문을 할 수 있을 거예요."

"그것에 관한 당신의 의견은 무엇인가요?"

"왜 어떤 사람은 VSCD를 겪고, 다른 어떤 사람은 그것을 겪지 않는지는 아무도 몰라요. 현재로서는 이 접촉의 메커니즘은 미스터리해요. 그런데 유도된 사후(死後) 통신, 곧 CIAM(communication induite après la mort)을 개발한 미국 심리학자 앨런 보트킨의 작업 덕분에, 어쩌면 생각의 실마리를 풀어갈 수 있을 것 같아요."

---

18. EVS (2011): EVS - European Values Study 1981. Intergrated Dataset. GESIS Data Archive, Cologne. ZA4438 Data file version 3.0.0., doi : 10.4232/1. 10791.
19. W. D. Rees (1971), "The hallucinations of widowhood(미망인의 환각)," in *British Medical Journal*, 4, p. 3741.

영어로 induced after death communication(IADC)로 불리는 이 방법은 눈동자의 움직임에 의한 신경-감정적 통합, 즉 EMDR(안구 운동 민감 소실 및 재처리eye movement desensitization and reprocessing 요법)에서 파생된 것이다. 다비드 세르방-슈레베르 박사에 의해 프랑스에 도입된 이 혁신적인 EMDR 기법은 특히 외상후 스트레스 증후군으로 고통 받는 사람들을 치료하는 데 놀라운 방식으로 그 유효성을 입증했다. 그것은 오늘날 수많은 정신과 의사들에 의해 공통적으로 사용되고 있는데, 사별, 사고, 폭행 같은 감정적 트라우마를 지속적으로 돌보는 일을 가능케 하고 있다.

CIAM은 앨런 보트킨이 베트남 참전 용사들을 상대로 EMDR을 시행하는 중에 우연히 발견됐다. 보트킨은 참전 용사들이 겪고 있는 중증 외상을 치료할 목적이었다. 이 치료 회기 중에 몇몇 참전 용사들은 무의식적으로 죽은 자와 접촉하는 것으로 보였고, 어떤 참전 용사들은 큰 위로가 되는 메시지를 받았다. 이 경험이 강력하고, 또한 이로부터 트라우마를 지속적으로 치료할 수 있는 가능성을 본 보트킨은 또 다른 치료 도구를 개발하기 시작했다. 20년이 지난 오늘날, 전 세계에 걸쳐, 특히 프랑스에서 수많은 치료사들이 CIAM을 사용하고 있는데, 그 결과는 종종 놀랍고 지속적으로 유지된다.

CIAM의 치료 방식은 EMDR의 고전적인 치료 방식과 매우 비슷한 방식으로 전개된다. 결정적인 순간은 환자가 눈동자를 좌우로 움직이는 EMDR 특유의 방식을 따르면서 죽은 사람에게 집중할 때다. 이 단계에서, 또는 이후에 몸이 이완될 때, 환자는 메시지를 받거나, 다양한 육체적 감각을 느끼거나, 심지어 이따금 죽은 사람을 지각한다는 인상을 받을 수 있다. 유발된 접촉 경험의 객관적인 실재성에 관해 언급하지 않더라도, 그 경험은 애도 과정이 전개될 때 치료적인 영향을 미친다는 것이 수많은 사례에서 드러나고 있다.

"CIAM을 통해 어떤 시각을 가질 수 있나요, 에블랭?"

"CIAM 방식은 애도하는 사람의 슬픔에 영향을 미쳐요. 치료 회기 동안에, 일단 슬픔이 줄어들거나 심지어 제거되면, 접촉이 일어나는 데 호의적인 조건이 만들어져요."

"그 말은 보트킨의 기법이 VSCD를 유발하지는 않지만, 그것이 일어날 수 있는 조건에 호의적인 영향을 미친다는 거죠?"

"정확히 그것이에요. 보트킨은 자신이 EMDR로 의료적 도움을 구하는 사람의 슬픔을 줄여 주면서 접촉이 일어나는 데 호의적인 조건을 만들지만, VSCD를 유발하지는 않는다고 설명하고 있어요.[20] CIAM의 치료 회기를 수천 번 이끌면서, 그리고 VSCD가 일어날 비율이 75퍼센트 정도에 이르면서, 오늘날 그는 접촉을 지각하는 것이 에너지 문제와 관련 있다고 생각하기에 이르렀어요. 더구나 영매들도 죽은 자들이 살아 있는 자들보다 에너지 수준이 훨씬 높다고 말을 해요. 우리가 의기소침하거나 슬픔에 압도될 때, 우리의 에너지 수준은 평소보다 훨씬 낮을 것이고, 이것은 죽은 자들이 살아 있

---

20. Evelyn Elsaesser, *op. cit.* p. 152-161.

는 자들과 관계를 맺으려 할 때 일을 매우 어렵게 만들 겁니다. CIAM 치료 회기 때 환자의 슬픔이 줄어들면 에너지 수준이 높아질 거예요. 이런 식으로 접촉을 지각하는 일을 가능하게 만들겠죠. 그런데 이것은 앞으로 다른 작업과 방법에 의해 보강되어야 할 가설일 뿐이에요."

두 세계 사이에 커뮤니케이션의 길을 놓으려면 살아 있는 자들이 '올라가야' 하는 만큼이나 죽은 자들이 '내려와야' 할까? 어떤 유형의 에너지를 암시하는 걸까? 내가 『테스트』에서 질문했던 영매들 중 한 명인 피에르 요나는 영매로서 죽은 자들의 메시지를 지각하게 만들어 주는 에너지 메커니즘을 언급했었다.[21] 이 개념은 반박의 여지 없이 미래에 물리학자나 다른 분야의 학자들이 탐사해 볼 만한 매혹적인 단서이다.

다른 한편으로, 에블랭은 매우 야심 찬 국제 연구 프로젝트를 만드는 데 단초를 제공했다. 그 프로젝트의 목적은, 임사 체험의 경우와 마찬가지로, VSCD의 현상학을 더 잘 이해하는 데 있다. 이를 위해서는 여러 나라에서 증언을 수집하고, 분석하고, 분류하고, VSCD가 중장기적으로 애도의 과정에 미치는 영향을 연구하는 등의 작업이 요구된다. '에너지' 문제와 관련해, 에블랭은 양자물리학자들이 그 문제를 들여다보도록 했다. 또한 그녀는 VSCD 경험 중에 이따금 일어날 수 있는 현상, 그녀가 '순간적인 마비 상태'라고 부른 현상에 궁금증을 품고 있었다.

---

21. Stéphane Allix, *Le Test*, op. cit. p. 145 이하.

"실제로, 저는 VSCD 경험 중에 움직이거나 말을 하는 것이 불가능해지는 것을 언급한 여러 증언을 접했어요. 몇 초 후에, 아니 길어 보았자 몇 분 후에, 접촉이 끝나자마자 다시 정상적으로 말하고 움직일 수 있게 돼요. 이런 언급은 접촉할 때 에너지가 매우 낮았기 때문이라고 생각해요. 가까운 이가 다소 거리가 떨어진 곳에서 죽을 때, 유사한 경우가 나타나요. 어떤 여인은 사촌이 예기치 않게 다른 도시에서 죽어 가고 있을 때 자신의 모든 에너지가 없어지는 것 같이 느꼈대요. 그녀는 고통도 병도 없었지만, 삶의 힘이 자신에게서 빠져나간다는 잔혹한 느낌을 받았다는군요. 그 사촌이 사망하는 바로 그 순간에, 그녀는 평소의 에너지 수준을 되찾았어요."

이 에너지 개념은 수많은 접촉에서 반복적으로 등장한다. 영매들의 증언에서와 같다. 그 증언은, 어떤 영혼들은 특정한 상황에서 어떤 장소나 인간에게 붙어 그 에너지나 감정을 자양분으로 삼는다고 강조한다. 앞에서 실비 우엘레가 말한, 술집을 찾는 죽은 알코올중독자처럼 말이다.

이 에너지 문제 — 어떤 사람들은 '에너지'라고 말하기보다는 '빛'이라고 말한다 — 와 더불어 기억해야 할 다른 요소는, 대부분의 증언이 애도의 과정에 있는 사람이 고인을 생각하고 있지 않거나, 울지 않거나, 깊은 절망의 상태에 빠져 있지 않을 때, 즉 오히려 그의 주의력이 다른 데로 향해 있거나 일상의 일에 몰두하고 있을 때, 그 자연 발생적인 경험이 생겨난다고 언급한다. 많은 VSCD가 밤이나 저녁에, 즉 어쩌면 우리의 정신이 경계를 늦추고 스스로에게 휴식을 부여하는 때에 일어난다. 슬픔이 잠시 멀어져 있는 순간이고, 명상하는 상태와 어느 정도 유사성을 가진 때이다. 대부분의 시간 동안 아주 활동적이던 우리의 뇌가 살짝 변질된 의식의 상태에 있는 순간이다.

그러면 그 만남을 부추기는 일이 우리에게 가능한 걸까?

27
유도된 접촉?

오렐리는 15년 전에 오빠 베르트랑을 잃었다. 이 비극적인 사건 이후로, 부모님과 그녀는 다음과 같은 현기증 나는 질문에 대한 이성적이고 근거 있는 대답을 찾고 있다. 죽음 이후에 무슨 일이 일어나는 걸까? 베르트랑은 어디에 있을까? 베르트랑은 어디선가 삶을 계속 이어 나가고 있을까? 그 삶이란 무엇과 비슷한 걸까?

온 가족이 캘리포니아를 여행하는 참에 그녀는 어머니 파스칼르와 그녀 자신을 위해 CIAM, 곧 유도된 사후 통신을 시행하는 치료사와 약속을 잡을 생각을 하게 됐다. 파스칼르가 부족한 영어 실력을 걱정하자, 오렐리의 남편인 드니가 치료 회기에서 통역을 맡는다.

치료사는 이들을 치료실의 소파에 나란히 앉게 한다. 치료 회기가 시작된다. 모든 것이 정상적으로 진행되다가, 회기가 끝날 즈음 오렐리의 어머니는 몸을 이완하는 단계에서 아들을 떠올리라는 요구를 받는다. 침묵이 흐르기 때문일까? 모방의 효과 때문일까? 드니는 이상하게 자신 역시 명상 상태로 들어간다는 걸 느낀다. 그는 상체가 보다 안정적이고 깊은 평안의 상태로 닻을 내린 것처럼 느껴진다. 이어서 그는 에너지의 후광이 머리에서부터 목 아래까지 감싸는 것처럼 느끼기 시작한다. 두껍고 부풀어 오른 에너지 막, 강력하고 쾌적한 에너지. 그것은 강력한 감각이다….

"저는 그때 제 머리가 장모님이 있는 왼쪽으로 돌아가는 걸 느꼈어요. 이런 회전을 일으키는 것은 제 의지가 아니라 그 에너지였어요. 누군가가 제 머리를 돌렸습니다."

드니의 머리가 회전하는 동안, 갑자기 그의 정신에 한 문장이 새겨진다. '어머니, 사랑해요.'

"저는 두 눈을 감고 있었습니다. 그 검은 대문자가 쓰여 있는 회백색 스크린 같은 것을 제 눈꺼풀 위에서 보았어요. 그 스크린은 섬광처럼 나타났다 사라졌어요."

이어서 모든 일이 연속적으로 일어난다. 그때 드니는 등을 보인 남자를 보게 되는데, 이 남자는 커다란 두 팔을 벌려 드니의 장모를 껴안고, 그동안에 드니의 머리는 파스칼르의 머리에 기대어 있다. 이 짧은 순간 동안, 드니는 그들 주위를 강한 사랑의 에너지가 둘러싸고 있는 걸 느낀다.

매우 놀랐지만 무슨 일이 일어나고 있는지 이해하지 못한 드니는 이 치료 회기를 방해하고 장모가 바라는 아들과의 접촉을 막을까 봐 두려워, 감히 말을 하거나 움직이지 못한다. 자신의 눈앞에서 펼쳐지는 일을 보지 않으려는 그는 치료실 안의 다른 곳을 보기 위해 머리를 돌리거나 지금 보고 있는 것에서 주의를 돌리려고 시도한다. 하지만 그의 노력에도 불구하고, 에너지의 감각은 점점 강하게 되돌아온다. 이 감각이 얼마나 강했던지 그는 더 이상 참지 못한다. 마치 그의 몸 전체가 지금 일어나는 일을 바깥으로 표출해야 하는 듯했다. 그는 회기를 멈추고 자신이 지각한 것을 설명한다. 그는 장모를 바라보면서 등을 보인 남자가 그녀를 껴안는 모습과 그가 처음에 받은 사랑의 메시지를 그녀에게 말하고, 이어서 그 자신이 장모를 껴안는다.

"제 안에서 어떤 커다란 감정이 올라오고, 그 감정 때문에 저는 눈물을 흘렸어요… 장모를 팔로 껴안으면서 저는 모든 마음의 짐을 내려놓는 듯한 느낌과 기쁨을 경험했어요…."

"당신은 그 순간을 어떻게 생각하나요?"

"제 눈물은 베르트랑의 눈물이었어요, 믿을 수 없는 메시지를 어머니에게 전달하는 데 성공했다는 사실에서 느끼는 기쁨의 눈물이었던 거죠. 저는 이런 감정을 느끼는 동시에 이 감정을 다른 사람들과 공유했습니다."

파스칼르는 모순된 두 가지 감정을 가졌다. 한편으로 그녀 자신은 그러한 '존재'를 느끼지 못했다는 일종의 좌절감이 있고, 다른 한편으로 죽음 이후에도 지속되는 어떤 삶에 대한 그녀의 희망을 뒷받침하는 경이로운 선물에 대한 감사의 감정이 있다. 평소에 매우 신중한 사위의 성격도 그녀의 확신을 공고하게 해 주었다. 즉, 그런 행동은 자발적인 것이 아니라 어떻게 보면 그에게 강요된 것이다.

이 경험으로 드니는 완전히 동요되었다. 그가 경험한 일의 아름다움과 강렬함뿐 아니라, 베르트랑과 육체적 접촉을 했다는 매우 강한 감정은, 그의 아내와 장인·장모의 확신과 마찬가지로, 그의 확신 — 죽음은 이행의 순간이지, 살아 있는 자들과 죽은 자들 사이에 놓여 있는 넘을 수 없는 장벽이 아니라는 확신 — 을 강화시켜 주었다.

"저는 우리가 같은 세계 안에 머물러 있고, 우리 사이에서는 어떤 부류의 접촉도 가능하다고 확신해요. 저는 우리의 일상을 그렇게나 아름답고 중요한 것으로 만들어 준, 의미와 삶에 대한 믿음으로 가득 차 있는 것으로 만들어 준 베르트랑에게 아무리 고맙다고 말해도 부족할 것 같습니다."

28
비행 중의 접촉

아버지가 돌아가신 지 4개월이 지난 2013년 10월. 파리행(行) 비행기가 20여 분 전에 니스에서 이륙했다. 하늘은 맑게 개어 있다. 나는 항공기 좌측의 원창 옆에 앉아 있다. 예전에 나는 매번 비행기를 탈 때마다 하늘에서 '땅'을 내려다보며 여러 시간을 보냈다. 나는 그 비할 데 없는 살아 있는 그림에, 세계의 지표면에서 끊임없이 새로워지는 그림을 보는 데 질리지 않았다. 하지만 오늘 나는 시선을 밖으로 한 번도 던지지 않고서 여행을 계속할 수 있다. 그럼에도 나는 매우 평범한 이 비행의 어떤 순간에, 정신은 다른 데 두고, 시선은 허공을 향한 채, 얼어붙고 순수한 대기 속을 빠르게 날아가는 비행기 외부의 풍경을 응시하며 원창에 몸을 바짝 붙였다.

이미 순항 고도에 이르렀다. 상공의 푸른 대기는 빛이 난다. 눈이 부셔 나는 눈살을 찌푸리고, 내 동공은 축소되다가 미세한 것이 된다. 땅에는 인간이 없는 높은 산들로 이뤄진 양탄자가 펼쳐져 있다.

열기 때문에 평원의 안개는 흩어졌다. 풍경의 돌출된 부분들이 도드라지게 나타난다. 회색과 빨간색 색조의 산들. 나를 북쪽으로 데려가는 날개 아래에는 야생지대의 위엄이 모습을 드러낸다. 나는 책을 덮고 땅을 응시한다. 그렇게나 장엄한 위엄에 아직도 놀란 상태다.

내 왼편, 그러니까 서쪽으로 펼쳐진 전망에는 둥글고 그다지 가파르지 않은 산맥이 있다. 이 산맥에서는 연이어 계속되는 계곡과 바위투성이의 능선들보다는 한 덩어리의 고원이 보인다. 눈이 내린 흔적은 없다. 눈에 보이는 도로도, 마을도, 심지어 촌락도 없다. 사막은 니스로부터 20분 떨어진 곳에 있다. 그런데, 순간적으로, 내가 땅에 있다면 찾아가고 싶다고 꿈을 꾸게 만든 이곳은 어디일까? 국내선인 이 비행기에는 경로를 보여 주는 스크린이 없다. 이때, 내 자신이 알지 못하는 어떤 깊은 욕망에 자극되어, 나는 승무원을 부른다. 거의 30년 동안 전 세계를 여행하면서 수많은 비행기를 탔던 내가 승무원에게 비행 중인 곳의 정확한 위치를 알아보기는 이번이 처음이다.

"죄송하지만, 현재 위치의 GPS 좌표를 기장님에게 물어봐 주실 수 있습니까?"

그는 조금 놀란 채로 내게 묻는다.

"GPS 좌표요?"

"예, 풍경이 대단히 아름다운데, 우리가 어디에 있는지 매우 궁금해서요…."

그 젊은 남자는 앞쪽으로 사라진다. 비행기는 북쪽으로 계속해서 올라간다. 원창 건너편에는 계곡들이 움푹 패어 있고, 돌출된 부분의 풍경은 선명하고, 능선의 뾰족한 봉우리 위로 만년설이 이곳저곳에서 조각난 천처럼 나타나고 있다. 젊은 남자는 내가 요구한 숫자를 갖고 곧 돌아온다. 나는 그 숫자를 주의 깊게 적는다. 그는 덧붙인다.

"우리는 곧 레 제크랭 산악지대 위를 비행할 겁니다. 우리는 브리앙송으로부터 멀지 않은 곳에 있습니다. 도시가 비행기의 오른편으로 보일 겁니다. 그리고 곧 세르퐁송 호수 상공에 이를 겁니다…"

나는 벼락을 맞은 듯 놀란다. 순식간에.

레 제크랭

뉴욕 미술관에서와 마찬가지로, 나는 강렬한 고통으로 갑자기 동요되고 울기 시작한다. 그토록 생생한 내 감정은 통제 불가능하다. 나는 다시 이마를 차가운 원창에 갖다 댄다. 사실, 이 고도에서 보면 검고 매끈한 수면의 호수는 어떤 날처럼 보인다. 그것은 부메랑의 형태를 하고 있다. 하지만 모든 것을 촉발시킨 건 '레 제크랭'이라는 단어다. 방금 다시 한 번 아버지가 내 안에 있다고 나를 확신시킨 것이 그 단어다. 왜냐하면 그 산악 지대는 우리 가족의 일부분이었기 때문이다.

내 감정의 갑작스러움. 전혀 예기하지 않은 그 감정의 격렬함은 이번에는 어떤 풍경의 아름다움과 의미 가득한 어떤 이름이 환기하는 것에 의해 촉발됐다. 레 제크랭 산악 지대, 아버지의 가장 아름다운 유년기 추억이 깃든 땅. 우리 가족의 땅. 행복한 기억의 땅.

그리고 지금 나는 서쪽으로 베르코르 산악 지대를 알아본다. 하늘 높이 올라온 비행기는 그 산악지대의 가장자리를 이루는 긴 계곡 능선을 따라 날고 있다. 우리는 아마도 퐁 드 클래의 수직면에 있을 것이다. 퐁 드 클래는 아버지가 전쟁 전에, 아주 어렸을 때, 가장 큰 기쁨을 경험했던 곳이다.

이 살아 있는 풍경.

이어서 천천히 다가오는 그르노블. 샤르트뢰즈 산악 지대는 여전히 북쪽에 있다. 이 이름들은 우리 가족의 추억의 보물을 품고 있다. 그곳들을 지도에서 쉽게 찾지 못하는 나이지만, 아버지에게 그곳들은 삶에서 가장 행복한 순간의 무대였다. 그리고 풍경에 대한 무한한 사랑이 태어난 곳이다. 그런데 이따금씩 내게 찾아오는 경향이 있어 보이는 아버지는 내가 프로방스를 떠난 이후로 원창 너머로 처음 던진 열의 없는 시선 속에서 다시 **나를 통해** 그곳들을 관찰하고 있다. 나는 이런 사실을 확신한다. 우리가 비행하는 곳 아래를 내 **눈을 통해** 순간적으로 알아보신 다음, 내가 승무원에게 말을 걸도록 하기 위해, 내가 '레 제크랭 산악 지대'라는 이름을 듣도록 하기 위해, 내가 이해를 하도록 하기 위해, 나의 무의식에 압력을 넣은 것은 아버지이다.

아버지가 내게 모습을 나타내신 건 꿈을 제외하고 두 번째이다. 나는 이것에 대한 증거는 없지만 — 이토록 미묘하고 순간적인 경험이 어떻게 엄정한 실험의 대상이 될 수 있을까? — 두 번째로 등장한 것들, 곧 내가 느낀 강렬한 감정, 경험의 예기치 않은 성격, 나의 동요를 촉발한 것과 아버지의 삶에서 중요한 요소의 일치 등, 이 모든 것이 나로 하여금 몇 분간 나의 충족시킬 수 없는 의혹을 부드럽게 내려놓도록 만든다.

증언을 따라가다 보면, 우리의 육체는 만남이 가능한 공간처럼 보인다. 에너지를 끌어들일 수 있는 안테나를 지녔고, 말을 초월한 메시지가 저세상을 가득 채우고 있는 존재로부터 우리의 정신에까지 전달되는 장소다.

그래서, 시간의 흐름이 멈춰 버린 이 순간에, 나는 아버지가 살아 있다는 걸 알고 있다. 그리고 죽음이 환상이라는 것도.

29
오르페브르 가 36번지

파트릭 망르자는 예전에는 경찰이었고, 지금은 피레네 산맥에 있는 자신의 땅에 돌아와 살고 있다. 그는 모두 합하여 23년을 파리와 그 근방에서 보냈다. 처음에는 발-드-마른[파리의 동남쪽에 위치] 도(道)의 사법경찰과 범죄 전담반에서 일했고, 이어서 파리의 강력계 — 그 유명한 오르페브르 가(街) 36번지에 위치하고 있다 — 에 합류했는데, 우선은 반테러 수사반에서 활동하고 다음에는 일반 부서에서 활동했다.

범죄를 전담하는 경찰이 된다는 건 인간의 가장 어두운 측면 중 하나와 대면한다는 의미를 지닌다. 그는 사법경찰과에서 일하는 수년 동안 확실히 죄를 뉘우치는 살인자들과 마주치기도 했지만 악(惡)이 몸에 배어 있는 살인자들과도 마주쳤다. 이들은 심지어 수년 동안 어떤 일을 해도 그 정신으로부터 그렇게 어두운 시선을 지울 수 없는 인간들이다. 두려움을 불러일으키는 시선.

발-드-마른의 범죄 전담반에서, 파트릭은 특히 용의자 심문 분야에서 현실적인 노하우를 쌓았다. 그는 이 분야에서 활동할 때 가장 편안하다. 그는 사람들을 느끼고, 그들의 악-존재, 그들의 결점을 인지하는 수준에 이르고, 이런 식으로 그들에게 속엣말을 하도록, 자백을 하도록 쉽게 유도하는 수준에 이르게 된다. 그는 이런 일에 타고났고, 파리에서 일을 시작할 때도 이 명성이 따라왔다. 당시에 그는 경찰로서의 자신의 재능에 특별한 성향이 숨어 있다는 생각을 했을까?

실제로, 시간이 흐름에 따라, 파트릭은 자신의 심문 자질이 여전히 폭넓게 사용하지 않는 감성에서 오는 것이 아닐까 자문하기 시작한다. 왜냐하면 처음에는 그런 사실을 전혀 의식하지 못했지만, 그의 느낌은 차츰차츰 더 분명하게, 더 명확하게 인정받는다. 그의 직관은 발달한다. 그의 직업상의 이유로 절대적인 데카르트주의가 요구되는 상황에서, 그의 직관은 그 데카르트주의를 불안정하게 하고 혼란스럽게 하는 것이 된다.

"제 의지와 상관없이, 제가 미묘한 현실을 강하게 느꼈다는 걸 말씀 드려야겠습니다. 저는 무엇을 포착하곤 했지만, 이런 능력의 근원을 이해하는 데에는 무능했습니다."

"무엇을 포착하셨죠?"

"예를 들어 사람들이 거짓말을 하는 것을요, 아니면 느닷없이 중요한 정보가 제게로 **전달되곤** 했습니다. 이런 식이었죠, 제가 어떻게 해서 그런 정보를 얻게 되었는지 모른 채 말이죠. 또한 저는 사람들의 심리적 상태, 심지어 육체적 상태를 느꼈습니다…."

파트릭은 일을 하는 곳에서 자신의 이런 능력을 말할 수 없었다. 직관, 미묘한 지각, 에너지와 **존재감**에 대해 더욱더 예민해지는 감성은 선험적으로 범죄 수사에 아주 적합한 도구는 아니다. 경찰의 작업은 객관적인 사실에 기반을 두지, **지각에** 기반을 두는 건 아니다. 동료들에게 있어, 파트릭은 심문을 하는 데 '좋은 감(feeling)'을 갖고 있고, 이런 이유 때문에 좋은 수사관으로 간주된다. 그것이 전부다.

하지만 조금씩, 사람들을 만나면서, 파트릭은 자신의 감성에 실제로 사람들 내면의 불안정성을 지각하고 그것을 치료하는 재능이 있다는 걸 발견한다. 그는 자료를 수집하고, 공부하고, 이어서 맨손으로 실행하고 **치료하기를** 시작한다. 우선 그의 주위 사람들부터. 결국, 그가 치료를 하는 걸까? 파트릭은 자신이 치료 행위의 주체라기보다는 통로라고 의식한다. 그는 어떤 에너지가 자신을 통과해 치료를 받는 사람 쪽으로 가는 걸 관찰한다. 그런데 치료 효과가 있기 위해서는, 그는 생각을 하지 말고, 두 손이 저절로 고통이 느껴지는 부위에 위치하도록 단순히 집중만 하고 있으면 된다. 그가 이런 식으로 스스로를 안내인이 되도록 놔두면, 결과가 나타난다.

경찰들은 이성적이기도 하지만 실증적이기도 해서, 그가 몸담고 있는 36번가 부서의 동료 6명은 조금씩 "파트릭의 손은 효험이 있어!"라고 인정한다. 이 자성(磁性)의 회기 동안, 파트릭은 나아가 자신이 동료들의 삶의 환경을 드러내는 내밀한 정보에 다가간다는 걸 알게 된다. 이것은 동료들을 속이는 행위다. 그는 예기치 않게 일어나는 이 현상을 절대적으로 통제하지 못한다. 한편, 자신의 '이상한' 성향에 대한 믿음은 파트릭에게 무엇보다 부서에서 마음을 터놓게 한다. 그리고 그는 수사가 진행될 때 이따금 어떤 느낌을 쉽게 갖는다고 털어놓는다. 몇 년 후, 이 느낌은 어떤 존재감과 죽은 사람들이 전하는 메시지를 느끼는 감각으로까지 변화한다. 실제로, 이 점은 그의 현실을 구성하는 요소가 된다. 파트릭은 보이는 것 너머의 어떤 세계를 지각한다. 여기서 다시 한 번 말하지만, 경찰은 직접적인 경험을 통해, 현실을 통해 명백함에 이른다. 그는 이따금씩 시신 앞에서 죽은 사람들의 것에 속한다고 생각되는 것을 느끼는데, 가령 시신 옆에 영혼이 있는 것을 보기도 했다. 그렇지만 그는 결코 영혼과 커뮤니케이션을 하지는 않는다.

2002년 8월에 파리의 검찰청은 파트릭이 몸담고 있는 부서에 사건 수사를 맡긴다. 6월에 18구의 주택단지에서 한 노인이 질식해 숨진 사건이다. 이 구역의 경찰서에서 열심히 조사를 했지만, 결과가 없다. 파트릭과 그의 동료들은 매우 얇은 서류를 넘겨받는데, 거기에는 죽은 자의 사진조차 없다. 감정을 실시하고 이웃한테서 어느 정도 이야기를 들은 그들은 누군가가 희생자의 집 문을 고의로 불태웠다는 것, 방화 흔적이 제거되었다는 것, 이 방화 때문에 희생자가 죽게 되었다는 것을 알게 된다. 수사는 원점에서 다시 시작된다.

당시, 파트릭은 사법경찰 지위를 막 획득했었다. 수사반장은 그에게 가택수색을 할 때 검증할 것을 지시한다. 죽은 여인은 아파트 16층에 위치한 작은 집에 거주하고 있었다. 이곳에 도착하자마자, 파트릭은 혼자서 침실이 있는 방으로 들어간다. 그의 맞은편에 2인용 침대가 있는데, 이불과 커버가 흐트러져 있다. 방 전체가 검게 변했고, 사방에 그을림이 있다. 시신이 있던 곳을 제외하고는, 침대의 이불도 그을림으로 덮여 있다. 그을린 이불 위에 음울한 자국이 남아 있다.

침대에서 이 자국을 본 파트릭은 부인이 일어서기를 원했지만, 분명히 빠르게 찾아온 죽음에 붙들려 그럴 시간을 갖지 못했다고 생각한다. 또한 그는 희생자가 그럼에도 불구하고 자신이 죽게 되리라는 걸 이해했다고 생각한다.

그런데 정확히 그 순간에, 파트릭은 방 오른쪽에서 어떤 존재감을 느낀다.

그는 이 방의 구조를 알고 있다. 그의 경찰로서의 두뇌는 방에 들어오자마자 그곳에 무엇이 어떻게 배치되어 있는지 기억해 두었다. 그는 창문이 방의 한 면을 차지하고 있고, 그 앞에 오렌지색 의자가 있다는 것을 안다. 그는 여전히 문틀에 있고, 비록 창문을 등지고 서 있지만, 그의 동료 중 한 명이 이 방에 들어오는 것은 불가능하다는 걸 안다. 그가 몸으로 누군가가 방에 들어오는 걸 막고 있기 때문이다. 그럼에도 자동 반사적으로 그는 그 존재감이 느껴지는 쪽으로 고개를 돌리는데, 그곳에는, 놀랍게도, 나이 많은 한 부인이 그 오렌지색 의자에 앉아 있다.

"저는 그 얼굴의 이목구비를 매우 분명하게 보았습니다."

이 순간에 파트릭은 당연히 그녀가 '현실적인 것이 아니라는 걸' 안다. 일종의 유령인데, 사람의 마음을 매우 불안정하게 만든다. 지금 나타나 있는 건 방화의 희생자인가? 혹은 파트릭이 미쳐 가고 있는 걸까? 그녀는 누군가가 자신을 보고 있다는 사실에 반응하듯이, 곧장 경찰에게 말을 건다. 파트릭은 말이 들리지 않지만, 문장의 의미가 머릿속에 나타난다. 그리고 부인은 매우 화가 나 있다. 그녀는 출입문에 불을 놓은 건 젊은이들이라고 격하게 단언한다.

이러한 유령의 격한 태도 앞에서, 파트릭은 계속 자신을 의심하고, 그가 이 모든 것을 상상하는 것은 아닌지, 심지어 그 자신이 말한 대로 "나사가 풀리고 있는 것" ― 한마디로 환각을 일으키고 있는 것 ― 은 아닌지 스스로에게 물어본다.

"마치 그녀가 제 생각을 읽고 있는 것 같았습니다…."

"무슨 뜻이죠?"

"그녀는 마치 저의 의혹을 인지한 듯이, 자신이 정말로 여기에 있고, 제가 그녀를 볼 수 있고 또한 그녀의 말을 들을 수 있다고 힘주어 단언했습니다."

"저는 모든 일이 상당히 빨리 진행됐다고 상상이 되는데요. 당신의 감정은 어땠나요?"

"아무것도 확신하지 못하겠습니다. 그럼에도 제게는 그녀를 본 것처럼 생각되고, 나아가 그녀의 정보에 접근했다는 느낌입니다. 그녀는 매우 강인한 성격일 겁니다. 영화 〈타시 다니엘르(Tatie Danielle)〉의 장면이 떠오르는군요. 마치 제가 그 여인을 이 영화의 여주인공 ― 전혀 쿨한 성격이 아닙니다 ― 과 닮았다고 이해해야 한다는 듯이 말이죠. 하지만 솔직히 말해 저는 마음이 편치 않았고 제 지각 능력을 의심했습니다. 그녀가 저를 느끼는 것 같다는 사실도 이상했습니다. 그녀는 제게 자신감이 결여되어 있는 걸 눈치 챘어요. 이 때문에 그녀는 훨씬 더 신경질을 부리고 신랄한 태도를 취했습니다. 그녀는 불을 놓은 건 젊은이들이라고 다시 한 번 말했어요."

"당신은 어떤 행동을 취했나요?"

"저는 실재건 아니건 간에 그녀를 진정시켜야 한다고 생각했어요. 그래서 저는 그런 일을 저지른 사람을 체포하기 위해 모든 일을 할 거라고 정신적으로 그녀에게 약속했어요. 이어서 저는 그녀가 지금 어디에 있는지 이해시키려고 하면서, 그리고 그녀에게 아마도 당신을 위한 빛이 어딘가에 있을 것이고, 필요한 경우에는 빛을 보았을 때 자신감을 갖고 그 빛을 향해 나아가라고 권하면서, 제 자신이 침착해지고자 노력했습니다. 저는 빛과 관련해서는 그렇게 해야 한다고 말하는 것을 들은 적이 있습니다…."

부인은 나타날 때처럼 사라진다.

이 유령과 그것이 말한 것에 동요 이상의 것을 느낀 파트릭은 부엌에서 수사반장을 만나 그에게 희생자의 모습을 묘사하며 방금 일어났던 일을 이야기한다. 그 경찰은 아무런 지적 없이 듣는다. 파트릭은 이미 그의 마음을 끌었고, 그는 자신의 부하가 이상하지만 실제적인 트릭을 포착하는 능력이 있다는 걸 확인한 바 있다. 그는 이런 종류의 현상을 어떻게 받아들여야 할지 잘 몰랐지만, 파트릭을 신뢰하고 있다.

가택수색은 계속되고, 곧이어 수사반장은 희생자의 신분증 위로 손을 올려놓는다.

"그는 신분증의 사진을 보여 주면서 제게로 왔어요. 그는 매우 흥분해서 말했죠. '자네가 봤다고 했지, 그녀는 자네가 묘사한 그대로네.'"

"당신은 그녀를 알아보았습니까?"

"제가 그 사진을 보고 충격을 받은 것은 사실입니다. 정말로 제가 보았던 그 여자였어요! 이런 사실은 제가 미치지 않았다는 것을 확신할 수 있다는 점에서 저를 안심시켜 주었습니다. 하지만 동시에 정말로 불편한 감정을 느끼게 했어요."

"왜죠?"

"저는 그녀에게, 그 부인에게 약속을 했어요…."

오르페브르로 돌아오는 길에 두 경찰은 이 유령 이야기를 자신들끼리만 간직하기로 결정한다. 파트릭은 서류를 맡는다. 조사 결과는 〈타시 다니엘르〉의 이미지가 죽은 사람의 그것과 정말로 합치한다는 걸 보여 준다. 살아 있을 때, 그녀는 유일한 자식에게 화를 잘 냈고, 같은 층의 이웃 여자를 때린 일도 있다. 사람들은 그녀를 아파트 단지에서 시끄럽게 떠들던 젊은이들을 향해 집의 창문에서 물병을 던지곤 하던 사람으로 알고 있었다. 조사 이후에 경찰은 방화에 연루된 것으로 의심되는 다섯 명의 젊은이를 체포한다.

"심문이 진행되는 동안, 그들은 자백을 했어요. 그들은 단지 '늙은이'의 현관 발판에 불을 붙였다는군요."

"당신이 그들의 뒤를 쫓게 된 건 그녀의 '개입' 때문이었나요?"

"오직 그녀가 방에서 그들에 관해 전해 준 메시지 때문에, 저는 수사 방향을 그 젊은이들에게로 돌릴 수 있었습니다. 그렇지 않았다면, 우리는 범인을 찾지 못했을 겁니다. 그 수사는 어떤 물적 증거 없이도 해결됐어요. 사람들이 말하는 것처럼, '감(feeling)에만' 의존해서요."

신성한 감!

30
어떤 신호

실비와 로랑의 아들은 2013년 3월에 비극적인 자동차 사고로 죽었다. 아들 톰은 11살이었다. 이 참사 이후 1년 조금 넘은 시간이 흐른 2014년 7월, 실비는 피카르디에 있는 친구들 집에서 며칠간 바캉스를 보내게 된다. 밤이 오고, 실비는 자신의 방으로 돌아갔다. 그녀는 전동 겉창을 내린다. 그녀가 침대 속으로 미끄러져 들어갈 때, 주위는 완전한 어둠이다. 오늘은 7월 17일. 톰은 3월 17일에 죽었는데, 이 상징적인 날들은 겪어 내기가 어렵다.

"그것은 심리적이에요, 상당히 좋지 않게 지내는 날들이죠."

"당신은 그날 무엇을 하셨나요?"

"그날 저는 상태가 좋지 않았어요. 저 혼자서 해변에서 긴 산책을 했죠. 그리고 많이 울었어요. 저는 정말로 몸과 기분이 좋지 않았어요. 어둠 속에 누워, 아들에게 말을 걸었어요. '미안하구나, 내게 어떤 신호를 보내 주렴, 왜냐하면 상황이 정말 좋지 않아….' 저는 잠을 이룰 수 없었어요… 그런데 그때 저는 눈앞에서 빨간색 점이 춤을 추는 걸 보았어요…."

"빨간색 점요? 어둠 속에서요?"

"예, 겉창이 닫혀 있었기 때문에 외부에서는 아무 빛도 스며들 수 없었어요. 저는 완전한 어둠 속에 있었어요. 제가 가장 먼저 취한 자동적인 반응은 불을 켜는 것이었어요…."

"그 빨간색 점은 무엇과 비슷했나요?"

"레이저 포인터에서 나오는 것과 다소 비슷했어요… 그런데 겉창은 완전히 닫혀 있었고, 게다가 우리가 있던 집은 주변에 아무 주거 시설도 없는 외딴 곳에 위치하고 있었어요. 그리고 방에는 빛을 투사할 수 있는 전기장치가 없었어요… 저는 방의 불을 켰지만 더 이상 아무것도 볼 수 없었어요. 그래서 저는 불을 끄고, 다시 그 빨간색 점을 구분해 냈어요…."

"그것은 움직였나요?"

"예, 그것은 움직였어요. 그것은 빨간색이었지만, 중앙에 노란색이 있는 것 같았어요… 그것은 계속해서 사방으로 움직였고, 허공에서 춤을 췄어요."

"얼마 동안 그렇게 움직였나요?"

"몇 분… 그리고 저는 잠들었어요…."

"왜 당신은 그 빛을 아들 톰과 연관시킨 거죠?"

"왜냐하면 그 애가 말을 했기 때문이에요. 며칠 후에 제 친구가 자동글쓰기를 통해 톰과 접촉을 했어요."

자동글쓰기는 영매의 능력 중 하나로, 죽은 자가 전달하고 싶은 메시지를 쓰도록 하기 위해 손을 '빌려준다'는 데 그 특징이 있다. 이를 위해서는 어떤 것을 실행해야 한다. 손을 빌려 주는 자는 펜을 쥐는데, 이때 펜의 뾰족한 부분이 종이 위에 놓이도록 하고, 이어서 죽은 자가 손을 움직여 글을 쓸 수 있을 만큼 충분하게 몸의 힘을 뺀다. 비밀은 펜을 쥐고 있는 사람의 포기하는 능력에 있다. 실제로, 그 사람은 죽은 자가 믿을 수 없을 만큼 섬세한 글씨로 문장을 만들어 내는 동안에 자신의 정신이 개입하지 않도록 자신을 억제하고 있어야 한다. 텍스트가 펜을 쥔 사람이 전혀 모르는 구체적인 사항으로 점철되어 있을 때가 있기 때문에, 메시지는 이따금씩 인상적이다. "누가 글을 쓰고 있지?"라는 질문을 매우 혼란스러운 것으로 만드는 요소다.

피카르디에서 일어났던 일을 혼자만 간직하고 있던 톰의 엄마의 경우도 마찬가지다.

"저는 친구에게 빛의 에피소드에 관해 이야기하지 않았는데, 그 친구의 중개를 통해, 톰은 제게 매우 예쁜 문장을 써서 보냈어요. '작은 빛, 그것은 바로 나야. 나의 사랑하는 엄마, 엄마가 매우 슬퍼 하길래, 엄마를 웃게 하려고 내가 엄마 앞에서 춤을 추러 왔어.'"

31
확증

"저는 우리의 이야기가 심각한 이야기가 될 거라는 걸 알고 있었어요, 그런데 저는 그 미래가 3년 이상은 지속되지 못할 거라는 직감이 있었어요."

예감, 한 번 더.

발레리가 로이크를 만났을 때, 그녀는 21살이었고, 그는 20살이었다. 둘은 즉각 첫눈에 반했지만, 그들 사이에서 시작되는 이야기는 설명할 수 없는 시기[이후에 나오는 '사고' 전후의 시기를 가리킨다]에 대한 두려움으로 얼룩이 진다. 발레리는 초기부터 이 느낌 때문에 놀란다. 그녀의 마음 깊은 곳에는 사고의 이미지가 있고, 그녀는 시간이 지나면 그들의 관계는 '간단히' 끊어질 거라고 스스로 확신하면서 이성적으로 생각하려고 시도한다. 비록 그들의 이야기가 일시적인 것이 아니고, 또한 그들이 서로에 대해 매우 강렬한 감정을 품고 있음에도 말이다.

더욱더 이상한 점은, 로이크 역시 자신이 늙을 때까지 살 수 없을 거라는 생각을 규칙적으로 표현한다는 것이다. 그는 발레리에게 알린다. "나는 젊어서 떠날 것 같아."

1996년 2월 27일, 그들이 함께 있은 지 3년이 되는 때다. 이

커플은 툴루즈에서 살고 있다. 컴퓨터 기술자인 로이크는 파리로 이동 중이다. 그는 아침에 첫 고객 집에서 컴퓨터 수리를 하느라 계획보다 지체되었다. 그는 심지어 아침식사를 할 시간도 없이 파리 반대편에 있는 두 번째 고객 집으로 빨리 가야 한다.

2차선 램프에서 그의 렌터카는 마주 오는 차에 세차게 부딪힌다. 로이크는 즉사한다.

발레리는 저녁 무렵에 직장에서 돌아왔을 때, 자동응답기를 통해 메시지를 받는다. 한 여인이 울면서 말한다. "발레리, 즉시 내게 전화해 줘." 목소리가 고통에 의해 상당히 변해 있어, 발레리는 로이크의 엄마라는 걸 알아채지 못한다. 그녀는 할아버지에게 무슨 일이 생겼다고 생각해 할머니에게 전화를 한다. "할머니가 제게 메시지를 남기셨어요?" 아니다. 그녀는 수화기를 내려놓는데, 즉시 전화가 다시 울리기 시작한다. 로이크의 형이 전화를 했다. 그는 그녀에게 소식을 전한다.

발레리는 쓰러진다. 충격 때문에 그녀는 무엇을 해야 할지, 누구를 불러야 할지 더 이상 알지 못한다. 그녀는 거의 정신을 잃고 깊은 절망감에 빠져 있다.

밤이 온다. 어떻게 잠을 자지?

발레리는 로이크와 아파트 맨 위층에 살고 있었다. 밤새도록 발레리는 바이커의 장화 소리가 층계에서 들리는 듯하다. 1층 입구의 포석을 깐 바닥에 발을 내딛는 소리. 정확히 이것과 같은 친근한 소리로 로이크가 왔다는 걸 알곤 했다.

"정말로 그의 발자국 소리를 듣는 것 같은 인상이었어요.

마치 누군가가 건물 아래편을 이리저리 걷는 것 같았어요."

잠을 잘 수 없고 충격을 받은 상태라, 발레리는 그 소리에 더 이상 주의를 기울이지 않는다. 시간이 지나서야 그녀는 누군가가 한밤중에 아파트 계단을 오르내렸다는 것이 얼마나 개연성 없는 일인지 깨닫게 된다. 그러나 그런 발자국 소리가 들리는 일은 사건 직후 여러 날 밤에 걸쳐 몇 차례 일어난다.

이어서 담배 냄새. 발레리는 담배를 피우지 않고, 집의 구조는 폐쇄적이고, 창문들은 닫혀 있는데도 불구하고, 어느 순간에 여지없이 담배 냄새가 난다. 꺼진 꽁초에서 나는 냄새도 아니고, 흡연자의 집에 밴 냄새도 아니다. 그렇다, 방금 불이 붙어 타 들어가고 있는 담배에서 나는 냄새다.

"냄새가 심했어요, 마치 그가 제 옆에서 담배를 피우고 있는 것 같았어요."

로이크의 화장품 냄새도 그녀를 놀라게 만든다. 냄새가 집 안에서도 났고 바깥에서도 났다. 그녀 근처에 사람이 없는데도 말이다.

"담배 냄새나 향수 냄새는 집 안의 친숙하던 그 냄새와는 달랐어요. 어쨌든, 매번, 저는 논리적인 설명을 찾으려고 애썼어요. '이것은 그의 아파트야, 아마도 나의 뇌가 내게 위안을 주려고 이런 것들을 다시 만들어 내는 걸 거야.' … 하지만 이것은 시작에 불과했어요. 그 이후 몇 주 동안, 사소한 일들이 잔뜩 있었어요. 저는 어떤 존재를 느꼈어요, 집에 누군가가…."

"그 순간의 당신의 감각을 설명해 주시겠어요?"

"마루에 작은 바가 있는데, 로이크는 종종 그 바에 앉아 있곤 했어요. 몇 번에 걸쳐, 저는 그 바에서 저를 바라보는 누군가가 있기라도 한 것처럼 관찰의 대상이 되고 있다는 느낌이 들었어요. 혹은 제 피부로 어떤 압력을 느낄 때가 있었어요, 마치 누군가가 제 손을 붙잡고 있는 것 같았는데, 로이크가 살아 있을 때 자주 하던 행동이었어요. 우리는 둘이서 손을 잡고 함께 텔레비전을 보는 습관이 있었는데, 그는 그렇게 두세 번 계속해서 제 손을 꽉 쥐곤 했어요. 우리의 작은 놀이였죠. 그런데 텔레비전 앞에 혼자 있을 때, 그가 한 것과 똑같이 무엇이 제 손을 건드는 걸 분명하게 느낄 때가 몇 차례 있었어요.

분명한 냄새, 손에서 느끼는 몸의 감각, 그리고 특히 그 존재감. 발레리는 자신이 겪은 일을 어떻게 해석해야 할지 모른다. 그녀는 매우 데카르트적인 교육을 받았다. 종교나 영성에 관해서 배운 일은 없다. 비록 그녀가 스스로에게 많은 실존적인 질문을 했다 하더라도, 그녀는 보다 멀리까지 나아가지 못했다. 로이크와 만나면서, 그녀는 영매 같기도 한 그의 이모를 알게 됐다. 이 이모는 자동글쓰기를 행한다. 또한 발레리는 로이크의 가족들이 모여 식사를 하는 자리에서 그 이모가 이따금 내세나 강신술에 관해 이야기하는 걸 들었다. 그런데 당시 그녀에게는 이런 종류의 일이나 이야기들이 진지하지 못한 미신의 영역에 속하는 것처럼 보였다. 그리고 로이크의 이모가 그녀에게 자신의 경험담을 이야기하면서 때로는 죽은 자들이 우리와 접촉하려는 시도를 할 수 있다고 말할 때, 발레리는 이야기를 중간에서 끊었다. 이야기의 주제가 그녀에게는 다소 무서웠던 것이다. 발레리는 항공학 분야의 엔지니어이다. 매우 현실적인 것이다. 그래서 유령 이야기는….

그런데 로이크의 죽음 이후에 일어나는 이 '이상한 것'은 그녀에게 진지하게 궁금증을 불러일으키기 시작한다. 이것들은 정말로 그가 보내는 신호일까? 그녀는 의혹이 들면서도 구체적인 것에 매달려 보기로 한다. '해석을 하는 사람은 나야, 나는 로이크의 존재를 믿고 싶어, 그런데 그전에 반드시 설명이 필요해.'

열쇠가 사라졌다가 소지품 상자에서 다시 발견되는데, 그녀는 이 상자를 10번은 들여다보았다.

그녀의 지각은 그의 존재감을 매우 강하게 느낀다.

"일주일 동안에 서너 번 무슨 일이 일어났어요. 이때 저는 장시간 생각했어요. '내가 미쳐 가든가, 아니면 로이크가 하는 짓이든가.' 그런데 저는 아무것도 이해하거나 믿고 싶지 않았어요. 이어서 사건들이 쌓인 끝에 ― 통계적으로, 속임수가 그렇게나 많이 일어날 가능성은 없었어요 ― 저는 의혹을 갖기 시작했고, 제 자신이 생각에 이끌려 가도록 가만히 놔두었어요. 왜냐하면 어느 순간부터 이런 일들이 실재할지도 모른다고 생각하는 것이 마음을 편하게 해 주었기 때문이에요. 로이크가 차츰 명백해지는 일들을 하며 제게 호소하려고 노력하고 있는 게 틀림없었어요. 왜냐하면 보다 자연스러운 마주침을 위해 제가 계속해서 '이성적인 설명'을 찾고 있었기 때문이죠."

"'차츰 명백해지는 일들'이라는 표현은 무슨 뜻인가요?"

"예를 들어, 제가 등에서 그의 손가락을 느낀 일이 있어요. 아시겠지만, 누군가를 놀래 주려고 할 때, 손가락으로 옆구리나 등을 찌르잖아요. 이런 일이 제게 일어난 거예요. 갑자기 저는 누군가가 손가락으로 옆구리를 찌르는 걸 느끼고는, 너무 놀라 펄쩍 뛰었어요."

"그 일은 하루 중 어느 때 일어났나요?"

"항상 제가 어떤 일에 몰두하고 있을 때였어요. 한 번은, 생각을 다른 데로 돌려 보려고, 저를 초대한 친구의 집에 있었어요. 제가 설거지를 하고 있을 때였어요. 저는 제 친구들과 농담을 하고 있었고, 친구들의 남편들은 다른 방에 있었어요. 그 순간에 저는 전혀 로이크를 생각하지 않고 있었는데, 갑자기 어떤 손가락이 제 등을 찌르는 거예요. 저는 펄쩍 뛰었어요."

"상상이 가는군요⋯."

"저는 놀라서 펄쩍 뛰며 비명을 질렀어요. 이 때문에 제 친구들도 놀라 무슨 일이냐고 제게 물었어요. 이런 일은 계속해서 제가 예기치 못한 순간에 일어났어요. 이때부터 저는 이런 일을 촉발시킨 건 내가 아니다, 내가 그를 생각하지 않고 있기 때문에 일어난 일이라고 생각하기 시작했어요."

로이크가 죽은 지 거의 3개월이 지났을 때, 발레리는 계속 예전과 똑같이 그의 존재를 느낀다. 어느 날 저녁, 그녀는 커다란 슬픔의 포로가 되어 침대에 눕는다. 일단 자리에 누운 그녀는 방의 분위기가, 방의 대기가 다소 '특이하다'는 사실에 주목한다. 그러나 그녀는 자신이 느끼는 것을 정확하게 정의 내리지 못한다. 물방울 안에 있는 것 같은 부드러운 인상을 받고, 개개의 소리는 확대되는 것 같았다. 이때, 그녀는 누군가가 마루의 양탄자 위를 걷고 있다는 걸 지각한다. 즉각 공포심이 그녀를 덮친다. 뜨거운 타격을 느끼고, 그녀의 가슴은 세차게 뛴다. 그리고 마치 누군가가 앉을 때처럼, 갑자기 침대의 한쪽이 내려앉는다.

"제 가슴은 터질 듯이 뛰었어요, 기절할 것처럼 두려웠어요. 이어서 저는 누군가가 이불 위에 있는 제 다리를 만지는 걸 느꼈고, 공중에서는 '난 여기에 있어'라는 말이 들려왔어요. 이때 저는 소리를 지르며 말했어요. '들어봐, 로이크, 나는 너라는 것을 알아, 이렇게 신호를 보내 줘서 고마워, 나는 너를 믿어, 나는 너를 믿어, 하지만 그만해 줘!' 저는 심장이 몸 밖으로 튀어 나갈 것만 같았어요, 그만큼 심장은 세차게 뛰었고, 저는 공포에 질렸어요…."

"그 다음에 무슨 일이 일어났나요?"

"모든 것이 멈췄어요."

"당신은 꿈을 꾸는 것이 아니었다고 어떻게 장담할 수 있죠?"

"저는 막 침대에 누운 터라 잠들지 않고 있었어요. 저는 심지어 눈을 크게 뜨고 있었어요! 결국, 그가 침대에 앉았을 때, 저는 눈을 감았어요. 어떻게든 그를 보게 된다면 제가 심장마비로 죽을 거라는 생각이 들었기 때문이에요."

이 '방문'으로 발레리의 마지막 의혹까지 씻겨 나갔다. 경험은 너무나 강렬했다. 너무나 강한 감정이었다. 이후로 발레리는 다시 어떤 존재감을 느끼면 로이크에게 말을 걸게 된다.

　아들이 떠난 지 6개월이 됐을 때, 로이크의 부모는 그의 오
토바이를 팔 생각을 하게 된다. 발레리는 로이크가 사고를 당
하기 한 달 전에 면허를 취득했는데, 그 오토바이를 자신이 매
입해야 하는 것은 아닌지 자문한다. 로이크의 추억을 간직하
기 위해서이다. 하지만 오토바이가 대형 엔진이라, 초보인 발
레리는 주저한다.

　어느 날 저녁, 그녀는 잠자리에 들면서 로이크에게 말을 건
다. "나는 네 부모님께 오토바이를 매입하겠다고 제안할 생각
이야."

　다음 날 아침, 로이크의 어머니가 그녀에게 전화를 한다.

　"그분은 여동생이, 그러니까 자동글쓰기를 한다는 그 이모
가 로이크 때문에 한밤중에 깨어났다고 새벽에 전화를 했대
요. 로이크가 이모에게 편지를 쓰게 했다더군요. 그 메시지에
서, 그는 제가 오토바이를 사면 안 된다고 알렸대요. 제가 타
고 다니기에는 너무 큰 오토바이라서요…."

　"로이크의 어머니나 이모에게 당신의 의도를 알리지 않았다
고 확신할 수 있나요?"

　"네, 저는 그 일과 관련해 누구에게도 말을 하지 않았어요.
단지 로이크에게만… 그 전날 밤에요."

　"그래서 로이크는 밤중에 이모를 깨우게 되었군요…."

　"예, 로이크의 어머니께서 그 이야기를 했을 때… 저는 그
자리에서 몸이 뒤틀리는 것 같았어요! 그 순간에 대해 다시

말하려니, 지금도 전율을 느껴요. 비록 제가 그런 일들을 겪은 다음이라 더 이상 많은 의혹을 두지 않고 있었지만, 정말로, 그것은 마지막 망치질 같았어요. 저는 생각했어요. '자, 좋아, 증거를 갖게 됐어.'"

로이크가 떠난 다음 일어난 믿기지 않는 경험들과 6개월 뒤의 이 메시지로 인해 발레리는 영성의 길을 걷게 된다. 그녀의 내면에서는 진정한 의식의 도약이 이뤄지고 있다. 그녀는 지금껏 자신에게는 존재하지 않는다고 생각하던 어떤 현실에 마음의 문을 열게 된다.

"뒤로 물러나 생각해 보면, 제가 거쳐야만 했던 경험이었어요. 이 경험은 제 안에서 영혼이 열리도록 만들었어요. 그런 모든 일이 일어나지 않았다면 결코 알지 못했을 일이에요."

처음 6개월간 강렬했던 경험은, 오토바이와 관련된 일화 이후로, 현저하게 감소하게 된다. 마치 그녀의 메시지가 전달되기라도 한 것처럼? 1년이 지나자, 신호들은 중요성을 많이 상실했다. 발레리는 새로운 삶을 살게 됐다. 그녀는 로이크 역시 다른 곳으로 갔다고 생각한다.

32
어린 에스텔르

62세의 잔느는 폐암에 걸려 죽어 가고 있다. 그녀는 밤낮으로 남편과 아들 피에르의 보살핌을 받으며 집에서 마지막 나날을 보내고 있다. 피에르는 어머니가 숨을 거두던 날 임종 자리를 지킨다.

이들은 죽음에 대해 함께 이야기를 나누었다. 이 가족은 매우 개방적이고, 맨 처음 떠나는 사람이 남아 있는 사람에게 신호를 보내야 한다는 약속이 맺어졌다. 그 수단이 뭐든 간에, 커뮤니케이션을 하자는 것.

피에르의 아내 소피는 시어머니에게 말로 표현하기 힘들 만큼 깊은 애정을 갖고 있었다. 시어머니가 떠난다는 건 고통스런 일이다. 피에르 부부는 아이 둘을 두고 있었는데, 에스텔르가 10살, 시몽이 6살이다.

잔느가 죽은 다음 날부터, 소피가 에스텔르를 침대에 눕히는 순간에 에스텔르는 엄마에게 침대 주위에서 할머니의 존재감이 느껴진다고 설명한다. 무엇이 그 애를 가볍게 둘러싸는데, 그 애는 그것에 관한 인상을 묘사하는 데 애를 먹고, 다만 자신을 완전히 덮어 주는 깃털이불의 감각과 비슷하다고 말한다. 그러고는 "울지 말거라, 울지 말거라"라는 말이 들린다고 덧붙인다.

가톨릭신자이지만 교회에 잘 다니지 않는 피에르와 소피는 딸이 하는 말을 따뜻한 마음으로 받아들인다. 그들에게는 주의 깊게 말을 들어주는 것이 중요한 것이다. 이런 믿음이 있어 에스텔르는 제약 없이 엄마에게 무엇이든 털어놓는데, 며칠 후에는 할머니의 얼굴을 보았다고 말한다. 밤마다, 자기 방에서, 에스텔르는 원형 장식 같은 데서 할머니를 본다고 이야기한다. 그런데 상체밖에 볼 수 없다.

이후 몇 주 동안, 잔느의 '방문'은 계속된다. 에스텔르는 작은 메시지들을 전달하는데, 그 애는 엄마에게 전하는 거라고 말한다. 소피는 자신의 고통을 아이들에게 보이지 않으려고 노력한다.

"한 번은 에스텔르가 제게 말했어요. '할머니가 엄마에게 전해 달래요. 용기를 내거라, 큰애야, 울지 말거라.'"

소피는 이 메시지를 떠올리며 여전히 감동한다.

"정말로 시어머니는 이따금 저를 '큰애야'라고 불렀어요. 에스텔르가 반드시 알고 있는 것은 아닐 거예요. 그런데 비록 우리가 열린 태도를 지녔다고 해도, 이런 일은 꽤 불안해요…."

어머니의 죽음 이후 두 달이 지났을 때, 피에르는 아이들을 찾으러 학교에 갔다가 함께 집으로 돌아온다. 간식 시간이라, 이들 셋은 부엌에 있다. 피에르는 냉장고 앞에 선다. 그런데 갑자기 에스텔르가 뭔가에 불편한 표정을 지으며 자기 쪽으로 다가오는 걸 본다. 이 어린애는 두 손을 쥐더니, 이어서 스웨터를 어색하게 잡아당긴다. 마치 무언가를 말하려고 하지만 감히 아무 말도 못하는 어린애처럼 말이다.

"그러고는 애는 몸을 돌리지 않고 부엌 구석을 가리키며 제게 속삭였어요. '아빠, 저기에 할머니가 계셔요, 보세요.'"

에스텔르는 자기가 가리키는 쪽으로 시선을 돌리기가 두려운 듯 보인다.

"애는 자기 뒤쪽으로 슬그머니 시선을 던지더니, 다시 제게로 다가왔어요. 제가 애에게 아무것도 보이지 않는다고 말하자, 아이가 대답했어요. '할머니는 아빠가 우리를 돌보는 걸 보고 훌륭한 일이라고 생각해요. 매우 자랑스러워하고 계셔요.'"

피에르는 아이에게 보고 있는 것이 정확하게 무엇인지 묻는다. 에스텔르는 아빠에게 할머니가 산호색 스웨터를 입고 있다고 묘사하고, 또다시 의문이 가는 디테일을 언급한다. 즉, 할머니의 다리가 보이지 않는다는 것, 할머니의 하체가 모두 흐릿하게 보인다는 것이다. 피에르는 딸이 결코 농담을 하는 것이 아니라는 것, 상황의 인상적인 성격 때문에 상당히 당황한 딸이 뒤로 흘낏 시선을 던지며 정말로 본 것 같은 장면을 아주 정확하게 묘사하고 있다는 것을 이해한다. 어린 동생인 시몽은 아빠와 누이로부터 4미터 떨어진 곳에 앉아 있는데, 간식을 먹는 데 온 정신이 팔려 아무것도 알아채지 못한다.

"그 애는 할머니를 봤어요, 확실해요… 이어서 1분 정도 후에 외쳤어요. '됐어요, 할머니는 떠났어요.'"

에스텔르는 할머니가 몸을 돌린 다음 벽을 관통하는 걸 보았다고 설명한다.

잔느의 죽음 이후 약화되는 일 없이 연속적으로 일어난 이 경험들에 뒤이어, 에스텔르의 부모는 에스텔르가 3살 무렵에 혼잣말을 하는 그 애를 종종 붙든 사실을 기억해 낸다. "모든 아이들이 그렇게 해." 당시에 그들은 이렇게 생각했지만, 그들의 질문에 아이는 자기와 놀기 위해 찾아온 아이들과 이야기를 하는 중이었다고 대답하곤 했다. 피에르도 소피도 이 말에 별로 주의를 기울이지 않았다. 하지만 부엌에서의 그 이상한 현상 이후로, 그들은 상황을 달리 보게 된다.

"당신이 매우 잘 알고 있는 따님이 그런 이야기를 할 때, 당신은 무슨 일이 있는 게 틀림없다고 생각을 하는군요. 따님은 매우 예민하고 민감한 성향이었습니다… 따님이 할머니가 떠났다고 말했을 때, 당신은 어떻게 반응했나요?"

"저는 그 애를 안심시켰습니다. 그러고는 곧장 저희 어머니가 나타나겠다고 약속한 일을 결부시켰어요. '그렇지, 할머니는 숨바꼭질을 하기 위해 온단다. 할머니는 그것을 약속했고, 그래서 온 것이란다.'"

에스텔르의 부모는 계속 주의를 기울인다. 왜냐하면 얼마 지나지 않아 에스텔르가 다소 공격적인 메시지를 전하기 위해 접촉하길 원하는 것 같은 다른 사람들을 본다고 말했기 때문이다. 엄마의 충고에 따라, 에스텔르는 거부를 하고, 그 '사람들'에게 요구를 들어줄 수 없다고 말한다. 이따금, 이 다른 사람들은 에스텔르가 모르는 사람들이 아니다.

언젠가, 에스텔르는 할머니가 르네라는 사람을 같이 데려온 걸 보았다고 말한다. 사실, 르네는 잔느의 아버지, 즉 에스텔르의 증조부로, 어린 에스텔르가 한 번도 보지 못한 사람이다. 그는 에스텔르가 태어나기 훨씬 전에 사망했고, 그리고 피에르와 소피는 그에 관해서 말한 적이 한 번도 없다.

"어느 날 밤, 그 애가 우리에게 말을 했어요. '할머니와 르네가 숨바꼭질을 하러 저를 찾아왔고, 르네는 저를 재밌는 아이라고 여겨요. 그 사람은 저를 모르고 있었나 봐요."

얼마 후에는 알린느, 곧 에스텔르가 본 적이 있다는 할머니의 어머니가 찾아온다.

부모의 따뜻하고 주의 깊은 경청 덕분에, 에스텔르는 이런 경험 — 처음에는 빈번하게 일어난 일이다. 거의 매일, 그리고 특히 밤에 말이다 — 을 온전히 자연스런 일처럼 경험하게 된다. 아이의 할머니가 찾아와서는 아이를 안심시키거나 메시지를 전달한다. "만사가 잘될 거란다," "만사가 잘 되어 가고 있단다," "너희들은 슬퍼해서는 안 된다," "인생을 마음껏 즐겨라."… 언제나 마음을 평안하게 해 주는 사랑에 가득 찬 말이다.

지금 에스텔르는 더 이상 잔느의 존재에 대해 부모에게 말하지 않는다. 그녀는 에스텔르 앞에 나타나기를 그만둔 걸까? 아니면 사춘기인 에스텔르가 그러한 접촉을 거부하는 걸까? 정상적인 것에 대한 욕망. 엄마가 딸에게 질문을 시도하면, 에스텔르는 마치 내면의 지각의 문을 열었다는 듯이 하던 일을 멈추고는, 기껏해야 아주 잠시 눈을 아래로 내렸다가 아무 일도 없는 것처럼 하던 일을 계속하며 할머니는 '바쁘다'고 대답한다.

33
풍경을 그리고 있다고 믿던 남자

우리 대부분에게 있어, 죽은 자들과의 접촉이 의식적으로 차단될 때, 그들이 우리에게 나타나려고 할 때, 가장 공통적으로 사용되는 만남의 공간은 꿈인 듯 보인다. 나의 아버지도 이런 식으로 찾아와 내게 믿기지 않는 결과를 초래한 정보를 가져다주었다.

평생 아버지는 그림을 통해 당신이 '그것'이라고 부르던 것에 다가가기 위해 끊임없이 노력하셨다. 이때 '그것'이라는 표현은, 밤의 꿈이 아닌 실제의 어떤 풍경 앞에서 한두 번 짧은 시간 동안 당신을 감동시킨 일종의 지울 수 없는 경험을 말한다. 그리고 현실과, 추억, 기억에 떠오르는 문학작품, 여행, 꿈 — 그리고 지칠 줄 모르는 추구의 대상인 연극 — 으로 구성된 상상의 세계 사이의 (이따금 현기증 나는) 차이가 당신 그림의 소재 자체가 되곤 했다.

오늘날, 나는 아버지가 이따금씩 손에 붓을 들고서 본질적이고, 매우 섬세하고, 사라지기 쉽고, 만질 수 없고, 삶의 의미와 관련이 있는 그것에 닿았다는 걸 안다. 그림을 그린다는 행위를 통해, 그분은 때때로 그것에 다가갔고, 비밀스런 작업실에서 가끔씩 짧게나마 다른 세계에 침투할 수 있었다.

나의 아버지는 문학가이기도 하셨다. 당신에게 글을 쓴다는 건 그림만큼이나 절대적인 규율이었다. 문장의 운율을 유지하기 위해, 그리고 내가 젊은 저널리스트로서 초기의 기사를 당신에게 보여 주었을 때 텍스트를 작성하는 법을 가르쳐 주기 위해, 당신은 톨스토이, 플로베르, 스탕달을 소리 높여 낭독하시곤 하셨다.

그런데 아버지는 이따금 이상한 실존이 우리를 밀어 넣는 텅 빈 심연을 의미 있는 무엇으로 가득 채우려고 하셨지만, 어휘의 빈약함과 사고의 부적절함 때문에 고통을 겪으셨다. 또한 죽음 때문에도.

죽음은 4월의 어느 날 당신의 아들을 데리고 갔다.

나의 아버지는 지성적이고 감정이 풍부한 분이셨다. 아이, 이어서 감탄하기를 잘하는 사춘기 소년이던 나에게는 다른 무엇과도 바꿀 수 없는 모범적인 인물이셨다. 평소 친절하고, 겸손하고, 방대한 교양을 지니고 계셨지만 내색을 안 하셨던 당신은 내게 신중한 태도와 확신의 불확실성을 가르쳐 주셨다. 나는 아버지로부터 정통성이 거의 없는 역설적인 교육을 받는 매우 귀중한 기회를 가졌다. 자율성의 수련, 독학자로 가는 길의 풍성함. 침묵과 단순성의 적절성. 나는 아버지가 매우 자랑스럽다. 그랑제콜 준비 학년의 교수 자격증이 있는 당신은, 내가 고생해 가며 대학 입학 자격시험을 보고 싶지는 않다며 학교를 그만두겠다고 결정을 내렸을 때, 동의와 지지를 보내셨다. 예술가인 아버지. 창조의 신비한 근원인 내면세계

를 언제나 지속적으로 관찰하시던 분. 아이에게는 아주 경이
롭고, 영감을 불어넣어 주시던 모범적인 분. 다른 한편으로는,
당신 때문에, 나는 여전히 다소 어린애이다.

아버지는 살아오는 동안 몇 권의 책을 출간하셨다. 돌아가
실 무렵에는 우리에게 짧은 원고를 남기셨는데, 당신의 사상
이 담긴 진정한 팔램프세스트[씌어 있던 글자를 지우고 다시 글자를
써 넣은 양피지]이다. 당신의 눈에 간결하고, 열정적이고, 본질적
인 것으로 보이는 텍스트에 도달하기 위해, 마지막 몇 년 동안
작업하고, 수정하고, 수백 번 고쳐 쓰고, 지속적으로 손질한
것이다. 하지만 살아생전에 그분은 이 글을 출간하지 못하셨
다.

"풍경을 그리고 있다고 믿던 남자"라는 제목이 붙은 이 글
은 화가의 감정에 대한 섬세한 묘사와 존재에 관한 철학적인
숙고가 교대로 나타나는 일종의 에세이이다. 이 작품은 아버
지를 닮았다. 그만큼 특정한 형태를 지니고 있지 않다. 아마도
바로 이런 이유 때문에 몇몇 편집자들이 망설이다가 최종적으
로 출판을 포기한 것 같다.

아버지가 돌아가시기 몇 주 전, 나는 결국 책이 출판될 수
있도록 모든 일을 다하겠다고 당신께 약속했다. 이 텍스트는
당신께 무척이나 소중한 글이다. 6월 중순에 당신이 돌아가셨
을 때, 나는 내가 받아들인 책임의 무거움을 느끼게 된다. 나
는 '할 수 있는 일을 할 것이다'라고 생각했다. 불행히도, 내
가 원고를 보낸 편집자 친구들은 아무 글도 닮지 않은 이 원
고와 관련해 어떤 행동을 취해야 할지 알지 못한다. 내가 약

속을 지키지 못한 채 몇 개월이 흘러간다.

삼 년여의 시간이 지나간다. 그리고 4월의 어느 아름다운 아침, 깨어나기 직전의 마지막 순간에, 나는 아버지 꿈을 꾼다. 이 꿈에서 나는 파리의 한 거리를 아버지 옆에서 걷고 있다. 날은 쾌적하고, 우리는 행복하게 마음이 통한다. 우리는 여러 가지 일에 관해 얘기를 나누는데, 갑자기 아버지가 알뱅 미셸 출판사에서 당신의 책이 출판될 거라고 내게 알린다. 그런데 현실의 삶에서 알뱅 미셸은 내 책이 출판되는 곳이다. 내가 아버지에게 어떤 책을 말하는 거냐고 묻자, 아버지는 "마지막 책"이라고 대답하신다. 그러고는 그분은 출판사 편집장과의 만남을 높이 평가하신다. 아버지는 편집부장이 매우 상냥하다고 생각하는 것이다. 나는 아버지에게 매력 있는 여자라고 단언하고는 나도 계약서를 작성하기 위해 곧바로 그녀를 보러 갈 거라고 확신 있게 말한다. 아버지와 나는 한동안 집으로 이어지는 산책길을 따라 간다. 그런데 아버지는 걸음을 멈추시더니 진지한 목소리로 다른 길로 가야 한다고 말씀하신다. 나는 아버지에게 말한다. "하지만 집은 이쪽 길로 가야 하는데요!" 아버지는 따뜻함과 부드러움이 섞인 태도로 나를 바라보시더니, 벌써 눈은 먼 곳에 두시고, 입에는 미소를 띠신다. 이 순간에, 나는 깨어난다.

이후 몇 분 동안, 나는 깊은 동요를 경험한다. 그만큼 아버지와 실제로 대화를 했다는 강렬한 감각으로부터 벗어날 수 없었던 것이다. 꿈의 끝에서, 아버지는 마치 내가 깨어나고, 그래서 우리가 재회를 한 매우 현실 같던 당신의 꿈의 세계를 떠나게 될 거라는 걸 알고 계시는 듯이 나를 쳐다보셨다. 길 한가운데 서서 움직이지 않은 채, 그분은 내가 다시 나의 삶으로 돌아가는 것을 쳐다보고 계셨다. 그리고 내가 당신의 꿈을 저버리는 것을.

만남의 성격이 너무나 강하게 배어 있는 이 꿈 때문에 커다란 동요를 경험한 나는 알뱅 미셸에서 내 책의 편집자로 있던 마르크 드 스매드에게 곧장 전화를 했는데, 나만큼이나 의아해하는 그는 텍스트를 자기에게 보내 달라고 요구한다. 텍스트를 읽고 난 다음에 그는 경탄할 만하다고 내게 알려 준다. 왜 나는 그에게 아버지의 원고에 대해 한 번도 말을 하지 않았을까? 4주 후에, 당연한 일인 양 계약이 체결됐다.

아버지는 알고 계셨을까? 당신은 내게 알려 주기 위해 오신 걸까? 뿐만 아니라, 당신은 내가 약속을 지키도록 도와주신 걸까? 실제로, 내가 손을 놓고 있었던 『풍경을 그리고 있다고 믿던 남자』는 현재 출간되어 있다.[22]

---

22. Jean-Pierre Allix, *L'homme qui croyait peindre des paysages*, Albin Michel, 2017.

34
세 명의 천사와 두 가지 꿈

로르 엠마뉘엘르는 병원 침대에 누워 있다. 신선한 바람이 아비뇽 집들의 지붕 위로 분다. 이 12월 초에 죽음이 다가오고 있다. 죽음은 불가피하고, 이제 로르 엠마뉘엘르는 그 사실을 알고 있다. 그리고 그녀의 일부분은 결국 그 사실을 받아들이고 있다.

로르 엠마뉘엘르는 29살의 활기찬 젊은 여성으로 구급대 팀에서 모든 이로부터 높은 평가를 받던 당직 근무자이다. 약간은 힘들었던 사춘기를 지나자, 그녀는 그 미묘한 시기의 역경을 삶의 기쁨으로 변화시킬 줄 알았고, 또한 그녀의 상냥함과 삶을 헤쳐 나가는 결단력으로 인해, 그녀의 부모를 경탄하게 만든다. 심지어 그녀는 암 선고가 내려진 이후에도 진지한 동시에 매우 쾌활한 모습을 보였다. 병을 치료하는 동안, 그녀는 모든 시련을 받아들이겠다는 자발적이고 투지가 담긴 결의를 보인다.

이런 상황은 거의 1년 동안 지속된다. 11개월 동안 몇 차례 입원했다. 방사선치료, 화학요법, 희망, 호전, 병의 악화에 이어서, 새로운 치료법을 시도하는 것이 현재의 치료법을 유지하는 것보다 더 위험한 순간이 온다. 비록 유일한 현 치료법이 이제부터 그녀를 구할 가능성이 낮다 해도 그렇다. 이때, 매우 가까운 것이면서도 동시에 전혀 생각할 수 없는 전망, 곧 죽음이 모습을 드러낸다. 로르 엠마뉘엘르가 림프선 암에서 살아나지 못할 수 있다는 것도 가능한 생각이다.

그런데 이것에 관해 어떻게 말해야 할까?

그녀가 죽기 몇 주 전까지, 그 생각은 추상적이고 비현실적인 것으로 남아 있다. 주위의 모든 사람은 그녀가 암에서 벗어나기를 희망한다. 그녀가 가장 많이 그것을 희망한다. 어쨌든 대화를 하는 중에 그 주제가 가끔씩 언급된다. 그녀의 어머니인 미셸르는 다른 가족 구성원들과 마찬가지로 열린 태도를 취한다. 그들은 서로 솔직하게 아름답고 지적인 방식으로 이야기를 나눈다. 로르 엠마뉘엘르는 잘 단련된 성격대로 포기하지 않고, 자신이 살 수 있다고 믿으며 삶에 애착을 갖는다.

하지만 시간이 흘러, 하루가 지나고, 일주일이 지나는데, 병은 그대로다. 피로, 고통, 쇠약, 이 모든 것이 균열을 만들어내고, 의혹에 불을 지피고, 질문을 떠올리게 만든다. 그녀의 건강 상태가 나빠질수록 죽음에 대한 공포가 더욱더 커진다. 실제로, 젊은 여인이 지지를 매우 잘 받는다고 해도, 그녀의 배우자나 부모가 곁에 있다고 해도, 죽음은 비밀 같은 것이고 그 미스터리는 매우 크다.

그녀를 매우 쇠약하게 만드는 통증도 있다. 이때 이따금씩 그녀 안에서 무엇이 끊어진다. 그녀의 일부분은 이 삶이 멈추는 일도 가능하다는 것에 동의하기 시작한다. 일종의 체념이 그녀의 마음을 덮치고, 그녀는 거기서 평화를 발견한다. 그런데 잠시 후에는, 그녀의 육체가 증거인데도 불구하고, 그녀는 시간이 지나면 나아질 거라고 다시 믿는다. 그녀는 마지막 호흡에 다가가는 순간에도 부정하는 태도와 수용하는 태도 사이를 오간다. 존재의 가장 두드러지면서도 불안한 사건, 곧 종말이 준비되는 시기의 역설적인 모습이다.

심리적으로, 로르 엠마뉘엘르는 이런 식으로 가장 극단적인 경우를 계속 경험한다. 평온, 불안, 침착함, 고통, 진정… 그녀의 친지들은 그녀 곁에서 어떤 태도를 취해야 할지 안다. 비록 그들의 감정의 양가성에도 불구하고 말이다. 차츰 명백해지지만 그들이 받아들이기를 거부하는 이슈에서 오는 고통, 자식 혹은 연인이 떠나는 것에 대한 이해할 수 있는 부인(否認). 실제로, 그렇다, 그녀는 떠날 것이다.

로르 엠마뉘엘르는 아주 조용히 눈을 감는다.

마지막 며칠 동안, 모르핀으로 그녀의 고통을 완화시킬 수 있었다. 어쨌든 그녀가 이따금 웃음 짓는 얼굴을 하기에, 심지어 전반적으로 보다 진정돼 보이기에 충분한 양의 모르핀. 그러면 그녀는 의식이 돌아와 농담도 하는데, 예를 들면 등의 통증을 덜기 위해 자신을 수영장으로 데려가 달라고 아버지에게 부탁하곤 한다(사실, 두 사람 모두 이게 불가능한 일인 줄 안다). 대부분의 시간 동안, 방에는 이제부터 예상되는 전망을 차분히 수용하면서 고요한 분위기가 퍼져 있다. 이러한 누그러진 분위기는 모든 이에게 행동의 토대 역할을 한다. 실제로

이 입원실에선 가족들이 서로에게 주의를 기울인다. 로르 엠마뉘엘르가 첫 번째 대상이지만, 그녀는 부모의 행복을 염려한다.

그녀가 죽기 3일 전. 시간이 멈춘 듯한 그 순간에, 매우 야윈 로르 엠마뉘엘르는 침대에 미동도 없이 누운 채 엄마를 바라보며 다음과 같이 말한다. "엄마, 내 침대 주위로 세 명의 천사가 있는 걸 봤어요." 아무것도 보이지 않는 미셸르는 어떻게 대답해야 할지 전혀 알지 못한다. 그녀는 실용성을 중시하는 여자로, 항상 다른 사람을 이해하기 위해 노력한다… 그리고 로르 엠마뉘엘르는 모르핀을 맞은 상태다… 동시에 그녀는 건강 상태에도 불구하고 상식적으로 자신을 표현하는 딸의 성실성을 느낀다. 어떻게 생각해야 할까? 로르 엠마뉘엘르는 단 한 번도 영성에 관심을 가져본 적이 없다. 그러면 그 천사들이란 무엇일까? 환상일까? 아니면, 이 애가 떠날 새벽에 애를 보살피러 온 '진정한' 존재들일까? 그녀의 부모는 모든 해석을 거부한다. 어쩌면 로르 엠마뉘엘르만이 답을 알고 있을지 모른다.

3일 뒤인 2010년 12월 12일 일요일 아침, 자신의 30번째 생일을 며칠 앞두고 로르 엠마뉘엘르는 눈을 감는다.

그녀의 떠남은 고통이다. 그 이후의 며칠간에 내한 추억은 미셸르를 위해 오늘날까지도 베일에 싸여 있다. 64세의 엄마가 자신의 딸을 땅에 묻는다. 절차, 장례, 침묵, 로르 엠마뉘엘르의 침대 머리맡에 더 이상 갈 필요가 없는 날들, 애도 중 맞이하는 이상한 순간. 다행히도, 미셸르 부부는 같이 산다. 미셸르와 그녀의 남편은 서로 돕고 기댈 수 있다. 그들은 따뜻한 마음으로 서로에게 말하고 서로의 말을 듣는다. 이러한 순간에, 그런 사랑은 가치를 헤아릴 수 없는 것이다.

로르 엠마뉘엘르가 죽은 지 2주가 지난 어느 아침, 미셸르는 딸과 함께 보낸 밤들의 감각을 지닌 채로 잠에서 깨어난다. 이 꿈에서 그녀들은 아비뇽의 병원에서, 로르 엠마뉘엘르가 떠난 방에서 재회를 한다.

"저는 그 애가 매장할 때 입힌 옷을 입은 채로 서 있는 걸 봤어요, 그 애는 짧게 자른 머리를 하고 있었는데, 저는 이것 때문에 놀랐어요…."

"무엇 때문에 그것이 평상시의 머리 형태가 아니라고 생각하세요?"

"예, 마지막 순간에, 그 애는 가발을 하고 있었어요… 그래서 저는 그 애가 머리카락이 있는 걸 보고 놀란 거예요, 마치 머리카락이 다시 자라기 시작한 것처럼 말이죠. 꿈에서 저는 그 애가 죽었다는 걸 알고 있었어요, 그래서 저의 즉각적인 첫 반응은 다음과 같이 말하는 거였어요. '그런데, 애야, 너는 서 있니? 어떻게 해서 네가 여기에 있니? 나는 네가 죽었다고 생각하고 있었단다.' '저, 엄마, 모든 일이 잘되고 있어요.' 그 애는 제게 이렇게 말했죠. 평소에도 가끔씩 그랬듯이, 거의 저를 나무라는 태도로요."

"꿈에서 따님은 죽었다는 걸 알고 있는 것처럼 보이던가요?”

"예, 이어서 다음과 같이 말했기 때문이에요. '저는 괜찮아요! 제가 떠난 지 보름이 되는데, 지금 저는 잘 지내고 있어요, 그런데 배가 고파요.' 그러더니 그 애는 제게 가까이 다가와서 테이블에 있는 사발을 집었어요. 거기에는 제가 '하늘의 만나' [여호와가 이스라엘 백성에게 내렸다고 전해지는 음식]라고 부르는 것, 일종의 영적인 음식이 가득 있었어요… 바로 여기에서 꿈은 갑자기 끝났죠. 그리고 저는 믿기지 않을 만큼 평화로운 심정으로 깨어났어요.”

"그것을 어떻게 설명할 수 있을까요?”

"꿈에서의 그 애 때문이에요, 그 심정은 그 애로부터 오는 것이었어요. 저는 이 사실을 의심할 수 없어요. 그만큼 명백했죠. 그리고 저는 그 애가 떠난 지 정확히 보름이 됐다는 걸 깨달았어요. 고통이 너무나 커서 날짜도 세지 않았죠… 정확히 보름이요.”

"부인이 이 꿈을 '다르다'라고 말한 건 무엇 때문입니까?”

"이렇게 말해도 될지 모르겠는데… 눈에 보이던 것의 질(質) 때문이에요. 정말로 살아 있는 무엇이, 현실적인 무엇이, 너무나 현실적인 무엇이 있다는 느낌이었어요. 저는 꿈을 잘 기억하는 편인데, 이 꿈은 깨어나는 바로 그 순간에 너무나 또렷하고 너무나 명료하게 기억이 돼서, 솔직히 말해 저는 깨어나서 깜짝 놀랐어요. 이 꿈은 제게 깊은 영향을 미쳤어요.”

"어떤 영향이죠?”

"이 꿈은 제 안에 있는 뜨거운 것, 불타오르는 것, 고통스러운 것을 앗아 갔어요. 이러한 이로운 영향은 적어도 한 달 동안 지속됐어요… 물론 삶의 이런저런 일 때문에 조금씩 고통이 다시 생기기 시작했지만, 이 꿈은 정말로 저로 하여금 애도하는 순간에 즉시 위기를 넘기도록 해 주었어요. 마치 그 꿈의 목적이 이런 일을 촉진시키는 것이었다는 듯이요. 정말로 강도 높게 촉진시키는 것이었다는 듯이요…"

1월에는 로르 엠마뉘엘르의 아버지가 이와 유사한 경험을 한다. 아내보다 더 세속적이지만 딸의 죽음으로 정신적 외상을 입은 그는 평소와는 매우 다른 꿈을 꾸며 크게 동요한다. 그는 매우 부끄러운 기색으로 그날 밤에 딸과 함께 있었다고 털어놓는다. 딸은 그에게 몸을 바짝 붙이면서 단순히 한마디만 했다. "아빠, 사랑해요."

그는 내게 다음과 같이 털어놓는다.

"그 꿈은 제게 구원과도 같은 영향을 미쳤습니다. 저는 그애의 죽음, 이어서 그 애의 장례식 때문에 말 그대로 머리를 세게 얻어맞은 듯했고, 몸에 마비가 온 듯했습니다. 제게 '아빠, 사랑해요'라고 말하는 그 애를 가까이서 느낀 것이 산 사람들의 세상에서 제 위치를 다시 찾도록 해 주었습니다."

이 부부는 예외적인 무엇을, 재회 — 이 재회의 메시지는 "저는 여기에 있어요! 저는 항상 여기에 있어요!" — 를 경험했다는 동일한 감정을 갖고 있다. 현실적인 만남이었을까? 이에 대한 대답은 미셸르와 그녀 남편이 마음속에 지니고 있다. 가는 희망의 빛이 막 이 두 사람의 얼굴을 만져 주었다.

로르 엠마뉘엘르의 유해는 방투 산(山) 맞은편에, 알필 산맥 [방투 산과 알필 산맥은 모두 프랑스 남부의 프로방스 지방에 위치해 있다] 아래쪽의 황무지에 뿌려졌다. 드넓고 매우 아름다운 이 장소는 프로방스 지방이 보이지 않게 많이 품고 있는 황무지 중 하나이다.

35
영혼의 자매

마농과 사라는 각각 13살, 14살일 때 서로 만났다. 상대방에게 먼저 주목한 건 사라였다. 두 소녀는 거리에 있었는데, 즉각 놀라움이 찾아들었다. 사춘기에 막 접어든 사라에게 누군가를 알아본다는 건 이상한 감정이다.

"우리의 영혼들은 이미 서로를 알고 있었어요. 명백한 일이에요."

그럼에도 불구하고 두 소녀는 서로에게 다가가지 않는다. 단지 시선을 주고받고, 단정한 인사를 하는 것이 전부다. 무슨 말을 해야 할까? 두 소녀는 다른 중학교에 다니기 때문에, 서로 다시 마주치는 일 없이 몇 달이 지나간다. 운명이 개입하는 그날까지 말이다. 사라는 그토록 친숙한 이 소녀가… 바로 자기 학급에 오는 것을 보게 된다.

이 순간부터 재결합이 시작되고, 그토록 두터운 우정으로 맺어진 두 소녀는 떨어질 수 없는 사이가 된다.

"우리의 이름은 '영혼의 자매'였어요."

마농은 총명하지만 조급해하고, 무엇인가를 열망하고 있지만 세상과는 다소 거리를 두고 있다. 마치 낙하산을 타고 떨어진 듯한 이 세상에서 그녀는 자신의 자리를 거의 찾을 수 없다. 그녀는 놀이를 거부하고, 또한 자신의 눈에 아무런 의미도 없어 보이는 규칙을 거부한다. 예를 들어, 그녀는 시험을 보는 대신에 선생님에게 시들을 적어 제출한다. 그런데 이런 반항은 사라에게 기쁨과 활력을 주고, 마농과 함께 있을 때마다 여행을 하는 듯한 인상을 받는 그녀를 매혹시킨다. 두 친구는 마치 토론이 그들에게 현실의 본질에 이르게 한다는 듯이 철학과 삶의 의미에 대해 이야기하고, 풍성하고도 흥미를 유발하는 내용의 대화를 주고받는다.

"바로 이런 것들도 우리의 관계를 매우 돈독하게 해 주었어요… 마농은 진정으로 여기에서의 삶이 아닌 다른 것에 연결되어 있었어요. 이 세계는 그 애에게 맞지 않았어요."

이토록 명백한 관계에도 어두운 면이 하나 있었다면, 그것은 사라가 친구의 이른 죽음을 항상 느낀다는 것이었다. 이 느낌은 설명 불가능한 것이었다. 그리고 더욱 이상한 점은 마농 자신이 가끔씩 그런 말을 한다는 것이었다. "나는 젊은 나이에 죽게 될 거라는 것을 알아." 이런 말은 심지어 그녀가 마약을 시작하기 전부터 나왔다.

"그 애는 뭐든지 잘 빠져드는 애였어요. 조금 지나치다 싶을 정도로 잘 빠져드는 애였어요, 보세요, 그 애는 약물 과다복용으로 죽었어요."

"왜 그 여학생이 '잘 빠져드는' 성향이었냐고 밀하는 기죠?"

"그 애는 무엇이든 시험을 하고 싶어 했어요, 자기 존재의 끝까지 가보고 싶어 했어요… 그 애는 2005년에 떠났죠, 19살이었어요."

약물 과다복용이 재앙이다.

20살 때, 사라는 얼이 빠진 채 세상에서 버림받은 듯한 느낌을 받는다. 친구를 상실한 것 때문에 그녀의 삶은 혼돈에 빠진다. 이때 그녀는 무엇보다도 영적인 것에 마음의 문을 열기 시작한다. 그녀는 대상도 모른 채 무언가를 찾는다. 그리고 그녀는 독서를 통해 크리슈나무르티를 알게 되는데, 이는 진정한 만남이 된다. 또한 그녀는 죽음을 주제로 한 수많은 책을 굶주린 듯이 읽는다. 그녀는 직업을 선택해야 할 때 간호사라는 직업에 끌리게 되고, 비록 죽음이라는 주제에 의해 사리판단이 흐려지기는 하지만, 그것을 자신의 연구 대상으로 삼는다.

어쩌면 이것은 마농의 죽음 이후로 사라가 거의 항상 그녀에 대한 꿈을 꾸고 있다는 사실에서 비롯된 것일까?

마농이 죽은 지 며칠 안 되어 실제로 두 세계 사이의 이상한 관계가 시작됐다. 그 첫째 날 밤, 사라는 믿기지 않을 만큼 새하얀, 아주 깨끗한 장소에서 마농과 다시 만나는 꿈을 꾼다. 마농은 아름답고 행복해한다. 이 꿈에서, 둘 모두 그녀가 죽었다는 걸 안다. 그녀는 사라에게 이모와 가문의 다른 죽은 사람들을 소개한다. 꿈, 그녀들의 재회 공간은 매우 쾌적하다!

사라는 상세하게 말한다.

"그 애는 죽은 자들의 세상에 있었어요."

"당신은 그것을 어떻게 아시죠?"

"명백해요. 우리는 꿈에서 죽은 자들의 세계에서 다시 만났어요. 마농은 제게 이모를 소개했고, 이어서 다른 사람들을 소개해 줬는데, 저는 이들에게는 주의를 기울이지 않았어요. 다음에는, 둘이서 얘기를 나누기 시작한 뒤 멈추지 않았어요. 그 애는 제가 어떤 장소로 방문하도록 해 줬어요."

"그 장소는 어떻던가요?"

"빛으로 가득 차고, 매우 하얗고, 정말로 쾌적한⋯."

이 첫 번째 꿈은 일종의 재회를 나타낸다. 그리고 그녀들이 13살과 14살 때의 약속대로 살면서 헤어지지 않은 것과 마찬가지로, 이제부터 그녀들은 밤 동안에는 더 이상 헤어지지 않을 것이다. 그녀들은 초기에는 일주일에 몇 번씩 만난다. 꿈에서, 두터운 우정은 살아 있을 때만큼이나 자연스럽고 명백하게 계속 이어진다.

"당신들은 무슨 이야기를 나누었나요?"

"우리가 상대방에 대해서 느낀 모든 것을요. 저는 우리가 특이한 우정을 맺고 있었다고 생각해요⋯."

"그 꿈들의 성격에 대한 당신의 감정은 어떤가요?"

"그 꿈들은 현실적이었어요! 저는 정말로 그 애를 보았고, 그 애는 저를 만났어요. 꿈속의 여자는 그 애였지, 제 상상의 산물이 아니었어요⋯."

"어떻게 그렇게 확신을 하시죠?"

"제가 강하게 느낀 것이었어요. 이어서 우리는 육체적 접촉도 있었어요. 우리는 서로 껴안고, 서로 만지고, 서로 이야기하고, 그것은… 예, 저는 그 점에 대해 한 점의 의혹도 두지 않아요, 그것은 정말로 그 애였어요."

"그녀가 죽기 전의 꿈과 죽은 후의 꿈에서 당신들 관계의 본성이 변화했나요? 살아 있을 때와 같은 것을 얘기했나요?"

"예….

"요약해서 말하면, 두 여자 친구가 다시 만난다는 거죠?"

"그래요… 그 애는 겪은 일을 제게 조금 말했어요. 그런데 이상했어요, 왜냐하면 우리가 나눈 대화의 기억들은 시간이 가면서 조금씩 흐려졌어요. 그 애는 자신이 겪은 일을 얘기했고, 저는 그 얘기가 행복에만 관련된 것이라는 걸 기억해요. 어두운 부분은 전혀 없었어요. 그 애는 완전한 행복 속에, 빛 속에 있었어요… 매 꿈마다, 저는 아주 밝은 빛이 비추는 장소에서 그 애를 만났어요. 그 애의 죽음에도 불구하고, 우리는 서로 할 얘기가 여전히 많았어요."

마농이 죽은 이후 처음 몇 년간, 사라는 자신의 두려움과 대면할 때 친구로부터 영감을 받는다. 마농은 뒤로 물러서는 일 없이, 그리고 자신에게 제기되는 모든 것을 시험하며 항상 극단 속에서 살았다. 따라서 사라는 일종의 모방을 하며 같은 일을 시도한다. 어떤 것 앞에서도 뒤로 물러서지 않고 두려움과 마주하기. 모든 것을 끝까지 경험하기. 왜냐하면 이제부터는 누군가가 동반해 주고 있다는 느낌을 받기 때문이다.

"그 애의 힘이 저를 지탱해 주었어요. 이것 때문에 저는 몇 가지 두려움을 넘어서는 데 아주 큰 도움을 받았어요. 두려움이 생기자마자, 저는 그것과 대면하며 도전을 했어요."

사라의 꿈은 마농이 죽은 2005년부터 3년 전까지 그녀의 삶의 아주 중요한 시기에 걸쳐 몇 년간 지속된다. 꿈에서 둘은 처음에는 매우 빈번하게 만났지만, 마농이 육체적으로 변화하는 걸 관찰하게 되면서 만남의 꿈을 꾸는 시간적 간격이 벌어진다.

급기야 사라는 마농이 그녀 앞에 완전히 알몸으로 나타나는 마지막 꿈을 꾼다.

"저는 3년 전에 그 꿈을 꿨어요. 마지막으로, 마농은 저를 팔로 껴안은 다음 이 육체를 떠나게 될 거라고 말했어요… 그 애는 다른 말은 하지 않았지만, 결국 저는 이런 식으로 그 애의 육체를 지각했어요."

"무슨 뜻인가요?"

"그 애가 알몸이라는 사실, 매우 단순한 일이에요, 생전에는 다소 그런지[grunge, 록의 한 장르 또는 일부러 지저분하게 옷을 입는 경향] 같은 면모가 있는 애였지만… 그 꿈에서 그 애는 정말로 알몸이었어요. 그리고 그 애는 제게 말했어요. '됐어, 나는 이제 다른 차원을 위해 떠나. 우리는 더 이상 볼 수 없을 거야.' 저는 매우 큰 슬픔을 느꼈고, 이렇게 말했어요. '안 돼, 나는 네가 떠나는 걸 원치 않아….' 마음이 찢어지는 듯한 일이었어요. 우리는 서로에게 작별 인사를 했어요."

"이후로는 그녀에 관한 꿈을 더 이상 꾸지 않았나요?"

"예, 한 번도 꾸지 않았어요. 이후 2년이 지나, 제가 진실로 삶에서 복잡한 순간에 있을 때, 저는 마농을 보고 싶다는 감정을 느꼈어요. 그날 밤, 잠들기 전에, 저는 그 애에게 와 달라고 부탁했어요. 그리고 그 애는 왔어요. 그 꿈에서 우리는 테이블에 있었는데, 어느 순간에 그 애가 저를 한쪽으로 데려가더니 더 이상 자신을 부르지 말라고 제게 부탁했어요. 그 애는 지금부터는 더 이상 돌아오지 않을 거라고 제게 말했어요. 그래서 우리는 작별 인사를 했고, 이때부터 저는 포기했어요. 저는 그 애가 떠난 것을 받아들였어요."

"그 몇 년 동안 마농과 접촉할 수 있었던 것은 무엇 때문이었다고 생각하시나요?"

"어쩌면 저의 믿음이 그런 상황을 가능한 것으로 만들었을까요? 모르겠어요, 그런데 저는 믿음을 갖는 순간부터 상황이 제 생각대로 전개된다는 느낌을 갖고 있어요. 바로 이런 이유 때문에 그 애가 실제로 나타난 것이지 제 상상이 아니었다고 저는 항상 확신해요…."

36
놀라운 일

　마리와 그녀의 할머니 엘렌은 무척 가까운 사이다. 신앙을 중심으로 진실한 관계로 맺어진 그녀들은 어떤 순간마다 상호 이해의 감정을 공유한다. 나아가, 아주 오래된 관계에서 그렇듯이, 두 사람은 독특한 감수성을 동일하게 소유하고 있다. 90살의 엘렌은 손녀에게 매우 중요한 인물이다. 하나의 기둥, 곧 손녀를 근본적으로 지탱하는 것 중의 하나이다.

　엘렌의 생애 마지막 시기에 걸쳐, 마리는 열심히 할머니 곁을 지킨다.

　어느 날 오후, 엘렌은 그때까지 기나긴 무의식의 시기를 거치다가, 마리가 파리에서 도착하는 순간에 깨어난다. 이 노부인은 몸 상태가 좋고, 과도하게 활동적이고, 마실 것과 먹을 것을 요구한다. 마리는 이날을, 할머니가 의식 상태로 있었던 마지막 날을 감동적으로 회상한다. 그녀의 어머니 역시 할머니 곁을 지키고 할머니와 매우 좋은 관계를 유지하고 있지만, 아마도 이 노부인이 손녀와 맺고 있는 그 특이한 영성적인 관계까지는 맺고 있지 못할 것이다. 세 여인은 특별한 순간을 공유한다. 마리와 그녀의 어머니가 엘렌의 침대 양편에서 엘렌의 손을 쥐고 있다. 이런 식으로 궁극적인 작별을 위한 단순하면서도 긴 시간이 흐르고, 일련의 매우 실제적인 임종 기도가 거행된다.

마리는 다음과 같이 말한다.

"할머니가 저를 보러 올 거라고 하면서 죽음에 관해 말씀하시기 시작했어요. '나는 올 거란다, 나는 여기에 있을 거란다, 우리는 이런저런 방식으로 교류할 수 있을 거야.'"

그녀는 다음 날부터 혼수상태에 빠지더니 나흘 뒤에 세상을 떠났다.

마리가 아무것도 경험하는 일 없이 몇 달이 지나간다. 이와 관련된 질문에 매우 개방적인 그녀는 할머니가 어딘가에 있다는 것을 의심하지 않지만, 할머니 편에서 오는 아무 신호도 포착하지 못하는 것에 대해 다소 이상하게 생각한다.

할머니가 떠난 지 대략 6개월이 지났을 무렵, 마리는 정말로 특이한 꿈을 꾼다. 흔치 않은 내용이라 독자 여러분에게도 깊은 인상을 남길 그런 꿈 중 하나다. 마리는 차에 있는데, 자신이 어떤 장소에 있는지는 모른다. 그녀가 운전을 하려고 백미러로 시선을 던지는데, 뒷좌석에 앉아 있는 할머니를 보게 된다. 마리는 주위에서 움직이는 차들 때문에 멈출 수가 없지만, 처음의 놀라움이 지나간 다음 대화가 시작된다. 마리는 한쪽 눈으로는 도로를 바라보고, 다른 한쪽 눈으로는 자신을 행복감으로 가득 채우는 유령을 바라본다.

"꿈을 꾸고 있다는 걸 의식하고 있었나요?"

"아니요, 반대로 꿈에서 저는 할머니가 죽었고 또한 할머니로부터 신호를 기다리고 있다는 것은 알고 있었어요. 저는 기쁨 때문에, 행복감 때문에 눈물을 흘렸어요. 할머니가 여기에 계시고, 그리고 할머니가 아름답고, 밝은 빛을 발하고, 매우 차분하게….”

마리는 질문을 퍼부으며 할머니를 괴롭힌다. “어떠세요?” “잘 지내고 계세요?” “행복하세요?” “할머니가 계신 곳은 어떤 곳을 닮았어요?”… 엘렌은 이런 모든 질문에 대답을 한다.

“할머니는 제게 멋진 곳이다, 과하다 할 정도로 행복하다, 모든 일이 잘 되어 간다, 좋은 순간을 보내고 있다고 대답하시고는, 이어서 할아버지를 만났다고 알려 주셨는데, 우선 보기에는 할아버지는 성격이 많이 바뀌지 않은 것 같대요….”

엘렌은 세세한 내용을 말하지 않고 마리를 안심시킨다. 그리고 손녀는 그녀의 방문이 어떤 특별한 이유 때문에 이루어진 것인지 질문한다.

“할머니는 제게 대답하셨어요. ‘나는 네게 세 가지를 얘기하고 싶구나. 첫 번째는 내가 잘 있고 이런 사실을 네 엄마에게 말했으면 좋겠다는 것이란다. 나는 여기에 있고, 너희들과 같이 머물고 있단다. 나는 더 이상 고통을 겪지 않아서 행복하다. 두 번째는 네가 놀랄 일인데….’”

“저는 무슨 일인지 할머니에게 물어보았지만 할머니는 제게 알리기를 거부하셨어요. 할머니는 대답하셨죠. ‘아, 아니다, 만일 내가 말한다면, 더 이상 놀라운 일이 아니지. 네가 보게 될 거야. 그리고 세 번째는 내가 어제 네 엄마가 춤을 추는 것을 보았는데, 네 엄마가 매우 아름다워 보이더라고 엄마한테 말해 줬으면 좋겠다는 것이다. 네 엄마가 그렇게 행복한 것을 보니 나도 즐겁더구나.'"

마리는 눈물을 흘리며 잠에서 깨어난다. 기쁨과 감사함의 눈물이다.

월요일 아침에 날이 막 밝으려고 할 때, 그녀의 어머니가 그녀에게 전화를 걸어온다. 이런 시각에 어머니가 이러시는 건 꽤나 드문 일이다. 마리는 아직도 온몸에 그 꿈의 특별한 에너지가 배어 있다. 어머니가 그녀에게 말을 하기도 전에, 그녀는 소리친다. "내가 막 처음으로 할머니 꿈을 꾸었는데 전화로 날 깨우다니 엄마도 제정신이 아니야. 그리고 엄마도 꿈에 있었어!" 마리는 여유를 갖고 엄마에게 말한다. 할머니가 세 번째로 말한 것에 이르자, 엄마는 전화기를 붙잡고 몇 초간 침묵을 지키더니, 이어서 감동한 목소리로 딸에게 전날인 일요일 오후에 실제로 춤을 추러 갔다고 ― 그런데 어머니에게 이런 일은 전혀 일어날 성 싶지 않은 일이다 ― 고백한다.

"어머니는 할머니가 그런 말을 한 것이 믿기지 않는다고 생각하셨어요, 그리고 그 말 때문에 매우 감동을 받았어요. 이어서 어머니는 전화를 한 이유를 말씀하셨어요. 바로 그날에 디종에 있는 할머니 집에 반드시 가야 한다는 것이었어요… 왜냐하면 프랑스 은행에서 프랑화(貨)를 유로화(貨)로 바꿀 수 있는 마지막 날이래요. 어머니는 이 소식을 라디오에서 들었대요, 그리고 할머니 집 벽장에, 할머니가 프랑화를 보관하던 비밀스런 곳이 있다는 걸 막 떠올리신 거예요. 어머니는 내가 그 돈을 갖는 것이 할머니가 바라시던 일일 거라고 말씀하시며 이야기를 끝맺으셨어요."

마리는 리옹 역으로 급하게 달려가, 디종행 열차를 탄다.

할머니 집에는 움직인 흔적이 아무것도 없었다. 아무도 물건을 정리할 생각을 하지 않았다. 마리는 매우 조용한 할머니의 방으로 들어간다. 즉석에서 이뤄지고 새벽의 꿈으로 채색된 이 여행은 거의 신성한 것이 된다. 마리는 만감이 교차한다.

할머니의 침대. 벽장. 비밀스런 곳. 프랑화. 마리가 환전을하면 1천 유로가 조금 못 될 액수다. 마리는 프랑스 은행의 창구에서 줄을 서 있는 동안, 꿈을 다시 생각한다. 그리고 곧바로 그날 아침에 할머니가 짓던 짓궂은 미소를 다시 떠올리며이해한다.

놀라운 일.

은행을 나서면서 그녀는 어머니에게 전화를 건다. 두 여인은 감동한다. 그리고 엘렌은 아마도 멀지 않은 곳에 있을 것이다….

37
영혼의 위로

　나는 몇 년 전에 에너지 치료사인 아네스 스테브냉을 만날 기회가 있었다. 아네스는 영혼의 치료사이다. 그녀는 몸을 대상으로 하지만, 결국 살로 이뤄진 이 유기체를 다른 무엇보다도 더 섬세한 존재의 물질적 구현으로 간주하기 때문에, 실제 치료에서는 관찰 가능한 증후를 다루기 위해 다른 차원에도 개입한다. 그녀가 "대상으로 한다"라고 말하는 건 사실 부분적으로 부정확한 표현이다. 그녀의 손, 그녀의 몸은 통로, 도구, 치유 메커니즘의 시동 장치 역할을 하는데, 이것들의 많은 매개변수는 그녀에게나 우리에게나 알려진 것이 거의 없다. 바로 여기에 치료사들의 신비의 핵심이 존재한다. 종종 그들은 자신들이 행하는 행위를 필연적인 방식으로 결정하는 일 없이, 몸에서 받아들이고 통과하는 힘과 에너지를 무의식적으로 사용하는 행위자이다. 단념하고, 겸손해지고, 직관이 작용하는 영역이다.

　아네스는 꽤 늦은 나이에 자신의 자질을 알게 되었다. 현재 그녀는 파리 서쪽 궁원(宮苑)의 한 구석에 있는 사무실에서 손님을 받는다. 항상 변함없는, 믿을 수 없을 만큼 부드러운 태도로 말이다. 몇 걸음 떨어진 곳에 센강이 있다. 아녜스를 특징짓는 것은 환자에게 일어나는 일에 대한 그녀의 이해력이다. 그녀는 자신의 역할 — 대단하지 않고 초라하지만 이상하게도 필수불가결한 것이다 — 의 본성과 영역에 대해 명석한 앎을 지니고 있는데, 이것은 항상 내게 깊은 인상을 남겼다. 한 인간이 다른 인간을 얼마나 **돌볼 수 있을지** 가늠하기 위해서는 그녀의 손 아래에 놓이는 것만으로도 충분하다. 그녀는 최근에 펴낸 『상처받은 영혼의 빛』[23]에서, 그녀의 이력, 지각의 트임, 치료의 개념, 젊었을 때의 죽음과의 만남에 대해 이야기하고 있다.

"저는 스물네 살도 채 안 된 엄마였을 때, 두 살 된 딸 로즈를 잃었어요. 현재 저는 죽음과 매우 평화로운 관계에 있어요, 저는 조급하게 죽음을 기다리지도 않아요, 비록 제가 죽음을 집에 돌아가는 것과 같은 거라고 생각하고 있지만요. 그런데 그 시절을 다시 생각해 보면, 저는 그런 일을 겪기에는 너무나 젊었다는 생각을 해요…."

"사고였나요?"

"예… 익사를 했어요. 그때 지상에서 지옥을 경험했어요… 저는 준비가 되어 있지 않았어요. 저는 종교를 저버렸기 때문에 영적인 위안도 받을 수 없었어요. 그래서 뿌리 뽑힘, 죽음의 암흑, 무(無), 부재, 고통, 이런 걸 속속들이 알고 있어요… 이어서 시간이 흐르면서 감정이 진정되었죠. 여러 해가 걸렸

---

23. Agnès Stevenin, *Splendeur des âmes blessée*, Mama Editions, 2018.

어요. 몇 번에 걸쳐 엄마가 되고, 생명을 주고, 또한 마지막 호흡의 순간까지 사람들을 동반할 기회를 가졌던 저는, 지금은 탄생과 죽음이 동일한 성스러운 순간이라는 걸 깨달았어요. 믿을 수 없는 영적 힘이 펼쳐지는 순간이에요."

아네스가 실비 우엘레와 상당히 비슷하게 영혼을 보고 있다는 걸 알게 되면서, 나는 내세에 대한 그녀의 시각에 관해 질문을 하고 싶다는 생각이 든다. 그리고 영혼이 마지막 호흡을 내뱉은 즉시 시작하게 되는 여행에 대해서도 말이다.

실비와 마찬가지로, 아네스에게도 영혼은 우리 자신의 우월한 일부분이다. 우리의 일상적인 의식, 우리의 '인격' 뒤에 숨어 있는 차원이다. 우리의 신적인 본질과, 현재의 우리라는 육화된 존재 사이에서 일종의 매개적인 단계를 이루는 것이다. 영성과 관련된 몇몇 전통에서 언급되는 것을 따를 때, 영혼은 현상의 실제적인 본질을 본다. 이러한 사실에도 불구하고, 아네스는 영혼이 삶에서 겪게 되는 몇몇 경험에 의해 상처를 받을 수 있다고 생각한다. 신적인 것 ― 우리는 이것의 발현이다 ― 과 우리의 인격 사이에 있는 이 인터페이스는 비물질적인 본성에도 불구하고, 육화된 우리의 감정적 부침에 의해 영향을 받는다. 그녀가 진정시키고 부드럽게 대하려고 하는 것은 바로 이 층위에서 발생하는 영혼의 상처다.

실비 우엘레와 토론을 할 때와 마찬가지로, 나는 역설에 대해서 다시 질문을 한다. 그 역설이란, 우리 삶의 우여곡절의 깊은 본성을 이해할 수 있는 일종의 영구적인 '우월한 자아'를 우리 안에 지니고 있어야 하면서도, 의식적인 방식으로는 그 '우월한 자아'에 이르지 못한다는 것이다.

"어떤 순간에 우리를 구성하는 요소인 영혼과 관계를 맺게 되나요?"

"우리는 매 순간 영혼과 관계를 맺고 있어요."

"예, 그렇지만 의식적으로는 그렇게 못 하잖아요."

"어쩌면 그것을 위해서는 이따금씩 다소 아이 같은 존재가 될 줄 알아야 할까요? 아이의 심성, 자연 발생적인 성향, 호기심을 다시 꺼내 보이는 것, 공감적이고 관대하게 되는 것? 그러면 영혼의 진동 안에서 살게 되고, 아주 자연스럽게 영혼을 느낄 수가 있어요. 영성의 발달 수준이 문제가 아니라, 마음을 여는 것이 문제에요."

사랑의 차원과 공명하는 것, 자신의 마음을 여는 것, 용기를 내어 감히 마음을 믿는 것. 그렇다, 아이처럼. 이런 일은 우리의 교육에서 전적으로 부재하는 것이다. 결국에는 자신과 다시 연결되는 것, 자연스럽게 다른 세계를 포착할 수 있는 것이 그렇게 간단할까?

늦은 오후의 고요한 햇빛이 비치는 그녀 사무실의 작은 소파에 앉아, 나는 사람들이 죽음에 대해 공포심을 덜 갖는 것을 자신이 얼마나 좋아하는지 말하는 그녀를 바라본다. 그녀의 입에서 나오는 이러한 말은 공허한 것이 아니다. 로즈는 현재에 충실히 머무르고 있다. 우리는 경박하게 추상적인 철학 토론을 하는 것이 아니다. 아네스는 매일 환자를 빈고, 우리의 육체를 변형시키는 영적인 상처를, 질병이 되는 비물질적인 부조화를 관찰한다. 사실 물질은 아무것도 아니다. 우리가 관찰하고 살고 있는 세계는 단순한 반영에 불과하다. 곧 그 세계에 생명을 부여하는 비물질적 의식의 단단한 파편에 불과하다. 우리의 육체는 죽지 않는 영혼이 일시적으로 구체화된 것이다. 아네스는 영적 세계의 물질적인 현실과, 이 지상에서 아주 순간적으로 존재할 뿐인 우리의 존재 너머로 그토록 강하게 폭발하는 이 삶의 물질적인 현실을 매일 확인한다. 인간은 영적인 존재이다, 얼마나 자명한 일인가! 그리고 우리는 두려움을 지니고 있다. 그리고 이 두려움이 후회, 죄책감, 혼란을 낳는다. 이 두려움은 삶과 반대되는 것이다. 우리가 "죽음"이라고 부르는 것은 단순한 상태 변화일 뿐이고, 대개는 ― 그녀는 내게 단언한다 ― 시계 바늘을 멈추는 건 영혼이다.

"영혼이 그 순간을 결정할 때는, 90살이건 2살이건 간에, 우리가 해야 할 일을 했을 때입니다. 이것이 사실이라고 해도 남아 있는 사람이 경험하는 공포에서 아무것도 덜지 못하지만, 남아 있는 사람이 떠나는 사람인 건 아닙니다. 떠나는 사람은 원천으로 돌아가기 위해 집으로 가는 것입니다. 물론 방황하는 영혼의 문제도 있지만, 결국에는 극히 적은 사례이고, 항상 과도기에 일어나는 일입니다."

"실비 우엘레 역시 영혼이 그 순간을 결정하고, 시점은 사전에 오래전부터 준비된다고 단언합니다. 당신도 그렇다고 단언하는 건가요?"

"예, 영혼은 시간의 주인입니다."

사람들이 자신의 죽음에 대해 가질 수 있는 이런 종류의 예지는 내게 반향을 일으킨다. 나는 항상 벗어날 수 없던 환상에 따라, 여기서 우리의 자유의지가 문제되는 걸 본다. 그럼에도 나는 이 치료사와 우엘레가 말하는 의미를 지닌 무수한 증언을 받아들였다. 나는 심지어, 앞서 언급한 대로, 아버지의 사례에서 비슷한 경우를 경험했다. 표면적으로는 이해할 수 없는 이유에서 자신의 서류를 정리하거나 소지품을 선별하는 사람들은, 무엇을 보아도 그들의 다가오는 죽음을 예상할 수 없음에도 불구하고, 모든 것을 준비하는 듯 보이고, 심지어 죽음에 대해 말하거나 그것을 알린다. 아네스는 이런 종류의 이야기를 자주 듣는다.

"당신의 아버지는 말로 표현하셨는데, 이것은 드문 사례에요. 하지만 대개 죽음을 앞둔 사람들의 행동에서 그러한 무의식적인 전조를 관찰할 수 있어요. 밤마다, 우리 각자에게, 꿈과 잠은 여행의 순간, 다른 차원, 다른 안내인을 만나는 순간이라고 저는 확신해요. 그래서 당신의 아버지가 꿈을 꾸는 중에 살아갈 시간이 얼마나 많이 남았는지 정보를 받았을 가능성이 높다고 봐요…."

"꿈에서요, 하지만 무의식적인 방법으로요."

"그분이 당신께 직접 말했기 때문에 무의식적인 건 아니에요. 그분은 정보가 어디서 왔는지 몰랐고, 심지어 왜 그런 사실을 알고 있는지 몰랐지만, 아무튼 알고는 계셨어요…."

"그것은 죽음이 사전에 결정된다는 걸 의미하나요? 예를 들어, 당신의 따님이 떠난 것도 따님에 의해 결정된 긴가요?"

"이런 일을 절대적 결정론 — 어떤 날, 어떤 시각 — 처럼 보는 게 아니라고 한다면, 그렇다고 생각합니다. 이런 일은 보다 큰 차원에서 보다 유연한 방식으로 이뤄지고 있는 것이 틀림없어요. 동시에, 제 딸의 경우에는, 만일 그날 그런 사고가 없었다고 한다면, 어쩌면 그 다음 주에 다른 사고가 일어났을지 몰라요… 왜냐하면 이 경우에 삶의 어떤 시기를 지났기 때문이에요."

"어떤 기간이 사전에 정해진다는 뜻인가요?"

"교훈을 배우는 우리의 능력이 삶의 기간을 결정해요. 수많은 사람들의 죽음이 그 주위 사람들에게는 완전히 부당한 일로 보이지만, 어쩌면 그들은 이 삶에서 해야 할 것을 이해하고, 배워야 할 것을 배웠기 때문에, 해야 할 일이 끝났기 때문에 떠나는 것일 수도 있어요. 그들은 말하자면 상위 그룹으로 옮겨 가요. 어린아이들의 죽음의 경우, 어쩌면 그들은 전생에서 아주 이른 나이에 죽어서 이생에서 짧은 시간이라도 더 채우기 위해 돌아와야만 했을까요? 전생의 자살자를 예로 든다면, 의지에 따라 자신의 목숨을 끊은 사람들이 얼마 동안 '무언가를 하러' 다시 돌아올까요?"

"실비 우엘레도 같은 말을 했습니다."

"저는 놀랍지 않아요."

아네스의 경우에도 자살은 벌을 촉발시키는 잘못이 아니라, 단지 시간의 상실을 나타낸다. 이 자살이라는 행위는 다시 시작하기를 강요하게 될 것이다. 마치 해야 할 일의 일부분을 미완인 채로 놔뒀다가 임무를 완성하기 위해 다시 그 부분을 시작하는 것처럼 말이다. 획득해야 할 모든 것을 획득하는 것, 영혼이 배워야 할 것이라고 계획한 모든 것을 획득하는 것. 따라서 자살은 잘못이 아니라 실수가 될 것이다. 삶은 맡겨진 것, 다른 점에서 보면 우리에게 준 것이 아니라 우리가 빌려온 것이기 때문이고, 그리고 그런 삶을 중단시킨다는 건 우리의 관할에 속한 일이 아니기 때문이다.

"당신은 죽음 이후에 궁지에 몰린 사람들의 경우, 그러니까 '방황하는 영혼들'에 관해 말씀하셨죠."

"다른 한편으로, 당신의 생각은 눈에 띄게 창조적으로 변하고 있어요. 당신은 당신의 믿음과 생각을 투영하고 있는데, 어떤 사람에게는 처음부터 그런 일이 꽤나 혼돈스런 일이 될 수 있어요. 아무튼 우리는 죽지만, 이 순간이 과도기적이라는 걸 이해할 필요가 있어요. 그리고 그 길을 잃은 영혼들은 도움을 구하자마자, 그들의 안내인이나 다른 존재가 자신들을 찾으러 오는 걸 보게 돼요. 이런 일은 즉각 이뤄져요."

"애도의 과정에 있는 부모가 그들의 자식이 길을 잃었다고 상상하는 건 가혹한 일이 될 수 있습니다, 그렇지 않나요?"

"그런데 이미 사람들은 아이의 영혼이 열린다는 것이 어떤 것인지를 모르고 있어요. 예, 이따금씩 그들이 길을 잃을 수도 있고 혹은 무슨 일이 일어나는지 이해하는 데 시간이 걸릴 수도 있지만, 결코 일관성 있게 발생하는 일은 아닙니다. 그럼에도 그런 일은 그들의 변화의 길, 영혼의 길에 속하는 것이에요. 우리의 아이는 우리의 것이 아니라고 생각하는 데 이를 수 있두록 노력해야 해요. 나의 아이이기 이전에 히니의 영혼이고, 영혼은 그 자체가 갈 길을 따라가야 합니다. 그 영혼은 어떤 순간에 길을 잃을 수 있지만 영원히 그런 건 아니에요. 우리는 아이를 도와줄 수 있어요. 하지만 **다른 사람도 그 아이를** 도와줄 수 있다는 걸 알아야 합니다."

아네스의 생각은 내게 어떤 특별한 기억을 떠올리게 한다. 『테스트』의 출간 이후, 나는 무수히 많은 편지를 받았는데, 그중 몇몇 편지는 근래에 프랑스를 덮친 여러 테러에서 가까운 이를 잃은 사람들에게서 왔다. 이 책의 초반부에 소개된 엘로이즈의 경우도 이런 사례에 속하지만, 세드릭의 부모도 마찬가지다. 세드릭은 27세의 젊은 남성으로, 2015년 11월 13일 저녁에 벨 에키프의 테라스[벨 에키프는 파리에 있는 한 카페의 명칭이다. 테러범들이 이 카페의 테라스를 향해 총을 난사하면서 19명이 사망했다]에서 쓰러졌다. 엘로이즈처럼, 세드릭의 부모는 내게 쓴 편지에서 『테스트』를 읽으면서 큰 희망을 발견했다고 털어놓았지만, 동시에 그렇게 폭력적인 환경에서 죽은 이후라서 아들의 영혼이 제 길을 잘 갈 수 있을지 불안감이 커지고 있다고 썼다. 내가 그들에게 답신을 쓸 때, 나는 갑자기 한 이미지가 내 안으로 파고드는 걸 느꼈다. 나는 그 이미지의 힘과 명백함 때문에 매우 크게 동요되었다. 다음은 내가 이상한 영감에 휩싸인 채 그들에게 쓴 내용이다. "저는 전적으로 개인적이지만, 제 안에 있는 다음의 감정을 강하게 염두에 두고 있습니다. 즉, 우리가 죽는 순간의 상황이 어떻든 간에, 저세상에서는 수많은 선의의 존재들이 여행을 떠나는 새로운 이들을 안내하고 맞이하기 위해 죽음으로 이행하는 순간에 있습니다. 실례를 무릅쓰고 이런 이야기를 하는 걸 용서해 주시기 바랍니다. 하지만 저는 그 11월 13일 저녁에, 친절하고 선의를 지닌 아주, 아주 많은 수의 빛의 존재들이 이 세상을 떠난 모든 이들을 맞이하러 내려왔다고 확신합니다. 여러분의 아들도 혼자가 아니고 그곳에서 멀리 떨어져 있는 것도 아닙니다." 나는 망설였다. 왜냐하면 이런 내용의 말을 단언하는 건 저널리스트로서의 나의 역할에 맞는 것이 아니기 때문이다. 그럼에도 나는 (편지의) 내용을 지우지 않았다. 나의 직관은 그 말들이 정확하고 또한 이해될 수 있을 거라고 은밀히 말하고 있었다. 이어서 작가인 나는 글을 쓸 때 이따금 **다른 존재**가 나를 조종한다는 걸 잘 알고 있었다. 그래서 나는 편지를 보냈고, 세드릭의 부모와 계속 서신을 주고받았다.

나는 아네스에게 말한다.

"편지를 쓰면서 저는 믿을 수 없는 감정에 사로잡혔습니다. 저는 모든 희생자를 돌보기 위해 파리 위로 내려오는 그 빛의 존재들을 글자 그대로 머릿속에서 시각화했습니다…."

"저는 당신의 감정을 공유할까 해요. 그 부모들은 불안해할 필요가 없습니다. 그들의 아이들, 그날 저녁의 모든 희생자들은 누군가가 안내하고 돌보고 있어요. 재앙, 테러, 학살의 현장에는 무수한 빛의 존재들이 찾아와 죽음이 데려가려 하는 사람들을 팔로 껴안고 위로를 해요. 그들은 이들이 격분하며 부당한 계획 — 이런 것은 상실을 유도하는 것이에요 — 으로 옮겨 가지 않도록 이들을 부드러운 태도로 대하며 도움을 줍니다… 제게 이런 일은 항상 절대적인 올바름을 띤 것처럼 보였어요…."

"그 빛의 존재들은 누구인가요?"

"매우 다양해요, 죽은 사람들, 죽은 사람들의 안내자들, '빛의 치료사'라고 불리는 이들, 저 높은 곳에서 사람들을 치료하는 데 전문적인 능력을 가진 사람들이 있을 수 있어요. 다른 세계, 다른 우주에서 오는 이들은 말할 필요도 없이… 그렇게나 많은…."

어느 날 밤, 나는 그들을 보았다….

38

영매의 밤

2014년 7월 17일 목요일, 암스테르담에서 쿠알라룸푸르로 비행 중이던 말레이시아 항공 17편이 우크라이나의 도네츠크 상공에서 추락한다. 생존자는 없다.

18일 금요일에서 19일 토요일로 넘어가는 밤에, 나는 꿈을 꾼다. 나는 시골의 넓은 들판 한가운데 있다. 옆으로 누운 풀들 위에는 무수한 물체가 사방에 널려 있다. 나는 곧장 내가 있는 곳을 알아차린다. 말레이시아 비행기의 파편들이 흩어져 있는 장소에 있는 것이다.

시신들도 있다.

그러나 내 눈에는 어떤 유해도 보이지 않는다. 반대로, 내가 주위에서 알아보는 것은 아무 문제 없이 살아 있는 사람들이다. 방황하는 기색의 백여 명의 사람들이 넓은 지대의 이곳저곳에 흩어진 채로 서 있다. 방금 자신들에게 일어난 일을 알지 못하고 있는 듯하다. 이들은 눈을 크게 뜬 몽유병자들처럼 보인다. 이들은 어디로 가야 할지 몰라 고개를 사방으로 돌린다. 도움을, 그러니까 설명이나 어쩌면 위로를 간절히 바라면서. 나는 그들이 거의 완전히 길을 잃었다고 느낀다.

추락한 항공기의 승객들. 100명이 넘는다. 모두가 죽었다. 그럼에도 살아 있고, 의심하는 태도를 짓는다.

나는 이들의 한가운데 있고, 무엇을 해야 할지 모른다. 이들이 나를 이해하지 못한다는 걸 깨닫고 있기 때문이다. 이들은 거의 모두 네덜란드어밖에 모르는 것이다! 나는 내가 가진 모든 것을 박탈당한 느낌이다. 이들을 빛으로 안내하는 ― 요컨대 내게 요구되는 일이 이것이다 ― 데 필요한 능력이 없는 것이다. 이 백여 명의 사람들 사이에서 아주 커다란 혼란이 생긴다. 이들의 고통이 감지되고, 몸이 얼어붙는 듯한 공포 때문에 이들은 미동도 없이 제자리에 서 있다. 버림받고 충격에 휩싸인 끈 없는 마리오네트들 같다. 이런 모습을 보니 매우 고통스럽다. 이들은 차분함을, 명료한 이해를, 마음을 진정시킬 몇 마디 단순한 말을 필요로 하는 반면에, 나는 내가 너무나 무기력하다고 느낀다.

이때, 꿈속에서 나는 기도하기 시작한다. 도움이 될 것으로 보이고, 또한 내 능력으로 할 수 있는 유일한 일이다. 나는 이런 상황에서 무엇을 해야 할지 나보다 더 잘 아는 사람들이나 대신에 고통 받는 이 영혼들을 돌보러 올 것을 강도 높게 요청한다.

현실적인 강렬한 감정. 가장 근원적인 경험의 강렬한 감정.

나는 꿈에 대한 기억이 머릿속에 생생히 남은 채로, 그리고 그곳에, 그 고통과 무지의 땅에 진정으로 존재했다는 감정과 함께, 깨어난다. 그런데 일시적인 무지일 뿐이다. 왜냐하면 그렇게나 도움을 필요로 하던 사람들에게 곧 도움이 전해졌기 때문이다. 나의 내면의 눈으로 볼 때, 17편 항공기의 승객들은 저세상 사람들이 책임을 지고 있다.

우리는 혼자가 아니다.

우리는 **결코** 혼자가 아니다. 우리가 어디에 있건 간에, 이 세상에 있건 다른 세상에 있건 간에.

삶에서나 '죽음'에서나.

39

하늘에서

귀스타브는 아들이 두 명 있다. 길다는 서른다섯 살이고, 막내인 가엘은 형보다 네 살이 적다. 둘 모두 '미라주 2000-5' 전투기 조종사이다. 대만에서 3년을 보낸 길다는 2013년 9월 이래로 스페인의 알바세테에 있다. 그의 임무 때문에 그는 더 이상 이전처럼 비행기 조종을 하지 못하지만, 다른 조종사들의 비행을 총괄하고 있다.

2015년 1월, 나토 10개국의 가장 뛰어난 조종사들이 외국 분쟁 지역에서 수행될 훈련 작전에 참여하게 됐다. 가엘도 뤽세이유 기지에서 온 다른 조종사와 함께, 부조종사로서 알바세테 기지에 있다. 그의 임무는 실제 상황을 가정한 전투에서 미라주 2000-5를 조종하며 '적'을 속이는 것이다.

2015년 1월 26일 월요일, 알바세테의 로스 야노스 기지에 있는 길다와 그의 동료들은 비행 훈련을 시행할 계획을 세웠다. 카조 기지의 알파 제트기(機)도 참가할 준비가 되어 있다. 임무 때문에 육지에 붙박여 있어야 하는 길다는 탑승객으로서 뒷자리에 앉아 비행을 하는 작은 즐거움을 맛보기 위해 알파 제트기의 존재를 이용하고 싶다. 그리고 그는 주 조종사가 훈련 중에 아주 기꺼이 그에게 조종간을 맡길 거라는 걸 알고 있다. 이명(異名)이 마이크인 길다는 상급자 조종사도 꽤나 괴롭힐 수 있는 예외적인 조종사이다. 길다의 가족에게 비행은 열정이다. 아버지인 귀스타브도 20여 년 전부터 비행을 해 오고 있다.

15시 무렵, 길다는 이미 항공기 옆 주차 구역에 있다. 그는 비행을 하고 싶어 몹시 조바심이 난다. 그는 알파 제트기에 오른 다음, 좌측 엔진 흡입구에 발을 놓는다. 이어서 그는 뒷좌석 위로 몸을 기울여 자신의 조종석을 정리한다. 거기서 만난 동생 가엘은 그가 이륙하는 광경을 보고 싶지만, 그는 아침에 비행을 했고 뤽세이유의 동료가 리포트를 마무리하기 위해 사무실에서 그를 몇 분간 붙잡아 둔다. 가엘은 이런 상황이 자신의 목숨을 살리게 된다는 사실을 모른다.

정확히 15시 16분에, 그리스 공군 부대의 F-16 한 대가 재연소법[엔진의 추진력을 강화시키는 시스템]의 강력한 추진력으로 이륙한다. 그러나 이 전투기는 갑자기 회전을 하더니 우측 날개 쪽이 기울어지며 측면으로 미끄러진다.

모든 일이 매우 빠르게 일어난다.

그리스 조종사는 당황하며 완전히 혼란에 빠진다. 그는 조종간을 붙들지만 가차 없는 충돌이 일어난다.

전부기의 마퀴가 지면을 떠난 다음 그 오른편 날개가 지면에 닿기까지 7초가 흐른다. 4분의 1초 전에 두 명의 그리스 조종사가 바깥으로 탈출하지만 지면에 부딪혀 죽는다.

첫 번째 혼란 이후, F-16 기체는 미끄러지더니, 다른 비행기들이 대기하고 있는 곳을 파괴한다.

공포.

F-16기는 프랑스 조종사와 경험 많은 항공사[항공기에 탑승하여 항공기의 위치, 날씨, 방향 따위를 관측하여 조종사를 돕는 사람]가 탑승한 미라주 2000-D기를 밀고 가고, 이어서 상상할 수 없는 불의 지옥이 엔지니어, 무기공, 활주로 작업 인력을 모두 삼킨다. 불과 2초도 안 되어, 날카로운 금속음과 더불어 화마가 200미터 가까이 덮친 다음 길다의 알파 제트기 위에서 멈춘다. 길다의 시신은 비행기 바로 앞, F-16기 엔진 근처에서 발견된다. 44명이 중경상의 피해를 입었다. 사망자는 11명이다. 그중 두 명은 35세와 32세의 그리스 조종사들이고, 아홉 명은 프랑스 조종사들로서, 이들은 아마도 자신들에게 무슨 일이 일어났는지도 모른 채 현장에서 사망했을 것이다.

이 참사가 일어난 지 1년 조금 뒤, 나는 귀스타브로부터 장문의 편지를 받게 된다. 이 편지는 나를 무척 감동시킨다. 이 메시지는 나에게 보낼 목적으로 쓰기도 했지만, 또한 길다에게 보낼 목적으로 쓴 것이기도 하다. 아버지가 아들에게 보내는 말, 죽음을 넘어 결합되어 있는 부자(父子). 사랑, 슬픔, 희망의 말.

"육체적으로나 정신적으로 가장 건강하던 아들을 불의의 사고로 잃는다는 건 받아들일 수 없는 일입니다. 그런 일은 부모에게 참을 수 없는 일입니다.

그 죽음 이후로, 만일 제가 선생님이 쓰신 대로 내세가 이성적인 가설일 수 있다는 사실을 발견하지 못했다면, 저는 미쳤거나, 환각에 사로잡혔거나, 악몽이나 초현실적인 꿈속을 헤매고 있었을 것입니다.

그 사실이 맞기 때문에, 저는 미치지 않고 있습니다. 저는 이 물질적인 세상에서 몇 백 그램의 재로 변한 제 아들이 저와 비밀스럽게, 그리고 점진적으로 **새로운** 관계를 맺고 있다고 느낍니다.

그럼에도 저는 그 애가 죽기 몇 주 전인 2014년 성탄절에 그렇게 한 것처럼, 그 애를 제 팔로 껴안거나, 정치, 철학, 형이상학에 대해, 사막, 하늘, 바다 위, 바다 아래에서의 우리의 놀라운 모험에 대해, 그 애와 더 이상 얘기를 나눌 수 없다는 사실에 계속해서 몹시 절망하고 있습니다. 우리는 매우 가까웠고, 둘이서 아주 많은 것들을 공유하고 있었습니다. 그 애는 더 이상 제게 다음과 같이 말하지 못할 것입니다. '소규모 야간비행이 더 나았어요'(그 애가 죽기 10여 일 전에 메일로 보낸 마지막 말입니다).

'이리로 오세요, 아버지, 이리로 와서 별을 보세요.' 2015년 1월 6일 저녁에 그 애가 제게 한 말입니다. 이때는 그 애가 디나르와 생 말로 연안 위의 짙은 어둠 속에서 짧은 비행을 하기 위해 저를 데리고 간 직후였습니다. 작은 연안 도시는 빛들로 반짝였습니다. 우리가 서핑을 하듯 날던 드문 뭉게구름은 거리의 오렌지색 빛으로 물들어 있었습니다. 별이 총총히 박힌 둥근 천궁에는 오리온자리와 거문고자리가 우리를 행복으로 초대하는 듯했습니다. 들판의 어둠에 둘러싸인 지상을 향해 돌아올 때에는, 번갈아 가며 빛나는 세 개의 빛이 마치 마술을 하듯 활주로를 비추고 있었습니다. 약하게 빛나는 하얀색, 초록색, 빨간색의 긴 띠들이 이 작은 비행기를 맞아 주었습니다. 세상에서 우리 두 사람만이 우리의 비행기 안에 있었습니다. 우리는 한순간 요정의 세계의 주인공이었습니다.

그렇습니다, 소규모 야간비행이 더 나았습니다. 무한히 잔혹한 너의 부재보다 나았단다.

나의 사랑하는 길다, 나는 네가 존재한다고 믿는 것, 네가 다른 세계에, '영들'의 세계에, 나의 세계와 매우 가까운 세계에, 보이지 않지만 아주 가까운 세계에 있다는 것 말고는 나의 고통을 다소라도 진정시킬 다른 방법은 찾지 못했단다. 나는 너를 느낀단다, 네가 나를 인도하고 있단다.

제 아들은 죽음의 순간부터 저를 영성의 길로 인도하고 있습니다. 저를, 무신론자인 저를 말입니다. 저는 영성이 종교를 의미하지는 않는다는 걸 이해했습니다.

저는 그 애에게 믿음을 갖고 있습니다. 우리가 해질 무렵 경비행기로 노랗게 변하는 구름 위를 날 때 그 애에게 믿음을 갖고 있었던 것처럼 말입니다. 매우 제어가 잘 되는 상태에서 하늘로 떠나거나, 해수면 위로 저공비행을 할 때, 강렬한 감정을 느낄 수 있습니다….

그렇단다, 나는 네게 완전한 믿음을 갖고 있다. 나는 네가 존재한다는 걸 믿는다. 나의 사랑하는 길다. 네가 원하는 곳으로 나를 데려가려무나, 나는 네가 절대로 나를 배반하지 않을 거라는 걸 안다. 너는 내 살(肉) 중의 살이었다, 나는 네게 결코 거짓말을 하지 않았단다. 나는 네가 안내하는 곳으로 너를 따라갈 것이다.

길다, 너는 알고 있었니? 네가 이 세상을 떠나면서 더 풍요롭고 더 빛나는 삶으로, 네게로 나를 데려가는 무수한 오솔길들을 보여 주리라는 것을, 나의 아들아?

우리 둘이서 경비행기로 경험한 잊을 수 없는 모험들은 나의 인생 여정의 끝에서가 아니라, 지울 수 없는 환상 같은 다른 모험이 막 시작되는 순간에, 마침내 내가 너를 되찾게 될 때를 위해 미리 맛본 것들에 불과하다. 너는 왼쪽 자리, 그러니까 주 조종사의 자리에 앉아, 모리타니[아프리카 북서쪽에 위치한 국가] 위를 비행하며 그렇게 행복해했었지. 사막을 비행할 때는 마술 같았다. 우리는 드넓은 사구 지대 위를 여러 시간 비행하다가, 석양빛에 따라 하얀색, 노란색, 붉은색으로 변하는 사구의 대양에 숨겨져 있는 듯한 그 작은 마을의 목적지에 도착했었다. 하얀색과 검은색 돌들로 만든 그곳의 모스크[이슬람교의 예배당]는 그것과 같은 스타일로 지은 몇몇 집으로 둘러싸여 있었지. 모든 마을 주민이 비행기가 착륙하는 걸 보려고 달려왔었다. 그들은 다소 생동감 있는 광경을 보고 매우 흡족해했고, 또한 사구에서 발견된 1천 년 전의 아름다운 도기 조각을 몇 개 팔려는 희망을 품고 있었지. 심지어 적의를 품은 듯 보이는 끝없는 사구들의 물결 위를 날아 돌아올 때는 불안감이 들었었다. 우리는 어디에 있는지 몰랐다. 그래도 우리의 비행기는 그 숙명적인 고장은 나지 않았었다. 그렇지 않았다면 우리는 세상으로부터 잊힌 채 불타는 모래밭 위에서 말라 죽었을 것이다.

그래, 길다야, 그때는 네가 삶의 정점에 이른 시기도 아니었고 나 또한 그러했다. 하지만 마침내 멀리서 모래바람이 덮치는 그 전설적인 소도시 싱게티[약 1천 년 전에 사막을 건너는 대상들을 위해 만들어진 도시], 곧 아드라르[모리타니의 지방 이름. 싱게티가 이 지방에 속한다]의 별을 알아보았을 때 얼마나 행복했던지.

우리의 모든 놀라운 모험이 내 머리에 떠오른다. 네가 조종간을 잡을 때 짓던 행복한 웃음이 눈에 선하다. 메르모즈[Mermoz, 생텍쥐페리의 동료이자 그가 존경하던 프랑스의 선구적인 비행사]처럼, 너는 무척 쉽고도 분명하게 조종을 했었지. 그것은 너의 제일가는 기질이었다. 너는 능수능란하게 비행을 했다.

우리 둘은 2002년 7월 초에 아에로포스탈[비행 역사의 초창기에 생겨났던 프랑스 항공우편사]의 경로, 즉 다카르[세네갈의 수도]에서 디나르[프랑스 서부의 해변 도시]까지 비행했었지. 시적인 이름을 지닌 꿈같은 단계가 있었다. 그러니까 세네갈의 생 루이, 누악쇼트, 포르 에티엔느, 빌라 시스네로스, 라윤, 생텍쥐페리가 기항지 책임을 맡았던 쥐비 곶, 마라케슈, 탕헤르. 그 이틀 동안 여행을 하면서 너는 내게 조종간을 한 번도 넘기지 않았었다. 그것은 네게는 불가능한 일이었다. 너는 나중에야 후회 어린 간단한 말을 했지. '아버지도 조종을 했어야 했는데.' 아니다, 나는 그것 때문에 너를 원망하지 않는다. 나는 그만큼 너의 행복감에 공감하고 있었단다. 그런 선물을 줄 수 있었다니 나는 행복하다.

스페인은 우리 비행기의 바퀴와 접촉하는 영예를 가질 수 없었다. 너는 탕헤르[모로코의 항구 도시]에서 비아리츠[프랑스 서남부에 있는 도시]까지 비행하고 싶어 했지. 그런데 두터운 구름들이 바스크 지방[스페인 북부에 있는 지역. 프랑스 국경과 가까운 곳에 있다]의 산들에 걸려 있었지. 비행을 하며 육안으로 보니, 우리는 청명한 하늘에 있었고, 땅은 가려져 보이지 않았다. 그래서 우리는 고도를 낮추어야 했다. 그런데 너는 두터운 흰 구름층에서 현기증 나는 나선(螺線) 비행을 하기 시작했다. 이 때문에 눈으로 지상을 확인할 모든 희망이 사라졌다. 나는 방향감각을 상실하고 길을 잃은 듯했다. 하지만 너는 계기판에서 눈을 떼지 않고 그것들이 가리키는 대로 계속 날았다. 너는 그것들을 완전히 신뢰하고 있었다. 나는 아들인 너를 절대적으로 신뢰했다. 그렇게 하는 것이 너의 일이었다, 그렇지 않니? 그리고는 네가 1천 피트 가까이 하강 비행을 해 구름층을 빠져 나오자 짙은 푸른색의 드넓은 대양이 갑자기 내 앞에 펼쳐졌다. 비아리츠의 활주로에 착륙하자 우리의 행복감은 다시 살아났다. 디나르까지 가는 마지막 단계에서, 우리는 긴 초여름 낮의 끝자락에서 연안을 따라 맑은 날씨의 뭉게구름과 어울려 놀 수 있었다.

우리의 경비행기는 아버지와 아들인 우리 둘에게 매우 강렬한 감각을 불러일으켰다. 거기서, 우리는 융합되고 있었지.

메르모즈처럼 35살에 사라진 너는 짧지만 그렇게나 강렬하고 열정적인 삶을 살았다. 너의 해변에 나를 혼자 두지 마라. 나와 함께 머무르고, 내 안에 머무르고, 나를 도와다오.

네 동생인 가엘은 계속해서 비행을 한다. 그 애는 우리를 위해 더 주의를 기울인단다. 그 애는 강하다. 그러나 나는, 그 애가 미라주기를 탈 때, 네가 이따금 그 애와 함께 있을 거라고 믿는다. 너는 이런 기회를 저버리지 말아야 한다.

우리는 네 아내와 아들과 매우 가까이 지낸다. 네 아들은 10살이 다 되어 가고 너를 매우 많이 닮았단다. 그리고 그 애 역시 강하다. 그 애는 아빠가 별에 있다고 알고 있다. 내가 너를 생각하며 울 때 나를 위로해 주는 건 그 애란다.

그 애 내면에는 아빠의 영혼이 들어와 머무르고 있다.

너는 나를 혼자 남겨 두고 내가 무(無) 속에서 한탄하기를 원치 않는다.

내가 의심하고 네가 어디에 있는지 고민하는 것을 멈추도록 하기 위해, 너는 내게 나의 무지라는 두꺼운 구름이 장애가 아니라는 걸 이해하도록 만들고 있단다…."

40
시련의 의미

카롤은 42세이다. 그녀는 공무원으로, 파리 경찰청부터 시작해 법의학연구소를 거쳐 내무부에 이르기까지 여러 직위에 있었다. 항상 고위 기관에 있던 그녀는 현재 보르도에 정착한 상태다.

죽음은 매우 어린 나이에 그녀의 삶 속으로 들어왔다. 그녀의 아버지가 떠났을 때, 그녀는 열두 살이었다. 이 죽음은 그녀의 인생 여정에 중대한 영향을 미쳤지만, 그녀가 바랐을 그런 영향은 아니었다.

카롤의 증언은 우리로 하여금 이 책에서 그렇게나 많이 등장했던 이상한 수수께끼와 대면하게 만든다. 그 수수께끼란, 어떤 사람들은 조만간 자신들에게 닥칠 죽음에 대해 예감할 수 있다는 것이다. 카롤의 아버지인 바르텔레미는 44세의 나이에 심근경색으로 치명적인 타격을 받게 된다. 그런데 그의 죽음이 절대적으로 예기치 않은 것임에도 불구하고, 그는 죽기 바로 전에 그의 식구들에게 이상한 말을 했다.

심근경색이 일어나기 약 한 달 전, 바르텔레미는 스포츠를 즐기고 건강한 젊은 아빠치고는 매우 이상한 질문을 딸에게 한다. 카롤이 테라스의 창가에 팔을 괴고 몽상에 잠겨 있을 때, 바르텔레미가 그녀에게 다가온다. "아가야, 만일 내가 죽으면, 내게 작별 인사를 하러 올 거니?" 아버지의 평소 습관과는 전혀 어울리지 않는 말 — 오히려 아버지는 평소에 상대방을 안심시키고 배려하는 말을 했다 — 에 매우 놀란 카롤은 자명한 말을 더듬거리며 말한다. "물론이죠, 아빠, 물론이죠."

훨씬 더 혼란스러운 일이 3주 후에 일어난다. 가족이 여름 휴가 끝 무렵에 캠핑장에 자리 잡았을 때, 카롤은 부모 사이의 대화를 우연히 듣게 된다. 그녀의 아버지가 어머니에게 하는 말이다. "내게 어떤 중대한 일이 일어날 것 같은 느낌이야." 어머니가 반박한다. "아니에요, 얘기 좀 들어봐요, 멈추세요…." 아버지는 계속 강조한다. "어떤 식으로 일어날지는 나도 모르겠어. 하지만 나는 당신에게 단언해, 나는 나를 기다리고 있는 것을 알아."

바르텔레미는 무엇을 예감했을까? 그는 두려워한다. 그의 말들이 그런 사실을 표현하고 있다. 하지만 그는 명백히 무슨 일인지는 모른다. 카롤의 어머니도 카롤도 그가 이런 식의 말을 하기 전에는 그에게 더 이상 아무것도 묻지 않는다. 그런데 만일 그녀들이 질문을 했다면, 그는 어떻게 대답을 했을까? 틀림없이 그 자신도 그것에 관해 아무것도 모르고 있었을 것이다. 일상적이지 않은 두려움에 대해 어떻게 사전에 중요성을 부여할 수 있을까? 비록 불쾌한 맛을 남기지만, 어렴풋하게 남아 있는 예감 때문일까?

바르텔레미는 자신이 사흘 뒤에 죽을 거라고 의식적으로 생각할 수 있었을까? 그럼에도 그는 레오나 수많은 다른 사람들처럼 무언가를 느낀다. 우리에게 그렇게 현실적으로 보이는 삶 속에서, 우리는 이렇게나 맹목적이고, 혼란을 느끼고, 상위의 차원과 단절되어 있다. 그 상위의 차원에서는 해답이 존재하고, 우리라고 하는 육체의 존재에 대해선 매우 불투명한 것으로 남아 있는 사건의 의미가 존재한다. 신체와 무의식을 공격하는 그 육체적인 신호를 어떻게 해독해야 할까? 마음, 사랑….

카롤이 부모님 사이에 오간 말을 우연히 들은 지 3일 후, 바르텔레미는 대낮에 캠핑장 한가운데서 쓰러진다. 구급대는 즉시 출동했다. 구조대원들은 몇 차례 심장 마사지를 한다. 그들이 그를 거의 안정시키자마자 긴급히 병원으로 이송했지만, 바르텔레미는 그곳에서 얼마 안 있어 사망한다.

그의 아내는 딸에게 전화를 해 소식을 전한다. 충격을 받은 카롤은 한 달 전에 나눈 그 이상한 대화에 대한 기억이 머리에서 떠나질 않는다. 카롤은 어머니를 불러 거부할 수 없는 요구를 한다. "아빠를 보고 싶어, 약속을 했단 말이야."

형언할 수 없는 고통. 이런 커다란 상처에 대한 준비가 전혀 되어 있지 않은 채 아버지에게 작별 인사를 해야만 하는 어린 소녀의 고통.

이때부터 시련의 시기가 시작된다. 자신을 다시 만드는 시기.

12살이던 카롤은 자신의 의사와 상관없이 갑작스럽게 성년이 된다. 이 시기에 대한 기억은 끔찍하지만, 역설적으로 가족은 결속되어 있었다.

지금 카롤은 속마음을 내비친다. "저는 놀라운 가족을 두었어요."

그녀에게는 세 살 많은 언니 이외에도 19살인 오빠가 있었다.

"우리는 모두 서로에게 의지했어요. 우리 집에는 사랑, 순수한 형태의 사랑이 있었어요. 오빠와 언니, 저 모두 공부에 몰두했어요. 우리에게 최우선적인 일은 엄마가 우리 때문에 속상해하는 일이 없어야 한다는 것이었죠. 그래서 우리는 학교에서 공부를 잘했고, 엄마에게는 상냥하게 대했어요."

"당신의 어머니는 운이 좋았군요."

"예… 더구나 엄마는 자주 이렇게 말했어요. '내게 자식들이 없었다면….' 그런데 우리도 역시 마찬가지에요, 만일 우리에게 엄마가 없었다면… 그리고 아빠의 죽음에 때맞춰 다른 일이 일어났어요. 한 달이 지나자마자, 저는 환상을 보기 시작했어요… 어떻게 설명 드려야 할지 정말 모르겠네요. 아빠의 죽음에 대한 충격이 너무 커서, 그로부터 어떤 일이 일어나기 시작했고, 이후로 중단된 적이 결코 없어요… 결코요."

나는 카롤의 이야기에 놀라지 않는다. 그녀는 아버지의 죽음과 정신적으로 감수성이 깨어나던 초기 시절을 분명히 연관시키고 있다. 마치 심리적으로 갑작스럽고 잔혹한 사건을 경험하게 된 것이 감정적 침입 효과라는 것을 통해 그녀 내면의 문을, 제6감을 열었다는 듯이 말이다.

이러한 특이성의 첫 번째 발현은 매우 쉽게 확인된다. 카롤의 정신 속에서 그것에 대한 기억이 아직도 뚜렷하기 때문이다. 어느덧 갑자기 그녀는 현실을 미리 알기 시작한다. 처음에는 사소하고, 무해하고, 중요성이 없는 일에 대해 그랬다. 마치 아버지의 죽음을 사전에 막을 수 없었다고 무의식적으로 판단을 내린 그녀가 이제부터는 순순히 당하기를 원치 않고, 이런 식으로 지각의 도구를 확대하는 걸 스스로에게 허용했다는 듯이 말이다.

모든 것을 사전에 아는 것, 그리고 모든 것을 앞지르는 것.

그래서 카롤은 자신의 삶에서 새로운 능력을 받아들이게 된다. 그녀가 조종하지 않는데도, 심지어 어떻게 기능하는지 모르는데도 작동하는 도구이다. 그녀가 일부러 그렇게 하지 않아도 디테일한 것들이 자연스럽게 그녀의 주의를 끈다. 정보, 직관, 생각, 감각. 대부분 일상적인 작은 일들이지만, 차츰차츰 반복적으로 생겨나는 환상 때문에, 그녀는 어느 정도 사로잡혔다고 느끼고, 특히 정신 건강 문제 때문에 불안해한다. 몇 개월 사이에 카롤은 매우 성숙해졌고, 비극적인 사건이 그녀를 갑자기 성장하도록 만들었지만, 새로운 감성의 과도한 분출에 직면한 그녀는 스스로에게 질문도 하고 어머니에게 터놓기도 한다.

"당시에, 저는 미쳐 간다고 생각할 정도로 슬퍼했어요. 저는 제가 미쳐 가는 것은 아닌지 자문했어요… 제게는 그 다음에 발생할 일이 보였고, 밤마다 아빠의 슬리퍼 소리가 들렸어요…."

"그러면 앞으로 다가올 일에 대한 지각만이 문제되는 건 아니었군요, 당신은 아버지가 내는 소리를 지각하고 있다고 생각했나요?"

"저는 그렇게 해석했어요, 네… 그리고 다행히도, 엄마가 제게 말했어요, '얘야, 너는 미치지 않았단다, 네 아빠도 같은 일을 겪었다.'"

"아, 그래요?"

"아빠는 예민하셨대요, 매우 예민하셨대요. 저는 엄마와 이야기하는 중에 이런 사실을 발견했어요. 그 당시 엄마는 우리 가족의 친구인 사제님에게 마음을 터놓아 보라고 제안을 했어요. 제가 그분에게 제가 지각한 것을 이야기하자, 그분은 충격을 받은 이후에는 잠재된 감수성이 발달되고 현실의 의미와 사람의 마음을 잘 포착하는 일이 실제로 일어나곤 한다고 말씀하시며 저를 안심시켰어요."

"그 사제님은 개방적이었군요!"

"예, 놀라운 분이었어요… 아빠의 장례식 때 의식을 집행한 사람이 바로 그분이었어요. 심지어 사람들이 그분과 함께 바캉스를 가는 일도 있었어요. 훌륭한 사제님이었어요!"

"당신의 어머니도 훌륭한 태도로 경청해 주셨군요."

"그 사제님의 지지도 중요했지만, 실제로는 엄마의 지지가 훨씬 더 중요했어요. 엄마는 '그만 얘기하거라, 우스꽝스러워 보이는구나'라고 말하며 문제를 덮을 수도 있었어요. 매우 예민한 감수성을 지닌 수많은 아이들이 그런 식의 말을 들어요."

"예, 많은 아이들이 그렇습니다. 아이들이 다소 정상적이지 않은 경험을 당황해하는 부모에게 보고할 때 적절하고 접근이 용이한 정보가 없어서 그런 일이 발생합니다. 그런데 당신이 아버지에 대한 지각이라고 해석한 그 감각의 문제로 돌아와서, 제게 조금 더 얘기해 주실 수 있나요?"

"처음에 저는 아빠의 슬리퍼 소리를 들었어요… 이어서 몇 년의 시간이 지나, 저는 아빠의 목소리를 듣기 시작했어요. 제가 반드시 아빠가 말하는 내용을 구분한 건 아니었지만, 목소리는 알 수 있었습니다. 그리고 사실은 시간이 조금 더 지나선 아빠만이 아니었어요… 저는 이따금 다른 사람들도 느꼈어요. 저는… 존재들을 느낄 수 있게 됐어요."

성년기로 접어들면서 카롤은 자신이 수시로 사용할 수 있는 다소 이상한 이런 능력에 신뢰를 갖게 된다. 모든 것을 볼 때, 이 능력은 자신을 너무 압도하지도 않고 아주 젊은 공무원이 현실에 발을 디딘 채 의도한 대로 사는 걸 방해하지도 않는다.

꿈도 그 존재들과 만나게 되는 공간이다. 그들 중 한 명은 특이한 방식으로 데카르트주의자인 그녀를 다른 때보다 더 큰 혼란에 빠트리게 된다. 카롤은 캉탈로 옮겨 가 근무한다. 그날 밤 꿈에서, 그녀는 죽은 할아버지와 얼굴을 마주하게 된다. 할아버지는 그녀에게 아무런 이유도 제시하지 않고, 지체하지 말고 그녀의 가족이 사는 리모주로 돌아가라고 권위적으로 말한다. 아침에, 카롤은 당황했음에도 불구하고 자신의 일정을 바꾸지 않고 리모주에는 이틀이 지나서야 간다. 가족과 만났을 때, 그녀의 오빠는 할머니가 낙상을 했다고 알린다. 이 할머니는 그녀의 꿈에 나타난 할아버지의 미망인이다.

자신의 집에서 낙상한 그녀는 넓적다리뼈 일부가 골절 됐다. 그녀는 병원에 입원한 다음 더 자세한 검사를 받는데, 이 검사로 인해 그녀가 폐암 말기 단계에 있다는 것이 밝혀진다. 아무도 이런 일이 닥치리라고는 생각하지 못했다.

우연의 일치일까? 이 할머니의 죽은 배우자가 카롤의 꿈에 나타나 그녀에게 빨리 리모주로 돌아가라고 명령한 것은 우연일까? 할머니는 일주일 이내로 떠난다. 생의 마지막 며칠 동안, 카롤은 매일 할머니를 방문해 오랜 시간을 함께 있다.

"어느 날 아침, 저는 할머니가 어떤 노부인과 함께 쓰는 입원실에 들어갔는데, 이 노부인의 기분이 나쁘다는 걸 알아차리게 됐어요. 제가 들어가자마자 제게 쏘아붙이는 거예요. '들어 보세요, 저는 당신 할머니에게 질렸어요!' 제가 왜 그러시냐고 묻자, 그 부인은 제게 단도직입적으로 대답했어요. '당신 할머니가, 아들이 자신을 데리러 올 거라고 나한테 말하길 그치지 않는 거예요.' 제 아버지에게는 형제가 한 명 있었기 때문에, 저는 그분을 생각했어요. 그러면서도 저는 왜 작은아버지가 죽어 가는 할머니에게 자신이 데리러 올 거라고 믿게 했을까 매우 궁금했어요."

"당신의 할머니는 뭐라고 말씀하시던가요? 할머니와 얘기를 나눌 수 있었나요?"

"저는 할머니의 모국어인 스페인어로 이야기를 할 수 있었어요. 할머니는 오랫동안 말없이 계셨어요. 힘겹게 천천히 호흡을 하셨어요. 그러다 마침내 할머니와 대화를 할 수 있었는데, 실제로 할머니는 아들의 방문에 대해서 말씀하셨어요. 그런데 작은아버지가 아니라… 그분의 또 다른 아들인 저희 아빠가 온다는 것이었어요!"

"그분이 당신에게 정확히 무어라고 말씀했습니까?"

"'너희 아빠가 나를 데리러 온단다.'… 여기서 저는 이해하게 됐어요. 할머니는 자신이 말씀하시는 것도, 그리고 저희 아빠가 오래전에 죽은 것도 매우 잘 알고 계셨어요. 그래서 저는 할머니가 아빠를 보았다고 생각했어요. 예, 할머니는 그날 돌아가셨어요."

우리가 이 책을 통해 계속 본 것처럼, 이따금 입원한 사람들이 친지나 간병인에게 묘사하는 광경은, 삶의 황혼기에 있는 그들에게나, 아니면 그들을 동반하거나 그런 증언을 받아들이는 사람에게, 매우 인상적일 수 있다. 그러한 광경이 공유가 되는데 무슨 말을 할 수 있을까!

몇 년 후 카롤이 생애 말기에 있는 그녀의 가문의 또 다른 사람을 방문했을 때, 그녀에게 일어난 일이다. 또 다른 사람이란, 늘 정정했던 모니크 이모이다. 60세밖에 되지 않았다. 암. 지금은 2월이다.

카롤은 리모주 프랑수아 세니외 병원 종양병동 2727호실로 들어간다. 모니크가 췌장암으로 입원해 있는 방이다. 그녀는 병으로 고통 받는다. 카롤은 이모가 너무 많이 움직이지 않도록 그녀와 얼굴을 마주하며 침대 가에 살며시 앉는다. 카롤의 등은 문을 향해 있다.

"저는 몇 분 전부터 입원실에 있었는데, 이때 그 일이 일어났어요. 제 기억으로는 우리가 제 아들에 관해 얘기할 때였어요. 그때 갑자기 이모의 시선이 제 뒤에 있는 무언가에 이끌렸어요. 정말로, 고정된 그분의 시선이 제게 반향을 일으켰어요. 2분의 1초, 즉 제가 몸을 돌리는 동안, 저는 문이 열리는 소리를 듣지 못했지만, 그럼에도 의사나 간호사가 찾아온 거라고 생각했어요."

"그리고 당신은 무엇을 보았나요?"

"저는 몸을 돌린 다음 흐릿한 형태들을 보았어요. 저는 입원실의 벽은 잘 구분했어요. 그런데 바로 앞에서, 다소 수증기가 낀 듯한 시야 속에서, 수도사들과 비슷한 기다란 옷을 걸치고 푸른색의 허리띠를 한, 나이가 상당히 든 세 명의 부인이 있었어요, 세 사람 모두 똑같은 푸른색 허리띠를 하고 있었어요."

"당신은 어떻게 반응했나요?"

"저는 두려워하지 않았어요, 그저 광경을 바라보기만 했어요."

"놀라지 않았다고요?"

"저도 자리에 다소 붙박인 듯 있었지만, 시선을 그 여인들에게 고정시킨 채로 있었어요… 그리고 이모의 말소리가 들렸어요. '아니야, 아니야, 아니야.' 그러자 그 광경은 흐려지더니 사라져 버렸어요."

카롤은 이모 쪽으로 몸을 돌린다. 이모의 얼굴은 황홀감에 잠겼다. 암 말기 단계에 있는 그녀는 행복감에 젖어 어딘가로 가는 듯하다. 그 두 눈은 빛난다. 카롤은 그녀에게 묻는다. "이모는 제가 본 것을 보셨나요?" 모니크는 살짝 미소를 짓더니 대답한다. "그래, 너도 그 세 사람을 보았지?" 카롤은 확신에 차 대답한다. "예." 모니크는 조금 더 구체적으로 말한다. "너, 보았니? 그녀들은 모두 성모 마리아처럼 푸른색 허리띠를 하고 있었어!"

"저희 이모는 신자였어요. 그리고 나중에 어머니는 제게 실제로 성모 마리아는 종종 푸른색 허리띠를 한 형상으로 그려지곤 했다고 가르쳐 주셨어요. 저는 이런 사실과 제가 본 것을 연관시켜 생각하지 못했는데, 바로 이모가 환기시켜 준 거죠."

"이모님이 언급한 다른 것은 없나요? 이모님은 왜 '아니야'라고 말했는지 당신께 설명을 해 주었나요?"

"예, 그 부인들이 이모에게 한 말 때문에 그런 대답을 하셨대요."

"당신은 아무것도 듣지 못했나요?"

"예, 저는 듣지 못했어요. 이모는 그 부인들이 '우리와 같이 가세요, 가세요, 가세요!'라고 말했다고 제게 털어놓으셨어요. 이모는 거절을 하신 거죠. 이모는 저를 위해 덧붙여 말씀하셨어요. '아니야, 나는 거기에 가고 싶지 않아, 당장은 아니야.' 저는 더 이상은 묻지 않았어요. 이모는 아주 행복한 표정을 짓고 계셨어요. 전혀 겁먹은 표정이 아니었어요…."

이 두 여인이 같이 보던 그 광경이 끝나는 데에는 모니크가 "아니야"라고 말하는 것만으로도 충분했다. 여러 해가 흐른 뒤에 카롤은 그 몇 분 동안 입원실을 물들이던 매우 독특한 분위기를 다시 떠올린다.

"특별했어요… 전혀 무겁지 않은 분위기였어요…."

"무슨 말씀을 하시려는 거죠?"

"우리를 넘어서는 무언가가 존재한다고 느꼈어요. 우리는 무거운 의료 기구로 가득한 병원의 입원실에 있었고, 이모는 기계에 연결되어 있었는데, 갑자기 그렇게나 강렬한 … 존재 가…. 이어서 놀랍게도 우리는 대화를 다시 시작했어요. 기분은 좋았지만, 저는 다소 정신이 멍한 상태로 있었어요."

조금 더 시간이 지나, 모니크는 질녀에게 다른 '방문'을, 이번에는 아버지의 방문을 받았다고 이야기한다. 매우 감동적이면서도 가장 단순한 방식으로 체험한 새로운 경험이다. 모니크는 즉시 두 부녀(父女)의 관계에 관해 스스로에게 질문을 하지만, 일종의 환각을 경험했다고는 생각하지 않는다. 그녀는 의아하고, 호기심을 느끼고, 의심하는 심정이기도 하지만, 현실적이면서도 다소 마술적인 순간을 경험한다는 부드러운 고요함이 내면에 깃든다. 두 여인은 매우 솔직하게 이야기를 나눈다. 모니크는 아주 논리적인 여자이지만, 그런 광경이 그녀 앞에 나타났을 때에는 자명한 일이라고 생각하고, 더 이상의 질문도, 당황하는 일도 없이 경험을 한다.

"당신의 이모는 약 6개월 뒤에 죽습니다. 당신은 그 경험들이 이모에게 도움이 됐다고 생각하시나요?"

"전적으로 그렇다고 생각해요… 그 경험들 이후에, 그분은 긴장이 풀리고, 웃음 띤 얼굴을 하고… 그럼에도 그분은 생애 말기에 있었어요. 끔찍한 시기죠. 하지만 이모가 이런 사실을 말할 때에는, 그 두 눈조차 평소와 달라졌어요. 그분이 이모인 건 맞지만, 동시에 다른 영혼이 저를 쳐다보고 있었어요, 자신이 떠날 거라는 걸 알고 있던 다른 사람이요."

우리가 죽음과 대면한 기억에 깊숙이 들어갈수록, 나는 그녀에게서 발산되는 차분함의 분위기에 더욱 놀란다. 그녀의 이야기는 현실에 단단히 뿌리를 내리고 있고, 그녀는 비판적 정신을 보여 준다. 그런데 그녀의 이야기에는 전혀 과장이 없었지만, 아버지의 죽음과 관련해서는 그녀도 어쩔 수 없었다. 하지만 나는 그녀의 내면이 매우 원숙하다고 느끼고, 또한 깊은 평화가 깃들어 있다고 느낀다. 나는 그녀가 자신의 삶에 부여하는 의미를 이해하고 싶다는 욕구를 느낀다. 그렇게 어린 나이에 아버지를 잃는 것에 '의미'가 있다면 말이다. 그런데 그녀의 대답 때문에 나는 자리에 붙박인 듯 놀라게 된다.

"저희 아빠의 죽음은 가장 끔찍한 일이었지만, 선생님께서 제가 말하는 것이 무례한 것이 아니라고 생각해 주시길 바랍니다만, 가장 훌륭한 선물이기도 했어요."

"그 점에 관해서는, 제게 설명을 해 주셔야 할 것 같은데…."

"아빠의 죽음 때문에 저는 슬픔에 빠졌고 트라우마를 경험했습니다. 그런데 그것은 또한 당신의 삶이고, 당신의 길이고, 당신의 운명이었어요. 당신은 떠나면서 길을 열어 주셨어요."

"길을 열어 주셨다고요?"

"다른 세상으로 향해 난 길을요. 이어서 아빠는 제게 어떤 겸손함을 가르쳐 주셨어요. 누구나 12살에 그런 일을 경험하게 되면, 한 오라기 실만 붙들고 있는 동시에 언제라도 모든 것이 멈출 수 있다는 걸 배우게 돼요. 하지만 모든 것이 한 오라기 실에 달려 있다고 하더라도, 이것도 긍정적인 경우가…."

"무슨 말씀이죠?"

"아빠의 죽음은 갑작스러운 것이었어요. 하지만 또한 갑작스럽게 좋은 소식을 들을 수가 있어요. 모든 것이 한 오라기 실에 달려 있다는 생각과 함께 성장하면서 저는 현재의 순간에 충실하게 살 수 있었고, 기꺼이, 그리고 어떤 좌절도 없이, 삶의 부침을 받아들일 수 있었어요. 저는 여기서 제 통과 과정이 의미가 있다는 걸 알아요. 제가 마음속으로 매일 시험하는 건 바로 현실이에요. 또한 저는 시련에 대해, 제게 악한 일을 하는 사람에 대해 매우 감사해요. 왜냐하면 바로 그런 순간들을 통해 제가 성장하니까요. 저는 신경질적인 사람이 되고 싶지 않아요, 저는 연금술사처럼 시련을 선(善)으로 바꾸고 싶어요."

"하지만 당신의 아버지처럼 매우 젊은 나이에 세상을 떠난다는 건 받아들이기 어려운 측면이 있고, 또한 아이들의 떠남에 대해선 무슨 말을 해야 할까요? 우리는 다음과 같은 말들을 듣습니다. '세상은 아무런 의미도 없어, 삶은 부조리하고 부당해.' 나이 든 부모를 잃는다는 건 사람들이 말하는 대로 '현실의 질서'에 속하는 것으로 남아 있지만, 아이나 44세의 아버지 같은 경우는 그렇지 않습니다…."

"아니에요, 반대에요, 모든 것이 그러한 순간에 의미를 갖습니다."

"어째서 그런 말씀을 하시는 거죠?"

"왜 선생님은 어떤 죽음은 '정상적'이고 다른 죽음은 '정상적이지 않다'라고 생각하시나요? 저희 아빠는 떠날 거라는 걸 알고 있었고, 어느 순간에 심지어 그런 사실을 받아들였다고 확신해요. 누군가는 후회하며 자신의 삶을 보낼 수 있어요. 하지만 저는 모든 것이 의미가 있다는 절대적인 확신을 갖고 있고, 그래서 제게 일어나는 일을 받아들여요. 그리고 그런 일이 제게 악을 행할 때, 저는 이론화하거나 '죄인'에게 감정을 투사하지 않고, 제 고통을 받아들여요. 신이든 삶이든, 누군가에게 혹은 무엇인가에게 책임을 지우지 않아요. 아빠가 그렇게 젊어서 떠나게 된 것은 아빠의 여정이었기 때문입니다. 우리가 경험한 것을 경험해야 했던 것은 이것이 우리 네 사람, 즉 엄마, 언니, 오빠, 나의 운명이었기 때문인 것도 마찬가지에요. 비록 대개는 우리의 이해력을 넘어서는 것으로 보이긴 하지만, 저는 모든 것이 지적인 방식으로 짜여 있다고 믿습니다. 제 말의 의미를 이해하시나요?"

"제가 생각할 때도, 그래요…."

"저는 삶은 그 자체로 의미가 있다고 생각해요. 그런데 우리 삶의 의미를 만드는 건 우리에요. 삶이 우리에게 겪도록 하는 것, 때로는 우리에게 강요하는 것에 귀를 기울이는 것이 중요합니다. 삶은 모든 조각이 중요한 퍼즐과 같아요, 비록 그중 어떤 조각들은 맘에 들지 않지만요. 우리는 우리가 경험할 능력이 있는 것을 겪어요. 각각의 만남, 각각의 사건, 기쁨,

슬픔, 각각의 성공과 실패는 자신을 개선시킬 수 있는 기회에
요."

"당신 말에 따르면, 가까이 다가오는 죽음도 그렇나요?"

"예. 저희 아빠는 단지 눈에 안 보이는 것뿐이에요. 당신은
저를 저버리지 않았어요. 저희 아빠는 여기에 있고, 또한 언제
나 여기에 있을 겁니다… 제 고통은 보석으로 변했어요. 그것
은 저로 하여금 선한 인간, 상냥한 인간, 인간적인 인간이 되
도록 도움을 주었습니다. 우리가 시련을 겪을 때 일어날 수
있는 가장 최악의 일은 자신 안으로 움츠러드는 겁니다. 저는
그것이, 그러니까 그림자가 되고 싶지 않아요. 저에게 현재는
유일하게 가치가 있는 순간이에요. 이것이 아무것도 신경 쓰
지 않고 아무것도 예상하지 않으며 바람 부는 대로 산다는 걸
의미하지는 않아요. 정반대예요, 저는 직업적인 삶에 있어서
나 사적인 삶에 있어서 매우 조직적이고 체계적이에요, 그런
데 저는 모든 것이 제가 계획한 대로 일어나지는 않을 거라는
걸 받아들이고 있습니다. 이것은 예기치 않은 일에도 불구하
고 믿음을 가지라는 걸 암시해요. 그리고 죽음도 이따금씩 예
기치 않은 일 중의 하나가 돼요."

에필로그
사랑하기와 떠나도록 허용하기

이 책은 거의 무한정 길게 쓸 수 있을 만큼 여러분이 이제껏 읽은 것과 유사한 증언이 수없이 많지만, 내 의무는 또한 결론을 맺을 줄도 아는 것이다.

아마도 여러분이 주목한 것처럼, 모든 경험들이 서로 비슷하다. 한 증언에서 어떤 다른 증언으로 옮겨 가다 보면, 말이 동일하고, 같은 디테일이 발견된다는 걸 느낄 것이다. 더구나 묘사된 감각도 매우 비슷해, 나는 조사를 진행하는 동안 몇 번에 걸쳐 현기증을 느꼈다. 그런데 그렇게나 많은 사람이 지적한 현상이 여전히 무시될 수 있는 걸까? 이런 반복적인 일은 과학적 검토의 대상이 될 만한 가치가 있지 않을까?

이 책에서 증언한 사람들 외에도, 프랑스 내에서만 수십만의 사례들이 조사의 대상이 될 수 있을 것이다. 만일 우리가 그것들을 들을 용의가 있다면 말이다.

수십만의 사례들.

모든 것을 쓸어가 버리는 움직임이 시작되는 데 아무것도 필요하지 않은 경우가 이따금씩 있다. 나는 이러한 역동성을 기원한다. 이 경험들은 애도의 과정에 있는 너무나 많은 수의 사람들에게 해당되며, 경멸하듯 손바닥으로 한 번 쓸어버릴 수 있는 것이 아니다. 나아가, 이성적인 데가 전혀 없는 이러한 태도는 매우 반(反)생산적이다. 왜냐하면 우리가 본 대로, 이 경험들은 마음을 진정시키고, 애도하는 사람들을 유익한 방식으로 동반할 수 있기 때문이다. 그것들은 고통의 표현도 아니고 병리학적 비정상의 표현도 아니다. 그 반대이다.

그것들은 삶과 죽음의 의미에 새로운 시선을 둘 것을 제안한다. 그것들은 우리의 확신을 다시 고려하도록 고무한다.

이 책의 증언들은 우리에게 무엇을 말하는 걸까? 죽음은 환상의 막일 뿐이라는 것. 이 확인된 사실은 신앙과 종교를 넘어서 있다. 삶은 중단되지 않고 연이어 계속된다. 그것은 불변하고, 어떤 변화의 틀을 제시하는데, 그 틀의 특질은 부분적으로 우리의 이해력을 벗어난다. 그만큼 우리는 이 물질의 세계에서 육화되어 있다.

죽음은 우리를 침묵의 무(無) 속으로 이끌지 않는다. 왜냐하면 거기에서 무수한 수근거림이 들려오기 때문이다.

그것은 우리를 단죄하지 않는다. 그것은 영원한 변화의 공간이기 때문이다.

그것은 우리가 우리의 시련으로부터 벗어나도록 하지 않는다. 왜냐하면 우리의 시련은 배움을 위한 결연한 선택이기 때문이다.

죽음은 바로 물질적이고 딱딱한 상태에서 비물질적이고 시간을 벗어난 상태로의 이행이다. 연속성을 지닌 영혼이 이러한 이행을 특징짓는다. 우리의 감정, 우리의 결점, 우리의 장점이 우리를 동반하고, 죽음 이후에도 연속적으로 나타나는 우리 존재의 속성이 된다.

삶은 변화이다.

삶은 의미가 있다.

우리가 각자 발견해야 할 의미 그리고 만남은 우리에게 처음에는 부당하거나 참을 수 없는 것으로 보이는 역경과 시련의 한가운데서 이뤄질 수 있다. 이것은 추상적인 신앙 선언이 아니라, 여러분이 이 책을 통해 보았듯이, 사랑하는 사람을 잃은 남녀에게서 일어난 일이다.

그들은 죽음과 대면하며 삶에서 의미를 찾아냈다.

이런 시련을 거치며, 그들은 그때까지 듣지 못했던 그들 내면의 영적 차원을 깨웠다. 어떤 이들은 다른 세계를 보고 듣는 능력을 획득했다.

예측하지 못할 일에도 불구하고 믿음을 갖는 것.

삶에 믿음을 갖는 것. 희망에 나를 내맡기는 것.

이 희망은 우리 안에 다음의 확신을 심는다. 곧 어려움이란 우리를 더 나은 존재로 만드는 능력이라는 확신, 그리고 고통에도 불구하고, 심지어 가장 고통스러운 상황에도 명석함에 이르면서 우리는 존재의 깊은 의미에 닿는다는 확신. 인간의 운명에 영향을 미치는 보이지 않는 힘에 믿음을 갖는 것. 현실 거부 속으로 움츠러들지 않는 힘, 우리에게 작용하는 역경은 부당한 것이라는 생각 속으로 움츠러들지 않는 힘을 발견하는 것.

우리의 가까운 이들은 한 가지만을 바란다. 행복한 우리를 보는 것. 우리의 눈물은 그들을 고통스럽게 한다.

그들의 삶은 계속된다.

그들은 성장한다. 변화한다. 놀란다. 배운다. 이런 일 때문에 이따금 그들이 멀어지는 일이 일어난다.

사랑한다는 건 떠나도록 허용하는 것이다.

떠남을 받아들이기, 떠나도록 허용하기, 자신의 안녕을 위해, 동시에 막의 반대편으로 옮겨 간 사람들의 변화를 위해.

그들이 멀어져 가는 것을 받아들이는 것이 그들을 사랑하는 것이다.

그런데 그들은 여기에 있다… 영원히.

감사의 글

여기에 소개된 증언의 주인공들인 여성분들과 남성분들이 없었다면 이 책은 세상의 빛을 보지 못했을 것이다.

나는 그들에게 진심으로 감사와 존경을 표하고 싶다. 그들은 기억의 고통에 다시 빠질 것을 알면서도 그들이 대면했던 비일상적인 순간을 독자와 공유할 것을 받아들였다.

비록 거기에 동반되는 경험들이 이따금 내세의 가능성을 향해 열려 있다 하더라도, 사랑하는 사람의 죽음은 언제나 재앙이다. 증언함으로써, 그들은 개척자의 역할을 했다. 그들 덕분에, 그런 현상에 직면했던 무수히 많은 사람들이 마침내 자신들에게 일어난 일을 표현할 수 있게 될 것이다. 이 책에 함께 소개된 이야기들을 발견하면서, 그 사람들은 받아들이는 법을, 이어서 스스로가 겪은 것을 더 잘 해석하는 법을 배우게 될 것이다. 용기를 내어 증언한다는 건 우리 사회를 성장시킨다. 희망과 진정된 마음을 생겨나게 한다는 공통된 목적 속에서 내게 자신들의 내밀한 측면을 열어 보인 그들에 대해 무한히 감사의 정을 느낀다.

셀 수 없을 만큼 많은 증언들을 분석하고 조망하는 일이 결정적인 작업이다. 나는 이 자리에서 비일상적 경험 연구회(L'INREES)가 조직되던 초기부터 함께 한 에블랭 엘사에세르에게 감사의 뜻을 전한다. 그녀는 인내, 열정, 연구를 할 때의 준엄한 엄격함을 보여 주었다.

탐구 정신, 개방성, 용기를 보여 준 의사 크리스토프 포레에게 감사한다. VSCD 증언과 대면해 그는 호의를 갖고 이야기를 들어 주었으며, 또한 이런 식으로 이 현상의 설명되지 않는 성격을 확인해 주었다. 그는 따뜻한 마음을 갖춘 훌륭한 지성의 증거이다.

실비 우엘레와 아네스 스테브냉에게 감사를 표하고 싶다. 그녀들은 이 책에서 내세에 관한 그녀들의 감정과 직관의 일부를 독자와 공유했다. 나는 이 분야를 조금 더 알고 싶어 하는 사람에게 그녀들의 저서를 적극 추천한다. 초감각적인 지각은 잘 보이지 않는 세계를 탐구하는 데 있어 귀중한 도구이다. 그런데 거기에서 길을 잃지 않으려면 매우 현실적이어야하는데, 그녀들이 그런 경우이다.

증인들을 상대로 진행된 모든 인터뷰를 세세하고도 인내심 있게 다시 글로 작성해 준 것에 대해, 그리고 신중한 조언을 해 준 것에 대해 베로니크 디미콜리에게 감사한다.

완전한 신뢰를 보내 준 나의 편집자 마르크 스메드에게 감사한다.

매우 오래전부터 지금까지 나와 함께 작업을 하는 알뱅 미셸 출판사의 모든 부서 사람들에게 감사한다. 그곳의 대표 프랑시 에스메나르에게, 기욤 데르비외와 함께 리샤르 뒤쿠셰에게 감사한다.

근면하게 원고를 다시 읽어 준 마리 피에르 코스트 비용에게 감사한다.

놀라운 효율성으로 나의 글쓰기 작업을 다시 한 번 고양시켜 준 엘렌 이바네즈에게 감사한다.

내 글쓰기 방식에서 엄숙한 기자의 스타일을 없앨 책임을 맡고서, 나의 모든 희망 이상으로 그 일을 성공적으로 해낸 아네스 올리비오에게 감사한다.

몇 해 전부터 나는 프랑스 곳곳의 훌륭한 도서관들을 찾아가는 행복감을 맛보고 있다. 나는 매번 그곳의 사람들이 보여 주는 열정 앞에서 감탄에 젖는다. 그 도서관들은 만남, 공유, 지성의 장소이자, 신화적이고 영감을 주는 없어서는 안 될 성소이다. 그곳들에 있을 수 있었던 사실에 감사한다.

애도의 과정을 동반하는 일의 일환으로, 공식적인 기관 이외에도 수많은 단체들이 믿기지 않을 만큼의 노력을 투입하며 현장에서 작업하고 있다. 이 단체들이 전통적인 심리적 지지를 제안하건, 아니면 모든 종류의 영매를 발견하는 보다 영적인 방법론을 제안하건 간에, 혹은 애도 중에 있는 부모를 위한 토론 그룹에 초대하건, 아니면 회의나 모임을 조직하건 간에, 매우 큰 이 공동체는 프랑스의 거의 모든 대도시에서 소중한 사람을 잃은 것에 영향을 받은 모든 사람들에 대해 평가를 할 수 없을 만큼 귀중한 지지의 공간을 제안하고 있다. 자기 희생의 정신으로 아주 커다란 도움을 제공하는 이 모든 사람들에게 감사의 뜻을 전한다.

끝으로, 우리가 함께 깨어나는 매 아침마다 내게 주어지는 삶과 관련해 아내 나타샤 칼르스트레메에게 감사한다.

저자 따라가기

저자의 말을 계속 듣고, 그가 토론회를 열거나 도서관이나 살롱에서 헌신적인 강연을 하는 일정에 대해 알고, 그가 다른 데서는 결코 이야기하지 않는 것을 발견하려면, 그의 페이스북에 가입하라. (Stéphane Allix Officiel)

www.inrees.com에서 만남을 보다 멀리까지 이끌고 갈 수 있다.

스테판 알릭스는 L'INREES, 곧 L'Institut de recherche sur les expériences extraordinaires(비일상적 경험 연구회)의 설립자이다. L'INREES는 우리가 비일상적이라고 부르는 주제, 심지어 **초자연적**이라고 부르는 주제를 진지하게 살펴본다. 지식의 새로운 장들이 등장하고 있는 이때, L'INREES는 과학과 영성에 관해 말하기 위한 틀을 제공하고, 의식, 생명, 죽음에 관한 최근의 연구를 소개하고, 과학적이고 엄정한 방식으로 보이는 세계와 보이지 않는 세계를 가까이 놓으려는 탐색을 한다. 금기와 선입견 없이, 그리고 엄격하고 열린 태도로 작업한다.

　인터넷 사이트 www.inrees.com, 웹 방송 INREES.TV, (거리의 매점에서나 구독으로 구입 가능한) 잡지 『탐구되지 않은 것 (*Inexploré*)』은 현재 이 책의 질문과 관련하여 가장 방대한 프랑스어 정보 공간으로서, 대중이 접할 수 있는 과학적인 모든 참고 사항을 모아 놓고 있다. 문서, 르포르타주, 미발간된 논문 등이 있는데, 그 내용은 심리학, 영성, 과학의 경계에서 일어나는 비일상적인 성격을 띤 모든 사건이다.
　우리는 현실적인 태도를 유지하면서도 우리가 설명하지 못한 경험들에 관심을 갖는 것이 가능하다.

옮긴이의글
삶과 죽음은 서로 연결되어 있는 것

모든 사람은 언젠가는 죽는다. 이는 자명한 진리이다. 그러나 사람들은 대부분 살아가는 일에 쫓겨 이런 진리를 이따금 생각할 뿐 그리 중시하지 않는다. 어쩌면 당연한 일인지도 모르겠다. 종교계를 제외하곤 대부분의 영역에서 죽음의 문제를 지속적으로 다루지 않는데, 이는 거의 모든 사람들이 죽음보다는 삶이라는 주제가 더 시급하다고 여기기 때문일 것이다. 이 책 『죽음 이후: 사후 세계에서 신호를 보낼 때』의 등장인물들도 소위 VSCD(죽은 사람과 접촉하는 주관적인 체험, vecus subjectifs de contact avec un défunt)를 경험하기 전까지는 일상을 보통 사람처럼 살던 사람들이었다. 그러나 VSCD를 경험한 다음부터는 영성적인 물음에 눈을 뜨는 계기를 맞게 된다. 곧 삶과 죽음 혹은 내세와의 관계에 대한 질문에 보다 열린 자세를 갖게 되는 것이다.

그러면, 우선, 이 책에서 주요하게 언급되는 VSCD란 구체적으로 무엇일까? VSCD는 가까운 이와 사별한 사람이 죽은 자와 다시 소통, 교감을 하거나, 여러 형태로 접촉을 하게 되는 경험을 가리킨다. 그렇다면 죽은 자가 다시 살아 돌아온다는 뜻일까? 그것은 아니다. 죽은 자는 살아 있을 때의 모습으로나, 아니면 여러 수단을 이용하며 살아 있는 사람에게 자신의 존재를 알린다. 이런 현상은 산 사람의 착각이나 정신이상의 신호가 아닐까? 이 책에서 여러 정신과 의사와 영매의 입을 빌어 표현하는 대로, 이는 환상이 아닌 객관적인 사실이다. 정신이상의 문제도 환상의 문제도 아니고, 이런 사례를 모아 객관적인 현실임을 알리는 것이 이 책 『죽음 이후』의 목표이자 야심이다. 죽은 자는 살아 있는 사람처럼 모습을 보이기도 하고, 연기의 형태로 나타나기도 하고, 소리 등을 전달하면서 자신의 존재에 대한 신호를 보내는데, 이 책에서 나타나는 대로 그 방식은 실로 여러 가지이다. 저자에 따르면, 이런 현상은 프랑스에서 사별을 겪는 사람의 4분의 1이 경험하는 일이라고 한다. 대략 매년 15만 명의 사람들이 VSCD를 경험하는 것이다. 그럼에도 이 경험의 낯섦, 이상함, 정신적인 문제의 성격 때문에 많은 사람들이 침묵을 한다. 저자가 이 책을 쓴 목적 중의 하나는 이런 침묵을 깨고 보다 많은 사람에게 현상을 알리기 위해서이다.

그렇다면 살아 있는 사람에게는 어떤 영향이 생겨날까? 앞서 언급했듯, 이런 경험의 이상함 때문에 많은 사람이 침묵을 하지만, 또한 많은 사람이 선한 영향을 입는다는 것이 정신과 의사 크리스토프 포레의 견해이다. 이 분야의 권위자인 정신과 의사 포레는 VSCD는 정신적인 문제나 조현병과는 전적으로 무관하다고 단언하고, 오히려 살아 있는 사람에게 행복감이나 포만감을 안겨 주거나, 다른 세계의 가능성을 제시하면서 사람들의 눈을 뜨게 해 주는 선한 영향을 미친다고 말한다. 실제로, 이 책은 많은 사람들이 VSCD를 통해 행복감을 경험하고 영성에 눈을 뜨게 되는 과정을 담고 있다. 처음에는 사람들이 혼란과 두려움을 겪지만, 시간이 지나며 차츰 죽은 자의 방문이 선의에 의한 것임을 깨닫게 된다.

저자가 이 책을 쓰게 된 데에는 그 자신이 아버지, 동생의 죽음을 겪고 VSCD를 경험하며 긴 세월을 방황한 배경이 있다. 그는 자신이 경험한 것이 실재인지를 확인하기 위해 10여 년의 시간을 보내야 했고, 마침내 확신이 서면서 이 분야에 발을 들이고 많은 전문가를 접하면서 글을 쓰게 됐다. 저자가 말하려는 바는 확실하다. 곧 삶과 죽음은 연결되어 있다는 것이다. 죽음은 삶을 마무리 짓는 무(無)가 아니라, 우리를 또 다른 가능성으로 인도하는 문(門)이다. 그리고 삶은 살아갈 만한 가치가 있으며 죽음은 그 통과 과정이다. 이를 전달하기 위해 저자는 VSCD의 사례와 이론적인 부분을 적절히 조화시켜 배치하며 내용을 전개한다. 그 과정에서 많은 감동적인 사례도 제시한다. 살아 있는 사람들이 죽은 사람이나 죽음에 가까이 있는 사람에게 얼마나 많은 사랑을 품고 있는지를 보여 주는 것이다. 자칫하면 초자연적인 이야기로 치부될 수도 있는 이 책이 매우 인간적인 면모를 띠고 있다면 바로 이런 이유 때문일 것이다.